# おもてなし研究の新次元

## 日本型マーケティングの源流

相島淑美
Aishima Toshimi

佐藤善信
Sato Yoshinobu

神戸学院大学出版会

# はしがき

　本書は「文化」と「マーケティング」という二つの視点からおもてなしをとらえ、日本型マーケティングの本質と可能性に迫ろうとする試みである。基盤となる前提は以下の共通認識である。

　　アングロサクソン文化が浸透するはるか以前、日本にはおもてなしという文化・心性が存在していた。おもてなしは単に接客や観光の領域内のみでとりざたされる概念ではない。日本文化の根底にある精神であり、行動様式である。一般に、日本のマーケティングを論じる場合、米国マーケティングの概念と手法を無批判に用いる傾向がある。私たちはいったん立ち止まって、おもてなしに象徴される日本文化をベースに、日本型マーケティングを見直す必要があるのではないか。

　おもてなしとは、日本人にあったマーケティングとは…というモヤモヤとした問いにすべて満足のいく答えが導き出せたとは到底思わないが、今後続いていく道程のまず第一歩を踏み出す機会を与えられたことに感謝したい。

　本書は6章構成となっている。第1章は、マーケティングと文化というおもてなしの二つの視座を示す。第2章は、万葉集から源氏物語、連歌へとつながるおもてなしの源流をたどる。第3章は前章を踏まえ、おもてなしの象徴ともいうべき茶の湯・茶道の意味を探る。第4章は、百貨店や旅館におけるおもてなしについて、事例研究をベースに分析する。第5章では、コロナ禍により茶の湯・茶道が変化を強いられるなか、オーセンティシティがどのように変化したか／しなかったかを明らかにする。第6章で日本型マーケティングの復権の可能性を論じ、結びとする。

　各章・節のうちいくつかは日本商業学会、日本マーケティング学会等で発表した論文がベースになっている。初出を以下に示す。

第1章　おもてなしの2つの視座——文化とマーケティング　　　書下ろし
第2章　文化史からたどるおもてなしの源流と展開
　1.万葉集におけるおもてなし

3

出版という晴れの日を迎えることができたのは、じつに多くの方々のおかげである。本研究において時に共著者として時にアドバイザーとして貴重な示唆をくださった Mark E. Parry 先生（University of Missouri-Kansas City）、関西学院大学大学院博士課程でともに研鑽を重ねた佐藤先生ゼミの皆さん、日本商業学会、日本マーケティング学会等での研究発表に際して貴重なご助言を賜った先生方に深く感謝申し上げる。本書に収められたリサーチのそれぞれにおいて多くの方々のご協力を頂いた。心からの感謝を申し述べたい。

　なお、敬称は略させていただき、肩書は当時のものとした。

　本書は、神戸学院大学による出版補助を得て出版の運びとなった。神戸学院大学出版会アドバイザー奥間祥行氏には出版決定時より大変お世話になった。アドバイザーのサポートがなければ本書は実現に至らなかった。お力添えに深く御礼申し上げる。

2023 年 9 月　中秋の名月をめでつつ

相島　淑美

# 目　次

●なお、掲載した図表は特にことわりがない限り、筆者が作成したものである。

# 第1章

## おもてなしの2つの視座

―文化とマーケティング―

# 第1節　マーケティング研究とおもてなし

　本書の筆者たちの問題意識は、戦後に米国からマーケティングが輸入された
とき、それまで日本に存在していた伝統的な物づくり、商いや営業に関する商
慣行が、米国型マーケティングによって歪められてきたのではないのかという
疑問である。日本へのマーケティング導入の経緯は、1955年2月に発足した日
本生産性本部が、東芝社長で同本部会長であった石坂泰三<ruby>石坂泰三<rt>いしざかたいぞう</rt></ruby>を団長とする「第1
次トップ・マネジメント視察団」（財界、業界の代表者14名）を米国に派遣し
たことである。視察団は9月6日夜9時30分羽田発の日航機で渡米、7日に
サンフランシスコに到着、ピッツバーグ、ボストン、ニューヨーク、ワシント
ンの各地を視察、10月10日にワシントンで解散し、石坂は10月中旬に帰国し
た[1]。

　約5週間にわたる視察で、石坂は「一番印象が深かったことは、米国経済の
空前の繁栄を目の当たりにみたことである。私がまず感心したのは、米国の事
業経営がすこぶる科学的に行われ、わが国産業界で多く見受けられる"カン"
とか"腰だめ"式の経営がほとんど見当たらないことだ。…アメリカ巨大企業
の市場開拓と生産性向上を目の当たりにし、わが国にマーケティングの必要性
を痛感した」との談話を発表している（『毎日新聞』1955, 石坂1955）[2]。

　その当時は、マーケティングではドラッカー理論が注目された。例えば、「企
業の唯一の目標は顧客の創造である」、「マーケティングは販売を不要にする活
動である」、「マーケティングとイノベーションだけが価値を創造する」といっ
たフレーズが盛んに引用された（Drucker 1973）。しかし、ジェローム・マッカー
シーが1960年にBasic Marketing: A Managerial Approach（邦訳は『ベーシッ
ク・マーケティング』、1978年）という教科書で4Psを最初に提唱した。また、
フィリップ・コトラーも1970年代にSTPマーケティング概念を提唱している。

　本書の筆者の一人である佐藤は、1973年に大学でマーケティングの授業を履

---

(1)　毎日新聞「経営管理視察団昨夜渡米、石坂団長談、"いきたアメリカの姿を"」
　　『毎日新聞』1955年9月7日, p.10.
(2)　石坂泰三「米国視察で学んだこと：科学と実用がりっぱに結びつく」『毎日新聞』
　　1955年10月27日, p.2.

修しているが、そのときにマッカーシーの４Ｐｓの図（真ん中の円にコンシューマーの"Ｃ"が描かれ、その外側の同心円が４つに分轄され、それぞれのセルに Product、Price、Place、Promotion の４Ｐｓが描かれた図）を当時の専任講師の市川浩平先生が黒板に描かれ、なぜ真ん中が「消費者のＣ」なのかの理由を「消費者志向のマーケティングでなければならないから」と説明されたのを鮮明に覚えている。それほど鮮明な記憶なので、その勉強をした大卒の人材がマーケティング部署に勤めたら、４ＰｓやＳＴＰマーケティング中心にマーケティング戦略を展開することは容易に考えられる。

　その結果、いまでも日本では「販売と営業が混同」されてしまっている。その理由は、日本独自の営業概念が、４Ｐｓの１つであるプロモーション戦略（広告などのマーケティング・コミュニケーションと人的販売）の人的販売に矮小化されたからである。また、ドラッカーの有名なフレーズである「マーケティングの理想は、販売を不要にすることである。マーケティングが目指すものは、顧客を理解し、製品とサービスを顧客に合わせ、おのずから売れるようにすることである」（上田訳　2001）というフレーズも、よく「マーケティングは営業を不要にすることである」と誤って引用されるケースが多々ある。

　日本の営業は、実際にはマーケティング活動を包含するような活動領域になっている。佐藤は、関西学院大学の専門職大学院のビジネススクール時代に日本企業で営業職についている社会人学生と外資系企業でマーケティング部署で仕事をしている社会人学生数名に営業組織とマーケティング組織についてのインタビューを行い次頁の２枚の図のようなコンセプト・マップを作成した（本下・佐藤 2016, 佐藤・本下 2018）。まず、次の図から説明する。

## 日本における販売、マーケティング、営業の関係

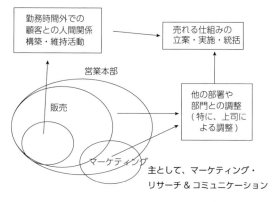

（出所：本下・佐藤 2016, p.46.）

　上図からは、日本企業では営業本部が実質上、米国でのマーケティングの役割（ＳＴＰマーケティングのフレームワークを活用して売れる仕組みの立案・実施）を担っていること、そのもとで営業部員が販売を担当していることが明らかになった。また、マーケティング部門はマーケティング・リサーチやマーケティング・コミュニケーションを主として担当しており、しかも両機能を外部の専門企業（市場調査会社と広告代理店）に委託しているという状況であった。その委託先を決定する最終的な権限は営業部長が掌握していた。また、営業部長は社内調整、場合によれば顧客企業の社内調整活動も行うことも明らかにされた。

## Ｍ型とＯ型組織におけるマーケティングの位置づけ

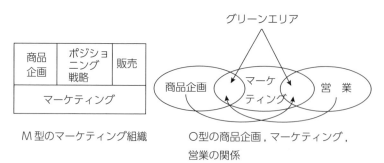

（出所：佐藤・本下 2018, p.32.）

　前頁下図は、M型組織（米国の機械型組織構造）は、ジョブ型の仕事（個人が単独で完結型の仕事）を行う契約をし、それぞれの仕事が漏れなくダブりなく実施できるような組織構造を採用していることを示している。その組織構造はレンガ型とも呼ばれる米国のマーケティング部門の組織分掌を示している。他方で、図の右側のマーケティング職務分掌（O型、有機型組織）では、グリーンエリアと呼ばれる隙間が存在している。商品企画と営業にマーケティングは挟まれ、商品企画部門や営業部門の担当者は互いにグリーンエリアで社内調整を行ってゆくので、マーケティングの役割は狭くなっていく傾向がある。

　戦後、日本の既存組織にマーケティング部門を移植した場合には、上図と下図が示すように、マーケティングのポジションは弱体化する傾向がある。逆に、1から組織を創造した企業の場合には、4PsやSTPマーケティングに馴染みのある経営者は米国型のマーケティング組織を創造すると考えられる。

　戦後に導入されたマーケティングの影響はこれだけに収まらない。1980年代後半には、米国から消費者満足・顧客満足という概念が日本に本格的に導入されるようになった。その極めつけは、ハーバード・ビジネススクールのヘスケット教授らが提唱した"バリュー・プロフィット・チェーン"モデルである（Heskett, Jones, Loveman, Sasser, and Schlesinger 1994, Sasser, Schlesinger, and Heskett 1997. 翻訳書 2004）。

　このモデルは、従業員満足度（ES）と顧客満足度（CS）に注目し、それらがグッドサイクルを描くメカニズムを設計できるとする。このフレームワークを嚆矢として、ビジネスモデルとして従業員満足と顧客満足の関連性を考察することが支配的な潮流となった。その後、ESとCSの循環モデルはED（employee delightfulness）とCEの好循環、そしてEE（employee engagement）とCEとの好循環という形に進化してきている。

　このような輸入概念の盛隆の中で、日本の「おもてなし」は一種のカウンターカルチャーのポジションに押し込まれるようになった。むしろ、米国から顧客満足概念を輸入したからこそ、日本にもおもてなしが存在していたことを意識するようになったと考えられる。それではなぜ、米国では顧客満足という概念を重視するのであろうか。逆に考えれば、米国では顧客満足度が低いので、それをいかにして向上させるのかという観点から重点的に顧客満足が研究されて

いるのではないのだろうか。日本でおもてなしが意識されなかったのは、おもてなしの水準に日本人が満足していたからではなかったのだろうか。本書では、日本型のおもてなしをサービス・マーケティングとの関連で考察するが、そのことを通じて逆におもてなしの独自性を発見したいと思っている。

　また、サービス・マーケティングとの関連では、「サービス・マーケティングの３角形」の理論フレームワークも重要である。この理論概念自体は、フィリップ・コトラーによると通説では考えられているが、筆者たちはその基になった発想はグルンルースの画期的なフレームワーク「バリュー・ドリブン関係性マーケティング」であると考えている。このフレームワークは「企業」「人事、技術、知識、時間」「顧客」の３者をそれぞれの角にとった三角形で説明される。企業の構成要素は「フルタイム・マーケターと販売担当者」であり、エクスターナル・マーケティングと販売を通じて「顧客と約束を行う」（例えば、「わが社の製品やサービスを購入するとこのような効果がありますよ」と約束する）。そして「顧客に約束を実行する」インタラクティブ・マーケティングを行うのはマーケティング担当者以外の全社員である。グルンルースは彼らを「パートタイム・マーケター」と称している。「インターナル・マーケティング」は、企業は人事管理、技術管理、知識管理、時間管理を通じて全社員の継続的な人材開発を行うことを意味している。

　グルンルースは当初、製造企業を想定してこの関係性を考えていた。コトラーはこの三角形をサービス業に適用して、「サービス・マーケティングの三角形」というモデルに変化させたと考えられる。実際に、この３つのマーケティングの名称（エクスターナル、インターナル、インタラクティブ）は同じである。この図のユニークな点は、「顧客と約束をする」のがフルタイム・マーケター（マーケティング部門の担当者）の役割であり、その「顧客との約束を実行する」のがパートタイム・マーケター（マーケティング部門以外のすべての従業員）役割であるという点である。グルンルースは、このプロセスを"プロミス・マネジメント"と呼んでいる。フルタイムとパートタイム・マーケターという呼称について、Grönroos（1996, p.12）は、スウェーデンの高名なマーケティング学者の Gummesson の論文を参照している。

　日本型マーケティングでは、「マーケティング、イコール、経営」と位置づ

ける実務家も多い。例えば、ネスレ日本代表取締役社長兼ＣＥＯ（当時）高岡浩三は、「経営とは、マネジメントではない。マーケティングである」と主張している[3]。また、足立・土合（2020）も「経営とはマーケティングである」と主張している。筆者の憶測であるが、営業という言葉には元々、経営という意味が含まれているので、日本ではそのような発想になるのかもしれない。いずれにしても、日本とスカンジナビア諸国、特にフィンランドとスウェーデンのマーケティングとは感覚的に近いと思われる。

　インターナル・マーケティングに関連した問題であるが、組織論の世界では「組織市民行動」（organizational citizenship behavior）への関心が古くから存在している。第６章でもふれるが、組織市民行動とは従業員が組織をボランティア的に支援する行動を意味する専門用語である。例えば、困っている従業員や顧客を自発的に支援する行動である。米国の個人に与えられた仕事は自己完結型のジョブであり、またレンガ型組織、つまり自分の仕事を遂行するだけで良いので、職場での他者への関心は薄い。米国の組織論者の間で古くからこの概念が議論されてきたということは、裏を返せば、組織にとって好ましいこの行動がなぜ発生せず、どのようにすれば従業員が積極的に組織市民行動を採ってくれるのかについての強い問題意識を持っていることの現われでもある。それ以前には、日本には組織市民行動に近いカテゴリーの言葉は存在しなかった。

　最後に、おもてなしと「サービス・ドミナント・ロジック（ＳＤＬ）」概念との関係にも触れる必要がある。ＳＤＬについては第５章第３節でふれるが、ＳＤＬは、サービス提供者とサービス受容者との関係を両者の相互行為、つまり価値共創プロセスとして考察するという特色を有している。しかし、筆者たちは、最近のＳＤＬは価値共創の形式論理への普遍化を追究しているように思えてならない。むしろ重要なのは、価値共創される価値の内容分析やその創造・共有のメカニズムの分析であろう。本書では、おもてなしという日本特有の文化的基盤を有する価値共創の価値の具体的な内実とそのメカニズムの具体的な理論的解明を行いたいと強く願っている。

---

(3)　高岡浩三（2014）．「経営とは、マネジメントではない。マーケティングである」2014.10.02 掲載, 経営とは、マネジメントではない。マーケティングである。―ネスレ日本 代表取締役社長兼CEO 高岡 浩三氏 #マーケティング研究室 ¦ AdverTimes.（アドタイ） by 宣伝会議, 2023年9月30日に最終確認.

## 第2節　文化としてのおもてなし

### 1　おもてなしというテーマ

　「おもてなし」というテーマは、以前より数多の研究者・著者たちを惹きつけてきた。おもてなしに関する出版物を一覧すると、実にさまざまな方向性があるのがわかる。大きく分類すると、第1に、ビジネスとしておもてなしをとりあげるアプローチが挙げられる。そのなかでも、まずいわゆるおもてなしにかかわる産業におけるものがある。具体的には、観光や小売、外食、テーマパークでのおもてなし（ホスピタリティという言葉が用いられる場合も多い）に関する論考である。固有名詞を挙げるならば、リッツ・カールトン、帝国ホテル、加賀屋、ペニンシュラホテル東京、ホテルインターコンチネンタル東京ベイ、星野リゾート、ノードストローム、三越伊勢丹（日本橋三越）、高島屋（日本橋高島屋）、レクサス販売店、ジョエル・ロブション、がんこフードサービス、ディズニーランド、ユニバーサルスタジオ・ジャパン、ＪＡＬ、ＡＮＡ、新幹線などがおもに事例として扱われている。これには、組織レベルでのおもてなしの考え方を説明するパターンもあれば、ホテル支配人、百貨店コンシェルジュなど当該組織で実績を積んだ人物が体験談をもとに自らの信念を含めて語るパターンもある。マネジメント視点から、経営者がおもてなし業界の人材育成・活用や組織作りなどについて知見を述べたり、ドキュメンタリー風に組織改革の経緯をたどったりするパターンもある（以下、紙面の都合で類書を挙げることは控えさせていただく）。

　ビジネスの場面であっても、狭義の「おもてなし」でなく、より一般的な「気配り」に関わるものがある。たとえば企業の秘書やコールセンター、営業のおもてなし的気配りなどがそれにあたる。

　以上はビジネスの範疇でおもてなしを扱っているが、第2に、「おもてなし」をプライベートな領域でとらえるアプローチがある。一般家庭で客を招いた際の料理や心配りと定義して、その心得やレシピを紹介したものなどである。この場合は、茶の湯や茶道の考え方をベースにしている著者も多いが、著者・料理研究家らは和・和食の専門に限るわけではない。

　第3に、日本人論の視点からのアプローチがある。このたぐいの書籍では「日

本人特有の」おもてなし行為、ふるまいについて多種多様な事例を引いて整理し、著者なりの結論を導き出している。東京オリンピックの開催を機に企画・出版されたものも多い。外国人旅行者や日本に滞在する外国人による日本人論も増えている。以前は日本企業にかかわる欧米の経営のプロや日本の大学で教える教授らが著となるケースが多かったが、最近では出身国も年齢層も幅広く、より日常的なレベルで日本人のおもてなしを観察するものも目立つ。

　第 4 は、文化の視点からおもてなしに迫るアプローチであるが、このカテゴリーでは茶の湯を軸とした論考が圧倒的多数を占める。2000 年前後以降、筒井紘一、熊倉功夫、谷端昭夫、神津朝夫をはじめとする研究者が、文献研究や考古学的研究を援用し、未開拓の領域に取り組み、茶の湯の歴史や理念構築の経緯を総合的に編み直そうとする多くのプロジェクトを進めている。

　茶の湯起点で文化としてのおもてなしを捉える出版物として旧来多いのは、利休ら茶人の哲学、わび茶の思想などの理論の本質を文献の精緻な読みから明らかにしようとするアプローチである。宗教（とくに禅）との関連も非常に重要である。建築学・工芸学の領域から、茶室や茶道具の研究も進んでいる。茶会記をはじめとする古文書を読み解くことで、当時の茶の湯の楽しみかたなども明らかになってきている。茶室における知の体系と情報学との接点を探る試みもみられる。

　最近の流れとしては、茶の湯の「マインドフルネス」に着目し、心理学、脳科学や感性工学のアプローチを取り入れる可能性も広がっている。バーチャル・リアリティの技術を取り入れた茶の湯経験の研究も発展が見込まれる。

　茶の湯以外で、文化とのかかわりでおもてなしを取り上げた論考としては、歴史における贈答や饗宴の研究がある。饗宴の研究については後述する。

## 2　おもてなしの語源

　そもそも「おもてなし」とは何を意味するのか。語義・語源から確認しておこう。おもてなしの「もてなし」は、動詞「もてなす」が名詞化したものである。動詞「もてなす」は「そのように扱う、そのようにする」などの意味の「なす（成）」に、接頭語「もて」が付いたものである。

　『王朝語辞典』によると、「もて」は「意味を強めたり語調を整えたりする」

はたらきがある接頭語であり、したがって「もてなし」は「基本的には、意識的になされるあり方や行為」を意味する、と説明される。このあり方や行為が自分自身にのみかかわる場合は「態度、振舞い、物腰」の意味となるが、その態度や振舞いや物腰が他者に及ぶ場合は「待遇、取り扱い、とりなし、処置など」を意味する。この態度や振舞、物腰は必ずしも好意的、肯定的なものとは限らず、冷ややかな否定的なものである場合もある。なお、もてなしの対象が「物」の場合もある。

　実際に用いられている事例をみてみよう。『源氏物語』桐壺の冒頭部分である。帝の寵愛を独占して周囲から妬まれている女性（桐壺更衣）の心細い状況を描いている。

　　父の大納言は亡くなりて、母北の方なむ古の人の由あるにて、親うち具し、さしあたりて世のおぼえ華やかなる御方々にもいたう劣らず、なにごとの儀式をももてなし給ひけれど、とりたててはばかしき後ろ見しなければ、事ある時は、なお拠り所なく心細げなり。（下線筆者）

（現代語訳：父の大納言は亡くなっている。母は由緒ある家の出で教養もあり、その両親も揃っている。身分高く評判も良い人々〈女御更衣たち〉にも見劣りしないよう、どんな儀式もしっかりと取り計らったが、これといった後ろ盾がないので、いざという時には頼るところもなく心細そうな様子である。）

　この場面では、娘が恥ずかしい思いをしないよう、周囲からあなどられないよう、気を入れて物事を取り計らう、という意味で用いられている。

　「もてなし」が用いられるのは儀式など特別な場合のみではない。同じく源氏物語「夕顔」では、体調を崩した源氏が、亡くなった恋人に仕えていた女性（右近）を呼び寄せる、というくだりで、「もてなし」が用いられている。

　　苦しき御心地にも、かの右近を召し寄せて、局など近くたまひて、さぶらはせたまふ。惟光、心地も騒ぎ惑へど、思ひのどめて、この人のたづきなしと思ひたるを、もてなし助けつつさぶらはす。（下線筆者）

（現代語訳：病床に伏せていたが、源氏は右近を二条の院に呼び寄せ、部屋などを与えて、手もとで使う女房のひとりにした。惟光は心配でならないが、じっと気持を落ち着かせ、右近の頼りなさそう様子に同情して世話をした。）

　ここで「もてなす」は「大切に世話をする」という意味である。惟光（源氏

腹心の家来）が主人の恋人（夕顔、源氏と一緒にいるところで急死した）に仕えていた女性（右近）の行き所がないのを気の毒に思い、ほかの大勢の使用人と同じようにではなく、とくに気持をこめて世話をしたというのである。

もてなしという言葉の意味について、『王朝語辞典』では最後に次のようにまとめている。「もてなしという語は、意識的になされるあり方や行為をもととして、それが自分自身にかかわる場合と他者にかかわる場合とのふたつの意味をもつ」。「意識的になされるあり方や行為」という表現は、振舞い方を意識せざるをえないような、通常とは異なる何らかの状況におかれていることを想起させる。

また、この説明では「自分自身にかかわる場合」と「他者にかかわる場合」を分けているが、『王朝語辞典』は「両者は必ずしも判然とは区別できない」としている。おもてなしが相手に対する行為でありつつ、自分自身のふるまいにもかかわっているという点は興味深い。

この点について、源氏物語研究者である藤井貞和は社会学者山本哲二との対談で次のような指摘をしている。

　「もてなし」というのは、不思議な言葉なのですよ。もてなしの「なし」は「生成させるとか、あえてするとか、まさに「なる」に対して「なす」のでしょうが、「もて」のほうですよね、問題は。古語のなかに、「もて」を使った言葉がいっぱいあるのです。「もてあそぶ」「もてあつかふ」「もてかしづく」「もてつく」「もてわづらふ」など。現代語でも「もてる」というじゃないですか。これも「もてなす」の「もて」です。（藤井, 2018, pp. 203-204）

さらに、このような「もて」は「受け身、使役、所有がごちゃごちゃ未分化な言い方」として、次のように説明を続ける。

　「もて」というのは、その変な受け身の表現です。向こう側から持たされる受け身みたいな。文法的にいうと、四段活用というのは積極的で、「持つ」は相手に対して積極性を持ちますが、「もて」は下二段活用の言葉で、古語中の古語です、気持悪く自分に差し込まれてくるような一群の語の1つです。…「もつ」が「もてる」という形で、向こう側から持っていただく、持ってくださる感じの言葉になる。こういう下二段活用語が古語にはあふれかえっています。それが現代語にも生きているのです。（藤井, 2018, pp. 204）

「もてなす」という言葉そのものに、相手と自分の関係が割り切れない、能動・受動がごちゃまぜになった「未分化な」状態が内包されることを示唆しているといえるだろう。

　中世以降、「もてなす」は「饗応する」「御馳走する」という意味を持つことになる。金子（2017）は史料をもとに、戦国大名らによる接待＝「おもてなし」の実態を明らかにしている。16 世紀には国内で、また国外からも日本のおもてなしが克明に記録され、「そのなかに記録されている私たちの先祖のおもてなしのやり方は、様々にやり方を換えながら、確実に現代にも受け継がれている」（金子 , 2017, p.184）。

## 3　おもてなしにおける宴の重要性

　語源にさかのぼり、おもてなしが根本的に「ある状況におかれたとき、意識的にふるまう」という意味を内包すると考えるならば、場に集う人どうしの関係性が重要なテーマとなる。村井康彦は松岡心平との対談において、「人と人との関係は、結局は場所において実現するもの」と述べ、「場」の重要性を指摘している（村井・松岡 , 1986, p.12）。「場」において、場をともにする人どうしがお互いに配慮しつつ、自らふさわしい行動を意識してふるまい、そのようにして人間関係を構築・維持することが、おもてなしの根幹にあるといえる。

　場において各自が互いに配慮しながら自分の役割を意識してふるまうことが象徴的に行われるのが「宴」である。万葉人の宴について踏み込んだ議論を展開する上野（2014）は宴を「（栄養補給以外の）懇親、祝賀、慰労、哀悼などの目的のために 2 名以上の人間が食事の場をともにすること」と定義する（上野 , 2014, p.15）。ここで、上野は例として「あなたと仲良くなりたい」という思いで声をかけ、相手も合意すれば、たとえひとときお茶を飲むだけであっても宴であるとしている。なお、宴における食の重要性について、村井・松岡（1986）は「神人共食という形で食物を介して人がつながりあうというのはどこのアルカイックな世界でも同じなんでしょうが、日本の場合にはそれがとくに強くて、酒や食物を通して同じ身になる、というような観念がある」と述べている（村井・松岡 , 1986, p.20）。

　現代の「宴」としては、カラオケパーティがよい例であろう。

　あるビジネス街のカラオケボックス。スーツ姿の 20 代から 40 代と思しき男女が 5 ～ 6 名、部署の打ち上げに集まっている。一番上は 40 代の課長らしい。若手が全員のオーダーをまとめると、1 番手に 20 代半ばの男性がマイクを握る。「今日は○○（曲名）いっていいですか⁉」　皆が知っていて、テンポのいい曲だ。うまくはないが元気のいい歌声で、急に場が明るくなった。

　次々に曲が入り、次々にマイクが回る。皆で踊れるダンスでは若手が全員参加。合いの手も慣れたものだ。いいタイミングで「課長、お願いします！」と入れた曲は課長の十八番。全員がそれを知っているから、課長が参加する宴会ではこの曲を決して歌わない。課長が歌うときはよそ見せず傾聴するのがルールである。場合によっては手拍子をたたく。そのうち、バラードなどゆったりした曲がまじったり、周囲からはやされて即席のデュエットが披露されたり。この日のために仕込んできたらしい曲もある。歌がうまい人もそうでない人も全力で楽しむ。最後は、課長が「そろそろこんな時間か。じゃあ最後に○○、歌って締めるぞ」といい、指名された○○は全員が歌えるようなお馴染みの曲を選ぶ。最後まで「楽しかった」と満足感を味わえるかどうかはシメの選曲にかかっている。終わると「お疲れさまでした」「有難うございました」と声を掛け合いながら帰り支度をする…

　これは日本ではごくありふれた光景である。明示されたルールがないにもかかわらず、暗黙の約束にしたがって、各自、年齢や立場にあわせてまるで役割を割り当てられたかのように行動する。選ぶ歌は、自分が歌いたい歌というよりも、場や宴会の流れにあう歌を参加者の傾向にあわせて決める。参加者はそれぞれ場を盛り上げる努力をしている。そのための準備はしてもことさらにひけらかさない。自己主張せず、場の空気を読んで互いをたてあうのである。参加者は場を意識し、暗黙のルールに従って、自分に与えられた役割を果たす。そしてそのことに満足を感じる。

　よりフォーマルな形では茶事、茶の湯が考えられる。茶事において、亭主と客はともに場にあって互いに尊重し合いながら意識してふるまっている。なお、「もてなし」は平安時代にさかのぼるといわれるが、この考え方は万葉集の時

代にも存在していた。万葉の宴から平安時代、中世、そして今日まで、場において意識して互いに配慮しあいながら、自分の役割を果たすというおもてなしはつながっているのである。（おもに第2章で述べる。）


　宴は、多くは文化人類学、民俗学等の領域において祭や祝祭とのかかわりで論じられてきた。伊藤幹治は渡辺欣雄との共著で、宴を定義することの難しさを告白し、「宴とはこういうものだという結論にはまだ遠い」と認めている（伊藤，1975, p.196）。文化人類学と民俗学は長らく別々の学問領域とされてきたが、伊藤（2011）はこのふたつの学問領域にわたる形で、日本社会で行われてきた贈答のメカニズムを明らかにしている。盛本（2008）は柳田國男に影響を受けつつ、歴史学の立場から中世の宴と贈答品についてその実態をつまびらかにした。「結局、贈り物や宴会は本質的にはその参加者と縁を結ぶこと」（盛本，2003, p.216）という指摘はおもてなしの議論においても示唆に富む。
　文化研究の領域で宴をとらえるアプローチもある。熊倉（1995）は、宴を公的な性格、私的な性格に二分化したうえで、史料を用いて宴の構成、内容を記している。そこで、宴の要素を亭主と客という「人」、そこで供される「飲食」、大道具、小道具、舞台の一切を含んだ「しつらい」。演じられる「芸能」、これらの要素を有機的に結びつける「趣向」の5つにまとめている（熊倉，1995, pp. 132-133）。
　伊藤・渡辺（1975）は前述の宴研究のあとがきに次のように記している。
　「宴の概念をもっと拡大すれば、かつての歌合とか連歌や俳諧などの日本の伝統的な集団芸術の場も、すべて宴の世界に組み入れられることになろう。いずれも芸術的に洗練されたものにはちがいないが、すべて共同体的な感情を基調としている点で…宴の世界とよく似ている」（伊藤，1975, p.197）。
　日本文化における宴の重要性について、上野（2014）は次のように言い切っている。「日本の芸術は、その源のすべてが宴にあるといっても過言ではない。すべては、客をもてなすための工夫に由来しているのである。何を食べ（茶道）、何を飲み（茶道）、何を飾り（花道、絵画）、どんな歌を披露するのか（歌道）。そうそう、忘れてはならない。どんな器を出すのか（陶芸）。その工夫を技に高め、自らの技を磨くことで、自らの生き方を求道する『芸道』にまで高めた日本人」

と（上野, 2014, p.18）。井上（1995）は宴会における人間関係を「出会い」を中心に取り上げている。

なお、場に集うという点では、宴のほかに「クラブ」や「パーティ」もテーマに上がってくる。橋爪（1989）は明治時代に誕生したクラブの発展を跡づけた。高橋（1991）は日本型クラブとして中世の寄合を、守屋（1991）は茶室を取り上げ、それぞれに場の意義や役割に焦点をあてている。

宴は令和の元号の由来ともなっている。奈良時代の初め、当時の大宰府長官である大伴旅人邸で開かれた「梅花の宴」における序文の中の「初春の令月にして　気淑く風和ぎ　梅は鏡前の粉を披き　蘭は珮後の香を薫ず」に依拠することは知られている。梅花の宴は「歌合」や「連歌」の源であるともいわれ、この点でおもてなしの原風景ともいえるだろう。

人と人が集い、美しく心を寄せ合うなかで文化が生まれ育つ、という理想とともに幕開けした令和であるが、令和2（2020）年1月に国内で新型コロナ感染者が発見され、同年4月に緊急事態宣言が発出される事態となった。感染拡大防止の観点から不要不急の外出が自粛となり、人と人が集い、場をともにすること自体が困難となった。仕事終わりのカジュアル宴会をはじめ、巷の宴会は激減し、他方でオンラインでの飲み会が流行したことは記憶に新しい。距離を超えて顔を合わせることができる利便性がある一方で、これは「集う」といえるのか。そもそも「集う」とは何なのか、オンラインで顔を合わせるのは「宴会」の意味を果たすのか――私たちは、日々こうした問いに直面することとなった。リアルに集まることができない制約は茶の湯や茶道の世界をも揺るがした。その揺らぎのなかで本来の価値を見出すことになるのだが、これについては5章で詳述する。

# 第2章　文化史からたどるおもてなしの源流と展開

# 第1節　万葉集の宴に見るおもてなしの源流

## 1　はじめに

　一般に、日本のおもてなしは千利休によって大成された茶の湯をベースにしていると考えられている。筆者たちは、その起源は万葉集に描かれる宴にあると考える。宴は語源的に「打ち上げ」（「うちあぐ」）に由来する。「うちあぐ」とは「ひとつのことが完結・終了して上がりの状態になる」ことを指し、まさに今日的な意味での「打ち上げ」に等しい。当時は祭祀・儀式を行うには多くの人々の協力が不可欠であった。無事に終わった際には、そうした人たちを慰労するために酒食の席を用意し「うちあぐ」場をもった。「酒食をともにして区切りをつける」のである（上野, 2014, pp. 10-11）。

　本節では、現在の日本のおもてなしの源流であると考えられる万葉人の公式的な宴を取り上げる。特に宴のコミュニティにおける役割と宴が参加者へもたらす便益（ベネフィット）を、サービス・ドミナント・ロジック（Vargo and Lusch, 2004）、サービス・ロジック（Grönroos, 2008）あるいは経験価値マーケティング研究（Holbrook and Hirschman, 1982）の観点から分析する。

　具体的な課題は、Ｃ２Ｃの顧客価値共創の特徴と万葉集の宴のコミュニティとしての特徴および価値共創の特徴を比較することである。本研究は、ハイコンテクスト型Ｃ２Ｃ顧客価値共創という既存研究の射程に上らなかったトピックを分析する。

## 2　万葉集の宴の特徴
### （1）万葉集について

　万葉集は現存する日本最古の歌集であり、20巻合計4500首の作品から成る。成立については不明な点が多く、編者や成立年時も明確ではない。万葉集の全20巻の構成は統一されていないが、基本的には行幸・宴会など公的な歌である雑歌、恋愛の歌である相聞、死者を弔い悼む歌である挽歌の３大部立が認められる。なお、恋愛歌の多くは宴会ではやしたてられながら、座興として披露されたとされる。挽歌も個人の悲しみを歌うのでなく、その場の人の気持ちになっ

24

て、全員が共有できる感情を表していた（梶川 , 2000, pp. 176-186; 古橋 , 2004, pp. 17-28, 31-33; 岩下 , 2014, pp. 2-14）。

## （2）　万葉集の宴について

### 万葉集における「宴」の重要性

　これまで万葉集は「個人の素直な感情を歌った歌」と考えられてきた。しかし 2000 年前後から国文学の領域で「歌の制作状況」についてさまざまな研究がなされてきている。特に注目されているのが「宴」である。万葉集において「宴」にまつわる言葉は非常に多く、約 90 例にのぼる。上野（2014）は「宴」に関する語句として、「肆宴、倶宴歌、罷宴歌、宴席歌、宴親歌、宴吟歌、宴誦歌、宴会、宴、宴歌、結集宴歌、肆宴歌、集宴、宴飲、宴居、饗宴、詩酒之宴、飲宴歌、遊宴、飲宴、詩酒宴、宴席、宴作歌、宴日歌、侍宴、楽宴、豊宴、宴飲歌、罷宴、餞酒、打酒歌、饗、飲歌、飲楽、餞、飲餞、楽飲、集飲宴、餞饌」を挙げている。「こうして万葉集 4516 首のうち…宴で歌われたと推定できる歌を一つ一つ数え上げてみると 270 首ほどになる。…万葉歌のほとんどは、宴の場で少なくとも 1 回は披露された歌である」（上野 , 2014, pp. 16-17）。

　万葉の宴はタテ組織を基盤とし、型が決められていた。服装、座席の位置、挨拶や発言の順番は厳しく規定されていた。ことのほか重視されたのは挨拶の歌、儀礼的な歌である。宴の参加者は私的感情ではなく、公的な場にいる自分の立場・役割にふさわしい歌を詠むことが求められた。佐々木（2007）は「歌の中の〈われ〉は宴席における〈立場としてのわれ〉である」と述べている（佐々木 , 2007, p.67）。宴会では正直に自分の気持を歌うよりも、「この空気にふさわしい歌」、場の空気を表現することが必要であった。すなわち、場の趣旨やタイミング、上下関係をわきまえて歌を詠まなければならない。歌の巧拙よりも状況判断の巧みさが優先されたといえる。しかし公的に言語化された宴歌のルールは存在しなかった。各人がそうしたルールを知っているかどうか、ひいては当該宴において前提となる文化・教養を共有しているかどうかそのものが問われた。ただし「秀歌」は口伝えに広まり、宴での必須の知識となった（佐々木 , 2007, pp. 62-67; 梶川 , 2013, pp. 8-9）。

歴史的背景

　上記の意味合いで宴が催されるようになったのは 7 世紀後半からである。その歴史的な要因としてはおもに次の 2 点が挙げられる。

　第 1 の要因は、最古の宴とされている天武天皇の始めた「御薪の宴」である。古代日本最大の内乱である壬申の乱（天智天皇の死後、弟である後の天武天皇が天智天皇の息子との皇位をめぐる争いに勝利した後、天武天皇は、味方についた臣下をねぎらい、忠誠心をつねに試し、また彼らが寝返らないように関係を維持する必要があった。同時に「（誰でも信用できるわけではないから）臣下を束ねなければ」という切迫感もあり、天武天皇は宴を政治的な意味で活用したのである。

　675 年正月 3 日、官人たちが薪を持参して参内し、薪を焚き、宴を設けた。この行事はこの年を初めとして制度化され、奈良時代には毎年 15 日に行われる恒例行事となった。宴では、関係諸司に粥や酒食が賜された（村井 , 2005, pp. 70,73-77）。後に政治が安定すると、天皇は働いてくれる高官をもてなし、組織を安定させるために宴を催すことになった（上野 , 2014, pp. 88-89）。

　いまひとつの要因は、官僚制度の進展である。7 世紀後半には、律令国家の枠組みが作られ、官僚制度のもと、人々の関係が階層化した。冠位が決められ、階級別に着る色が規定されるなど、目に見える形で各人の地位が提示されるようになった。そのなかで、儀式と宴会は新たな人間関係を定着・機能させるために必要であり、頻繁に行われた。公的な宴会だけではなく、私的な宴会も各所で開かれた。官人たちは昇進のため宴会に勤しんで出席したのである。

　人間関係すなわちコネが重要になった背景は以下のように説明されている。中国では科挙制度によって豪族主義が打破され、進士（官僚）が支配者層の大部分を占める官僚国家となった。官僚の生殺与奪の権を握る皇帝は、科挙を通じて全官僚を直接支配下におくことができた。しかしこの制度は日本の場合には定着しなかった。もちろん採用・昇進試験はあったが、もともと限られた範囲の人間が対象であった。10 世紀ころから文章博士（漢文学・中国史専攻、文章博士は官吏登用の第一歩である）が菅原・大江の 2 氏に独占され、「秀才（秀才が試験に合格すれば官吏となる）」もこの一門に限られてしまうようになった。その時から、官職はいわば「家業」となった。たとえば、律令制度のなか

で、高位者の子孫を父祖である高位者の位階に応じて一定以上の位階に叙する制度である「蔭位の制」は、氏を重視する日本の貴族社会の特性となった。試験等実力による出世が期待できないとなれば、官人らはコネや宴席での活躍で自分の位を維持することに汲々とするようになった(村井, 2005, pp. 13-16)。「養老律令」によって、節会の宴会での酒食は官から支給されていた（上野, 2014, pp. 76-77）。

### 宴の目的

　万葉の宴では、基本的には主催者が圧倒的な権力を有する。宴の最大の目的は政治的活用であった。まず敵味方を峻別・確認するという宴の政治的目的から説明する。共通の背景を持つ人が集う宴では、宴席歌によって互いの意思を確認しあった。宴に参集した人々は、同じ派閥の同志であることを確認するとともに、謀反をおこさないように相互に牽制しあうことになった。平安時代以前は権力争いが熾烈であり、フォーマルな宴は楽しみというよりも、自分の味方かどうかを問う場となっていた。同じ価値観をもっているかどうかが重要であり、場を共有することに価値があった。

　宴に楽しみという側面が存在しなかったというわけではない。正式な宴席のあとの二次会的な宴や着任・送別などの慰労の宴では、楽しむことがメインとなった。もちろん、このような宴であっても、タテ組織であるため、全員で場を盛り上げるということが重視された。周りを感心させるような歌を詠みたい、個人的な能力を顕示したいという欲もあっただろうが、それよりも場や席次を守ることが優先されていたのである。

### 宴のタイプ

　当時の宴を主催者別・参加者別に分けると、天皇主催 − 高官、高官主催 − 部下・派閥のメンバー、そして国司主催—郡司の 3 つに分類できる。

　天皇主催で高官が参加する宴の主目的は、相互の信頼性を強化することにあった。天皇が歌を求め、高官らは歌で天皇を称えた。高官主催で部下・派閥のメンバーが参加する宴では、相互の信頼性を強化するという目的以外に、主催者側が趣向を凝らし、権力を誇示すること、参加者は知的レベルを誇示するという目的を持っていた。国司主催で郡司が参加する宴の場合であれば、国司にとって荘園を管理する郡司は重要な存在であるので、基本的な目的は接待と

いうことになる。


## 3　宴のプロセス（「型」）と楽しみ方

　すでに説明したように、宴においては開宴から終宴まで、どのような順序でどのような歌が詠まれるかが決まっている。参加者はこのルールに則って、流れに沿った歌を作ることが求められた。具体的な宴のプロセスを以下に示す。


### （1）　宴のプロセス

　上野（2014）は先行研究をベースに宴席歌の型を以下のように整理している（上野, 2014, pp. 38-40）。

　第1段階——開宴に際して主客の挨拶から始まる。

　第2段階——客が主人を称える。

　第3段階——参加者全員が趣向にあわせて歌を詠む。

　第4段階——状況にあわせて笑いをとったり、気分の違う歌や古歌などを歌ったりする。

　第5段階——終宴。主人と客との間で、「そろそろ帰らなくては」「まだいいではありませんか」のやり取りがあり、また飲み直して終宴となる。最後は、主人の歌でしめる。

　天平10年（738年）橘朝臣奈良麻呂が催した宴席歌を例として紹介しよう。冒頭の2首は、主人である奈良麻呂からの客を迎える挨拶である。

　——手折らずて散りなば惜しと　わが念ひし　秋の黄葉をかざしつるかも

　——めづらしき人に見せむと　もみち葉を手折りそ我が来し　雨の降らくに

「手折らずに散ってしまったら惜しいと思って、色づいたもみち葉をかざしています」「大切なお客さまであるあなたに見せようと、もみち葉を手折ってまいりました」と宴会の趣旨を提示し、全員に「どうぞ楽しんでください」と呼びかけている。

　主人の歌に対して、客代表である久米女王が応じるのが次の歌である。

　——もみち葉を散らすしぐれに濡れてきて　君が黄葉をかざしつるかも

「時雨に濡れながらやってきましたが、その甲斐あって、あなたが手折ってくださった黄葉をこのようにかざすことができました」という意味である。お

そらく実際に黄葉をかざしながら詠んだものであろう。

長忌寸娘は、主人による「めづらしき人」の歌をそのまま用いて詠む。

——めづらしと　わが念ふ君は　秋山の初もみぢ葉に似てこそありけれ

「お慕いしているあなたさまは、秋山に色づき始めた黄葉に似ていらっしゃいます」という意味である。

この後には、黄葉の美しさ、もてなしの素晴らしさを詠んだ歌が5首続く。たとえば県犬養宿祢持男は次のように詠んだ。

——もみぢ葉を散らまく惜しみ手折り来て　今夜かざしつ　何をか念はむ

「この黄葉をかざしましたので、何の心残りもありません」と主人のもてなしに満足していることを表現している。主催者奈良麻呂の冒頭の歌と久米女王の歌を意識した歌となっている。

三手代人名もまた次のようにもてなしへの感謝を表現した。

——奈良山を　にほはす黄葉　手折り来て　今夜かざしつ　散らば散るとも

「奈良山の黄葉を手折ってかざしにしました。もう散るなら散ってもかまいません」となり、県犬養宿祢持男と同じく「おもてなしに満足しました」という意味である。

秦許遍麻呂は同じく満足な心地を茶目っ気たっぷりの表現で場を沸かせた。

——露霜に　あへる黄葉を手折り来て　妹はかざしつ　後は散るとも

「露霜に色づいた黄葉を手折って恋人といっしょにかざしたので、もうあとは散ってもかまいません」という意味である。「妹」は恋人、妻をさす。特定の女性であったか、あるいは宴席にいる女性を恋人にみたて、一緒に黄葉をかざして見せたのではないかとも考えられる。周囲の人たちは面白がってはやしたてたことだろう。宴をみなで盛り上げていることがうかがえる。

次の歌は楽しい宴がお開きになることを感じさせる。

——十月　しぐれにあへる　もみち葉の　吹かば散りなむ　風のまにまに

「十月の時雨にあった黄葉は風が吹けば散ってしまうだろう」と詠っている。宴席が進行し、そろそろ終りに近づいていることが伝わってくる。

最後は内舎人大伴宿祢家持の歌である。

——もみち葉の散らまく惜しみ　思ふどち　遊ぶ今夜はあけずもあらぬか

「黄葉が散るのを惜しむ、気心の知れたものどうしで楽しんでいる夜はあけ

ないでほしい」という意味である。重要なのは「思ふどち（気心の知れた仲間）」という言葉であろう。私たちは仲間ですね、仲間どうしで一緒にいるとほんとうに楽しいですね、と全員の気持を代弁し、宴会をしめくくっている。

宴の流れにそって、主人は趣向で楽しませ、客人はその趣向を読みこんだ当意即妙の歌でその場を盛り上げていることがわかる。


## （2） 宴の楽しみ方

以下では、当時の宴の楽しみ方の特徴を説明する。まず、物理的側面（空間）、しつらいの側面についてである。

当時の宴は、庭あるいは庭が見える邸宅で行われた。当時、最新の文化の発信地である大陸においては、立派な庭園を営むことが偉大な王の証であった。万葉時代の日本にとって、池、築山のある、草木を植えた庭園をつくることは文明国の仲間入りの資格を示した。新羅など外国の賓客をもてなすこともあり、庭はいわば儀礼の場であった。中央高官の邸宅には庭があり、池や築山が設けられていた。中央高官の庭といえば流行の最先端（最新の大陸文化）であり、趣向にあわせて設計・監理されていた。植物はプランターのようなものを用いて四季折々の宴席に合わせ植え替えられていたようである（斎藤, 1990, pp. 56-76; 上野, 2003, pp. 77, 81-89; 上野, 2013, pp. 145-150）。

庭という空間において、重要な技法は「見立て」である。見立ては、一見似ても似つかないもののあいだに類似点を発見することをベースにした技法である。たとえば、石組みで海岸の様子に見立てる、ススキを稲穂に見立てるなどがそうである。おそらく初期は庭を眺めて中国古典に描かれた美しい風景を連想するところから始まったのであろう。

見立てと不可分な要素であり、宴を開く際に尊ばれたのは「趣向」である。当世風の空間のなかにあえて田舎風の仮庵をつくって遊び心を演出した趣向の例がある。これは客を招くうえでの「一生懸命準備しましたよ」というメッセージであり、客もその趣向を読みとって楽しんだ。宴では、仮庵をテーマにした歌を詠み合っている（山田, 2002, pp. 56-59; 上野, 2003, pp. 117-118）。

見立て・趣向の手法は歌の技巧にも用いられる。歌において見立てを楽しむには、共通の高いレベルの古典の教養と機知が必要である。さらに、宴におい

ては、単に意表をつく凝った表現が評価されるわけではなく、その場の趣旨にあわせ、自分の立場を考えた見立てでなければならない。特に、身分の下の者が壮大な見立てをするのは分不相応と思われた。このような見立てのルールは秩序維持やコミュニティの結束強化に貢献している。

　他方で、趣向の小道具としては、「女郎花」や「梅」などの花を装飾に用いたり身につけたりすることもよくあった。この場合、見て参加者が趣向を読みとるのでなく、主人が冒頭の挨拶歌で「梅をかざして今日の宴を楽しみましょう」など、趣向・テーマを明示するのがならいであった（上野, 2014, pp. 50-70）。

　以上のように、宴を楽しむためには、しつらいや歌そのものの詠みあげにおける趣向と見立てのルール、つまり高度な教養を主催者と参加者が共有していることが必須条件であった。そのうえで、個人として目立つのではなく、宴を全体として分をわきまえながら盛り上げることに価値が置かれ、それに成功した時に高い満足感と立身出世の機会が高まる可能性があったのである。

## （3）　万葉集の宴の時代の終焉

　以上で考察してきたように、宮廷の政治や日常生活において宴は重要な役割を演じていたが、時代、社会の変化とともに終焉を迎えることになる。第1の理由は、政治的社会的な変化である。戦いが激減し、平和な社会になったため、敵味方を峻別する必要が低下した。また、藤原北家が権力を掌握したために、対立派閥が弱体化し、宴の政治的意味も弱まった。

　第2の理由として考えられるのは、文化の中心が後宮サロンへと移動したことである。後宮サロンでは、貴族は天皇の外戚となるために子女の教育に熱心に取り組んだ。ひらがなが定着し、女流文学が盛んになったのもこのころである。恋愛においては和歌が非常に重要ツールとなっていたが、男女が歌を詠みかけあうのは宴ではなく、垣間見など一対一の場であった。そこで求愛の歌と応答の歌が交換されたのである。

　さらに一対一の「かけあい」、つまり短連歌の宴が発生し、鎌倉時代になると長連歌の座が万葉宴スタイルの宴にとってかわった。背景には、武士階級の登場の影響もある。武士階級の登場とともに、再び敵味方の峻別や共通する価

値観の確認などが必要になった。しかし、公家と武家の両者において、それぞれ相手との関係を構築するのには、和歌ではなく連歌が有効な手段として受け入れられたのである。

## 4　万葉集の宴の分析：現代のおもてなしとのかかわり

　万葉集の宴の特徴を現代のおもてなしとのかかわりから分析する。分析の視点は以下の3点である。1つはハイコンテクスト文化のもとでの万葉集の宴、そして現在の宴の性格を明らかにすることである。2つめの視点は、宴の参加者個人にとっての経験価値と集合価値との関係である。特に、宴そのものの集合的価値は個人的価値の単純総和ではなく、創発的特性（emergent property）を有している点について考察する。3つめの視点は、宴のプロセスに従った主催者側の経験価値と参加者側の経験価値、そして集合的価値との関連の分析である。

　最初に、ハイコンテクスト文化型経験価値としての側面の分析から始めよう。Cova（1977）と Cova and Cova（2002）は、マーケティングの社会化のラテン学派（The Latin School of Societing）を標榜している。彼らは「個人主義、合理主義、功利主義そして普遍主義の間には密接な親和性があるが、それらは北方型思考（Northern thinking）を反映している。また、共同体、情動性、無用性そして抵抗は南方型志向（Southern thinking）の特徴である」と主張する（There is a close connection between individualism, rationalism, utilitarianisim and universalism, which reflect Northern thinking, and there is a close relation between community, affectivity, futility and resistence, which are characteristic of Southern thinking.）（Cova and Cova, 2002, p.619）。

　彼らが南方型志向と表現したものは、まさしくハイコンテクスト文化をベースとしたマーケティング・消費者行動である。その意味で、最もハイコンテクスト文化に位置付けられている日本（Sato and Parry, 2013）における万葉集の宴は、すでにここで紹介したように、北方型サービス消費思考とは異なった対象を、それにふさわしい南方型の理論フレームワークで分析できる可能性を切り開いてくれることになる。

　しかし、筆者たちは典型的なハイコンテクスト文化でのサービス消費＝宴の

分析をするのにふさわしい理論的フレームワークをまだ有していない。その方向性を探ることが第２の課題となる。それが宴でのサービス消費の個と全体の関係の分析である。筆者たちは、万葉集における個と全体の関係を考察するための比較対象として、ツアーやキャンプでの非日常体験（Ellis, 2011; Kim and Jamal, 2007; Rihova, 2013）とブランド・コミュニティでのフェスティバル体験（McAlexander et.al., 2002; Muniz and O'Guinn, 2001; Schau et.al., 2009）とを選んだ。また、Rihova et.al.（2013）は、Ｃ２Ｃの価値共創を研究対象とするカスタマー・ドミナント・ロジックの観点から、消費者コミュニティを、フェスティバルに単独もしくは２人連れで参加するような「孤立した消費者」（Detached customer）、フェスティバルに家族やグループで参加するような「社会的あぶく」（Social Bubble）、アドベンチャーツアーへの参加者から構成されるような「一時的コミュニタス」（Temporary communitas）、そしてブランド・コミュニティのような「進行中のネオ部族」（Ongoing neo-tribes）の４つに分類し、それぞれを分析している。後に見るように、万葉人の宴というＣ２Ｃの価値共創コミュニティは第５もしくはそれを超越したレベルであると考えられる。

　Turner（1977）は、ツアーやキャンプでの非日常体験を分析する際に有用な理論的概念を提供している。彼は日常の役割や地位の特徴を消し去り、「あるがまま」の状態で人間が相互に向かい合うような状態を「コミュニタス」（communitas）と呼び、儀礼と演劇における陶酔経験の差異を「リミナリティ」（liminality）と「リミノイド」（liminoid）という２つの概念を使って検討している。Turner によれば、「リミナリティ」は集団で共有された陶酔経験であり、儀礼の場合に発生する。「リミノイド」は個人的が主観的に経験する自己陶酔経験である。演劇というライブ・エンタテインメントにおいて発生する。リミノイド、フロー経験は、すべての観客に起こるのではなく、観客の解釈次第であるという。

　Ellis（2011）は、この Turner の概念を使ってミュージック・キャンプの質的調査を通じて、高度な音楽においてリミノイドを享受するためには、その音楽の背景情報や音楽が発する物理的情報を処理する高度なスキルが必要であることを実証した。Kim and Jamal（2007, p.197）は、「人々がより自発的に対等

になればなるほど、人々はより目立ちたがるようになる」という Turner の言葉を引用しながら、原始時代の仮面舞踏会を体験したツアー参加者たちのリミナリティ的非日常体験を分析している。参加者は自分の好きな原始時代の仮面を被ることによって自由に別人格になることができるので、リミナリティ状態になりやすいのである。

　それでは Turner のコミュニタス、リミナリティおよびリミノイドと万葉人の宴とはどのような関係になっているのであろうか。第 1 に、Turner のコミュニタスは匿名的な社会関係であるのに対して、万葉人の宴は参加者が互いに味方であることを確認する場である。しかも宴では身分社会をベースにした行動のルールが厳格に実施されている。他方、コミュニタスでは、体験中に友人関係を構築したとしても、それは基本的には長期的な関係を前提としないなかでのサービスの集合消費である。

　第 2 に、Turner のリミナリティは儀礼において体験する境界状態（集団陶酔状態）を意味する。他方で、万葉人の宴は確かに儀礼と同様に厳格なプロセスによって進行される。この点は儀礼と同じである。しかし、万葉人にとって宴は敵と味方を峻別し、そのコミュニティの結束を強める場なので、陶酔状態というよりも冷静に宴を全員で楽しむという場になっている。

　第 3 に、Turner のリミノイド体験を実現するためには参加者には演劇等を鑑賞する上での前提となる深い背景知識や情報処理技術が必要とされる。Csikszentmihalyi（1990）のフロー理論が示すように、それが高ければ高いほど、また演じられる演目が高度であればあるほど、鑑賞者の思考体験（peak experience）のレベルも高くなる。他方で、万葉人の宴の場合には、歌を詠む課題と場を読む課題、これらをうまく適合させるという課題が存在する。参加者はこれら 3 つの課題にうまく対応するために日々、努力を行っているのである。何よりも、これらの才能がないと出世もできないからである。

　万葉集の有名な歌人である大伴家持は宴で詠まれた歌とともに日誌を残し、子らに宮廷社会のしきたりを伝えようとした。たとえば、正月新雪は宴を賜ること、急な参内となるので注意すること、朝賀がとりやめになっても雪かきなどの名目で参内がある場合もあること、酒席においては天皇のご命令で歌を詠む場合があること、記録を調べて参考にせよ、などである（上野 , 2014, pp.

104-106)。

　万葉人にとって、宮廷宴会のしきたりを知らないと恥をかくばかりか、不敬をとわれることもあった。これはどのような宴でどのような歌を詠むべきかという型を知ることが、宮廷社会においてきわめて重要であったことを示唆する。同時に、宴が進むなかで、教養を示し機転をきかせつつ、主人と参加者が場面をもりあげる行為はそのまま「場を楽しむ」ヘドニックな経験であるとともに、コミュニティ強化にもつながっている（機能的役割）。つまり、「楽しかった」こと自体がタテの関係性強化になる。

　以上の説明から、万葉人の宴においては、個人は非常に高い個人レベルでのレベルの至高体験（Maslow,1964）をしていることが分かる。また、個人が満足するほどに場をうまく盛り上げることができれば、集合レベルでの宴そのものの品質も高くなる。高いレベルの宴の盛り上がりは、個人レベルの歌の質にも好影響を与えることになる。万葉人の宴には、個人レベルの品質と集合レベルでの品質の間に相乗効果が存在するのである。

　Turner のコミュニタス、リミナリティおよびリミノイドと万葉人の宴の比較分析を図に示したのが以下である。万葉人の宴は、社会秩序を反映した厳格な暗黙のルールを有し、個人レベルと集合レベルでも「論理的な至高体験」を相乗効果的に享受することができ、その結果、当該コミュニティの結束を強化するという役割を演じていたのである。

### 儀礼、演劇、万葉集の宴の関係

| | 集団志向 | | 個人志向 |
|---|---|---|---|
| 高度スキル参加 | 万葉集の宴 | 相乗効果 ← → | 万葉集の宴 演劇 Liminoid |
| 高度でないスキル 理解、楽しみ | 儀礼 Liminality | | |
| 合理的至高経験 | 万葉集の宴 | 相乗効果 ← | 万葉集の宴 演劇 Liminoid |
| 非合理的陶酔 | 儀礼 Liminality | | |

では、万葉人の宴はブランド・コミュニティの各種のフェスティバル（ブランドフェスタ）とはどのような対応関係になっているのであろうか。Muniz and O' Guinn（2001）は、コミュニティの核となる共通性として同類意識（consciousness of kind）、共有された儀式と伝統、そして道徳的責任感の3点の存在を指摘し、ブランド・コミュニティにもこれらの3点が存在していると主張している。

　Schau et.al.（2009, p.38）は、参加メンバーのブランド・コミュニティ内での階層化を指摘している。階層化は当該ブランドへの知識や所有あるいはスキルによるメンバー間の差異によって発生する。知識、所有あるいはスキルが高ければ高いほど、そのメンバーはブランド・コミュニティで高いポジションを獲得することができるのである。メンバーはその意味でブランド・コミュニティ内で競争関係、あるいは「消費のミクロ政治（micropolitics of consumption）」（Holt, 1998, p.22）におかれることになる。

　しかし、際限のない地位をめぐる競争関係が継続するわけではない。安定的な地位を獲得したベテランは初心者メンバーや困っているメンバーを自発的に援助することが知られている。それが道徳観の発意なのである（Muniz and O' Guinnm, 2001, pp. 424-26; McAlexander, p.50）。そうすることはブランド・コミュニティの発展に貢献することになるので、援助する側にも大いにメリットをもたらすことになる。自発的援助は、その意味では啓蒙的利己心（enlightened self-interests）の発揮なのである。

　ブランド・コミュニティの性格が明らかになったので、それらと万葉人の宴の特徴とを比較してみよう。第1に、ブランド・コミュニティに共通する3点は、同じく万葉人の宴にも存在する。しかし、万葉人の宴の場合の方が3点ともその水準ははるかに高いと考えられる。ブランド・コミュニティは基本的には市場関係をベースにしたコミュニティであるが、万葉人の宴の場合には氏や家をベースにした身分関係である。但し、他のコミュニティとの競争関係や敵対関係（oppositional brand loyalty）（Muniz and O' Guinn, 2001, pp. 420-21）は、万葉人の宴にも存在するが、そのし烈さはブランド・コミュニティよりも十分に高いと考えられる。

　第2は、ブランド・コミュニティと万葉人の宴における個と集合レベルとの

関係の比較である。ブランド・コミュニティの場合は、コア・バリューは個人利益をベースにした啓蒙的利己心が集合レベルで間接相乗効果的に発揮される。これに対して、万葉人の宴の場合にはコア・バリューは集合的レベルにあり、そこから幾何級数的直接相乗的に個人レベルへ好影響が及ぼされる。

　第3に、コミュニティ内の身分的序列化であるが、ブランド・コミュニティにおいてはそのコミュニティ内部だけの関係であるのに対して、万葉人の宴での歌を読む能力の差はキャリアでの地位に反映される可能性が高い。万葉人はそれだけ宴でのポジションを向上させるために精進することになる。それがキャリアでのポジション価値と経済的価値に反映されるからである。

　それと関連したコミュニティの性格の違いであるが、ブランド・コミュニティの場合にはファミリーで当該ブランドを愛顧するというケースも存在するが、万葉人の宴の場合には、一族をあげての主催者への忠誠ということになるのである。もし宴の主催者の勢力が低下することになれば、参加者一族のポジションも低下することになってしまう。最悪の場合には左遷もありうるのである。

　ブランド・コミュニティにおけるフェスタと万葉人の宴との比較を行ったが、本稿の問題意識で最も重要な点は、第2の個と集合レベルの関係である。その関係は以下の図で示される。

## コミュニティにおける宴の位置

|  | 集団志向 | 個人志向 |
|---|---|---|
| ハイコンテクスト文化 | 万葉集の宴　集団志向をコアバリューとする幾何級数的直接相乗効果 | |
| | 見立て、趣向という知識や技法を駆使して、宴の厳格な暗黙のルールにのっとり全体を盛り上げ、個人的な価値を獲得 | 宴の雰囲気の盛り上げに成功した時、フロー状態での個人的達成感と出世の可能性を増大させることができる |
| ローコンテクスト文化 | ブランド・コミュニティの宴　個人志向をコアバリューとする間接相乗効果 | |
| | 道徳性の発揮（初心者や困っている人へのベテランの自発的援助）によるウィン・ウィン関係：顔見知りとの長期的関係 | 自己の地位を高めるために、自己の知識や技能を見せびらかす競争により、メンバー間でのヒエラルキー関係が発生 |

分析の最後に、万葉人の宴において創造される価値を、ＳＤＬ、ＳＬ、ＣＤＬ、そして経験価値マーケティングの観点から、宴の集合レベルでの価値、主催者にとっての価値、招待者にとっての価値の３つに分類しながら比較検討する。その分析結果は、表１のとおりである。

　宴全体を通じて、主催者側にとっての目的は関係強化価値が最も重要である。腹心の部下を集める、あるいは接待して新しい忠誠者を囲い込もうとする。逆に、招待客にとっては信頼性強化価値とともに、能力誇示価値および昇進可能性増加価値が大きい。

　集合レベルでの価値については、宴が進むなかで、教養を示し機転をきかせつつ、主催者と参加者が場面を盛り上げる行為はそのまま「場を楽しむ」ヘドニックな至高体験であるとともに、コミュニティの結束強化につながっている（機能的役割）。「楽しい経験」そのものがコミュニティ全体の関係性強化につながるのである。

　最後に、個人レベルでの至高体験と集合レベルでの至高体験価値の関係について考察する。すでに、集合レベルと個人レベルでの至高体験の間には「幾何級数的直接相乗効果」が存在することが明らかになっている。また、宴の至高体験はコミュニタスにおけるリミナリティやリミノイドとは異なり、集団陶酔や自己陶酔といった至高体験ではなく、理性的、合目的的至高体験であることも指摘された。しかし、万葉人の宴での集合レベルと個人レベルでの至高体験を比較すれば、個人レベルでの至高体験は純粋型に近い理性的、合目的であるが、集合レベルでのそれは「羽目を外して楽しむ」という側面も大いにあると考えられる。


## 5　結び

　日本人のおもてなしの源流である万葉宴を分析することによって、日本人のおもてなしの特徴やそれに対するスタンスが明らかにされた。最後の問題は、なぜ日本人は集合レベルでの場の盛り上げにこだわり、それに貢献した時に個人レベルでの強い満足感を味わうかである。逆に、ローコンテクスト型もしくは Cova（1977）と Cova and Cova（2002）の言葉を使用すれば「北方型思考」の人々は個人レベルでの満足をベースにして集合レベルでの啓発的利己心を発

揮するのであろうか。

　この問題の解明は今後の重要な研究課題であるが、文化心理学の分野のパイオニア的存在である Kitayama（1997）は、アングロサクソン人の自己観は独立的自己（independent-self）であるが、日本人の自己観は相互依存的自己（interdependent-self）であることを一連の心理学的実験に基づいて証明している。北山のこの概念は、日本人の宴におけるおもてなしの源流を文化心理学的に分析する際の手掛かりとなる。

　本研究の理論的な貢献は以下である。たとえば、本研究の結果は、カラオケという現代の宴の研究に直接貢献することができる。カラオケは日本発祥のグローバルな現象となっているが、日本では正式な宴会の後の宴として、会社の打ち上げとして活用されたり、得意先の接待の二次会として利用されたりしている。これらの目的はまさに万葉人の宴と類似している。つまり、社内派閥形成、根回し、そして新規顧客開拓や既存顧客との関係強化などである。また、本研究はブランド・コミュニティとの関連では、日本でのオタク文化の研究にも貢献すると考えられる。

　本研究の実践面での貢献としては、日本型のおもてなしの理論的な特徴をベースにして、どのようにすれば集合レベルと個人レベルとの至高的経験価値共創が向上できるのかを、パーティの主催者（特に企業の店舗マネジャー）と招待客それぞれが戦略的に考えることは可能であろう。たとえば、カラオケルームのマネジャーのサービス・オペレーション戦略やマーケティング戦略などに活用が可能である。

　今後の研究課題としては、日本の現代のおもてなしの源流が、万葉の宴から連歌の宴へ、そして茶の湯の宴へと綿々と連なっていることに鑑み、本研究との関連で連歌の会席、そして茶事・茶会との「おもてなし」の性格の連続性と非連続性とを研究する必要がある。日本のおもてなしを日本人の相互依存的自己との関連で分析することも重要なテーマである。

# 第2節　平安時代におけるおもてなし

## 1　はじめに

　おもてなしの究極の頂点が茶の湯であるとすれば、おもてなしの核心部分である感性・感情表現の共有という点で、頂点に導く転機となったのが平安時代である。一般に、平安時代は貴族文化に象徴されるが、貴族という狭い階級文化にとどまらず、今日の日本におけるおもてなしの特徴につながる重要な要素が認められる。本論に入る前に、おもてなしの文化史における平安時代の位置づけは以下の3点にまとめられる。

　第1に、平安時代は国風文化が花開いた時代として知られる。大陸文化の影響を受けず、独自の文化的価値観が育った。文化のすべてが国風であったと断言するのは極端にすぎるが、とくに和歌をはじめとする感情表現において日本独特のスタイルが確立、おおいに発展したことは、おもてなしの中核となる価値共創において重要である。

　第2に、平安時代に、私たちの美意識・感性のルーツが見出せる。中世から江戸時代にいたるまで、文化・文学・文芸の指導者らは源氏物語など平安時代の美意識を一種の教科書として教え、普及させてきた。これも同じくおもてなしにおいて重要なポイントである。

　第3に、現在、日本で広く行われている年中行事・季節行事（花見、月見など）は平安時代から始まったものである。明文化された意識的なフォーマットやルールがなくても、花見や月見の宴から想像されるもの、たとえばどこで何をするのか、どのような雰囲気で行われ、どのような感情が湧くのかといった事柄についてはほぼイメージが共有されているといえるのではないだろうか。そうした行事が整備され確立したのが平安時代であった。

　平安時代の宴と文化について、小嶋（2013）は次のように述べている。「平安時代、王朝びとの生活はさまざまな様式や行事によって格式を整えられた。背景に王朝社会の政治的・経済的な発展にともなう、文化的な成熟があってのことであるのは言うまでもない。その一方で文化の成熟は、余剰的な娯楽や遊興の分野の活性化を促し、それにともなう饗宴の充実をももたらした。…王朝人は折節の賀や御遊といったハレの宴の場を通して、洗練され様式化された遊

興を堪能し、さらにはその後宴でも盃酒をめぐらしながら紐帯を強めたことであろう」と。（小嶋, 2013, p.198）続けて「源氏物語にもしばしばそうした光景が登場するが、そこに仮構された遊興や遊宴はただ雅やかな場で終わらない。その裏に秘められた錯雑な人間関係や内面をも浮かび上がらせる場としても、源氏物語の遊興・遊宴、そしてそれにともなう遊芸は機能する」と指摘している（小嶋, 2013, p.198）。

　本節では、源氏物語および歌合を手掛かりに、宴に集う参加者の感情反応の視点から、おもてなしの特徴を探る。源氏物語の宴は男性的性格（官人どうしの共感がベース）であり、歌合は女性的性格（女房の催しといった面がある）を持っている。さらに、源氏物語および歌合はそれぞれ（次節で取り上げる）連歌の前奏となっている。

## 2　源氏物語におけるおもてなし
### （1）源氏物語の重要性

　平安時代の文学のなかでも、源氏物語がその後の日本の文化とくに感情の生成と表現のうえで与えた影響は圧倒的である。例えば、連歌が流行した時代には、源氏物語は連歌を作るための必須の知識として必要とされた。源氏物語の絵巻物、梗概本、パロディ本が数多く広まり、源氏物語は階級を問わず様々な形で社会に浸透し、享受されていた。現代でも高校の「古文」の教科書には源氏物語が取り上げられている。ドラマ化、映画化、舞台化もされ、関連書も多い。カルチャーセンターでは人気のテーマであり、テーブルコーディネートなどの場面でも〈源氏物語の趣向〉が語られたりする。あらすじなど正確に知らなくても、多くの人が一定の知識をもっていること、それだけでなく、教養において一種の規範ともなっている作品は他に例がない。

　ここで、源氏物語のリアリティチェックについて触れておきたい。源氏物語研究においては、源氏物語はもちろんフィクションであるが、そこには当時の風俗、価値観、文化、人間関係、事件等が色濃く反映されているリアリティに富む小説であると考えられている。例えば、後藤（1986）は、物語に登場する政争、事件、後宮の様子が歴史的事実を踏まえていることを詳細に論じている。今井他（1991）は、源氏物語は当時の習俗をリアルに描写していると、様々な

場面を取り上げて論じている。田中（1995）は、源氏物語は虚構小説でありながらも事実を反映していると論じている。さらに増田（2002）は、源氏物語に描かれた貴族社会が当時の状況を反映していることを指摘している。

　それでも小説は架空にすぎない、という主張もある。たしかに、光源氏という人物は架空の人物でありそこに描かれる人間模様も作者の想像の産物であるが、源氏物語は当時起こった事実を踏まえ、史実に忠実に描かれていたことが研究によってあきらかになっている。さらに重要なのは、作品に描かれた美意識は作者がゼロから考えついたものではありえないということだ。つまり、ある場面における人物のふるまいに対する参加者の反応は当時の価値観、感性そのものを映し出していると考えるのが普通であろう。源氏物語は数多の人物が登場し、長い年月にわたりそれぞれ感情が交錯する場面が描かれていることから、人物の感情反応や表現を探る材料として適しているといえる。

## （2）源氏物語における宴

　鈴木（1986）は「源氏物語には、おびただしいほどの宴集の場面が設けられている」と指摘している（鈴木, 1986, p.43）。源氏物語には、宮中の儀式の一部としての宴、公的な宴、プライベートな宴、その中間などいくつかのタイプの宴が描かれている。宴ではたいていの場合、食事のほか酒がふるまわれ、参加者が管絃（音楽）と舞を楽しみ、詩歌を吟じた。鈴木（1986）は王朝の宴は官人たちの共同性のうえに成り立っており、共同感情によって連帯される場である、と論じている（鈴木, 1986, p.51）。共同感情を通わせ合うツールが和歌であり、和歌をつくるうえでも、反応する際にも、共通の高度な教養に裏打ちされた感性の共有が不可欠であった。鈴木（1986）は「和歌は宮廷の新しい社交の具」（鈴木, 1986, p.47）であり、「集団をつなぎとめようとする共同的性格」が一貫して和歌表現に認められるとしている（鈴木, 1986, p.48）。「宴と詩歌の相乗作用」によって、集団の共同性は一層高まることとなっていったのである（鈴木, 1986, p.49）。

　源氏物語における宴の役割と重要性について述べるなかで、前出の鈴木（1986）は、盛大さの表現として紅葉の賀宴や花の宴の盛大さに言及している（鈴木, 1986, p.44）が、これら2つの宴の描写には、おもてなしの視点からみても

顕著な特徴がある。それは、見る側、受ける側が示す反応である。たとえば「紅葉の賀」では、源氏が帝の前で舞を舞うのだが、その場面はこのように描かれている。

　　入り方の日かげ、さやかにさしたるに、楽の声まさり、もののおもしろきほどに、同じ舞の足踏み、おももち、世に見えぬさまなり。詠などしたまへるは、「これや、仏の御迦陵頻伽の声ならむ」と聞こゆ。おもしろくあはれなるに、帝、<u>涙を拭ひたまひ</u>、上達部、親王たちも、<u>みな泣きたまひぬ</u>。（下線筆者）

意味を補いながら現代語に訳すと、次のようになる。

夕方前のさっと明るくなった陽光がさし始めた中、青海波が舞われた。同じ舞とはいえ源氏の君の足拍子や表情などは、またとない素晴らしさであった。歌う声は、極楽の御迦陵頻伽の声だろうかと思われた。源氏の舞の趣深さに帝は御落涙あそばされた。その場に集まった高官たちも親王方も同様に涙をお泣きになる。

「花の宴」でもやはり源氏の舞の美しさに、日ごろから折り合いのあまりよくなかった「右の大臣」でさえ「うらめしさも忘れて涙落とし給ふ」、感動してつい涙をこぼしたという場面がある。

このように、美しい舞を見て涙する人たちの描写は、源氏物語において非常に印象的な場面となっている。今日的に見れば、どれほど見事な舞であったとしても、なぜ舞を見て泣くのかと疑問を抱くのではないだろうか。

当時この場面では「泣く行為」そのものに意味があった。帝の前での宴において源氏の美しい舞を見て涙を落とす、というのは、率直で正直な感情表現であるか否かは別として、当時の帝や（上級）貴族たちにとって「正しい」感情反応であり表現であった。彼らは涙をこぼすべき場面であると理解したから、涙をこぼしたのである。

当時の貴族社会では、感動すべきものに対して感動し、しかるべきとき適宜その感情を表現することが「正しい反応」として必要とされた。当時の文化的サークルのなかで蓄積された基準にしたがい「美」とされる対象を見て、しかるべき連想を抱き、しかるべき感情をもち、しかるべき形でしかるべき反応、この場面であればほどよく涙することが求められた。感極まって泣くといって

も、ただむやみに涙に暮れるのは軽蔑の対象とされていた。上級貴族であればあるほど、感情を「さまよく」(見た目の様子がよく)表現することが求められた。反対に、感じた通りに表現することは非・貴族的として笑いの対象となった。

　大塚(2000)は『感情を出せない源氏の人々』源氏物語のなかで「光源氏が泣くのは、貴族の常識の範囲で泣いてしかるべき時だけであった。泣くべきでない時にはこらえ、それでもどうしようもないほど涙が出る時は隠れて泣いた。…心ある、ひとかどの貴人と設定される人は男女を問わず涙をこらえている。そのこらえる姿、もしくは涙を恥じる様子が『源氏』では美しいと評され、好意的に描かれる」と述べている(大塚,2000,p.126)。

　宴は、共通の基準に則って、集ったメンバーがさまよい感情表現を示す場であった。さまよく落ちた涙に、見る人たちが感動する、というように、感情表現の美しさ、あるいは演技性にフォーカスが当てられていたともいえる。

　このことは、おもてなしにおいてどのような意味を持つのであろうか。

## (3)源氏物語の宴における経験価値

　源氏物語の宴における参加者の経験価値を個人的価値と習合的価値の両面から考えてみる。まず個人的価値は、舞や音楽の才を示す、趣味の良さを示す、などがある。集合的価値は、伝統や特定のルールにのっとった宴を全体で、しかも高レベルで成功させることである。盛り上げようとあえて意識しなくても、場にふさわしい行動ができることがメンバーとしての条件でもある。前述のように、共通の教養と感性に基づいてさまよい感情表現を共有することが参加者の賞賛につながり、場の価値を高めることとなった。

　前節の万葉集の宴における個人的価値・集合的価値と比較すると、個人低価値よりも集合的価値が重視されることは源氏物語でも同じであるが、源氏物語では盛り上げるための行為(アクション)だけでなく、反応(リアクション)に重点が置かれている。参加者(のひとり)が何かを行ったことに対して、皆が正しく反応することで、場の集合的価値が高まるのである。共通の教養のうえに立って決まったプロセスを踏むなかで、感動すべきものを認識し、感動すべきところで正しく感動する(表現する)ことが宴の成功につながった。

　万葉集の宴においては、宴でメンバー全員が型を踏んで場を盛り上げようと

動いていたが、源氏物語では、その行為を見てどのように反応するかというリアクションの作法が重視されているといえる。

## （4）源氏物語の宴における参加者の役割と共有の価値観

　源氏物語の宴の特徴を、参加者が共有する価値観の点からあらためて整理すると以下のようになる。

　第 1 に、主催者と参加者はきわめて狭いコミュニティに属している。万葉集の時代は政治闘争があったが、この時代はすでに天皇と外戚関係となった藤原北家が権力を握っており、場にいる全員がその派閥の中にいる。宮廷という場面では、全員が同じ価値観を持っている。教養としては女性なら古今集、男性なら漢詩が必須であった。したがって、基本的大前提として、全員が価値観・教養を共有している。価値観の違いについては、たとえば服の色の合わせ方が華やかすぎる、手紙の筆遣いに深みがないなど、きわめて細かい部分での違いが批評されている。

　第 2 に、源氏物語の宴には「観る人」が存在している。たとえば前に引用した「花の宴」では、玉座の左右に藤壺の中宮、東宮の御座所がそれぞれ設けられ、次のような描写が続く。

　　弘徽殿の女御、中宮のかくておはするを、をりふしごとにやすからず思せど、物見にはえ過ぐしたまはで、参りたまふ。日いとよく晴れて、空のけしき、鳥の声も、心地よげなるに、親王たち、上達部よりはじめて、その道のは皆、探韻賜はりて文つくりたまふ。宰相中将、「春といふ文字賜はれり」と、のたまふ声さへ、例の、人に異なり。次に頭中将、人の目移しも、ただならずおぼゆべかめれど、いとめやすくもてしづめて、声づかひなど、ものものしくすぐれたり。さての人びとは、皆臆しがちに鼻白める多かり。 地下の人は、まして、帝、春宮の御才かしこくすぐれておはします、かかる方にやむごとなき人多くものしたまふころなるに、恥づかしく、はるばると曇りなき庭に立ち出づるほど、はしたなくて、やすきことなれど、苦しげなり。

　　現代語訳としては次のようになる。

　　藤壺の中宮がこのように上座におられるのを弘徽殿の女御はことあるごとに不快にお思いになるが、今日のような盛大な物見の機会は見逃すことがお

できにならず、参列なさった。その日はよく晴れて、空の様子、鳥の声も、気持ちよさそうな折に、親王たちや上達部をはじめ、詩文に秀でた人々は皆、作詩の韻字を頂いて詩をお作りになる。源氏の宰相中将は「春という文字を戴きました」と、おっしゃる声までが、いつものことながら他の人とは違って美しい。次は頭中将である。源氏の君の後で、見物の人々にどう思われるかと気の張ることもあろうが、とても好ましく落ち着いて、ものの言い方なども堂々として立派である。その他の人々は、皆気後れしておどおどした様子の者が多かった。清涼殿の殿上間に昇殿を許されない人たちは、帝、春宮の学才がことのほか優れていらっしゃる上に、このような作文の道に優れた人々が多くいられるご時世なので、気後れがして、広々と晴の庭に立つ時も気がひけてしまう。

　この場面では、帝の妃たちが参列してその様子をつぶさに見ている。「紅葉の賀」では、「（朱雀院の行幸は）世の常ならず、おもしろかるべきたびのことなりければ、御方々、物見たまはぬことを口惜しがりたまふ。主上も、藤壺の見たまはざらむを、飽かず思さるれば、試楽を御前にて、せさせたまふ」。（現代語訳：朱雀院への行幸は十月十日過ぎである。この日の催しはこれまでになく格別興趣があり見ごたえがあるだろうと思われていたので、妃たちはご見物できないことを残念にお思いになる。帝も藤壺の中宮が御覧になれないのはもの足りないと思し召されて、当日行われる舞楽の予行演習を御前で催すこととなった。）

　催しが御所でなく行幸であるのでそれができなくて残念に思う、ということはつまり、御所内では通常見物できることになる。見物しながら女房が互いに感想をいいあったり批評したりすることもあった。

　第3に、その場にいる人が「人に笑われたくない」という価値観を共有していることである。源氏物語の時代、今日的な意味での善悪等の道徳観が強くなかったことは研究者らによって明らかになっている。そのかわり当時の貴族たちは「人笑ひ」つまり「人に笑われること」を極度に嫌った。たとえ倫理的に過ちとされることをした場合でも、「正しくないことをした」というのではなく「こんなことがわかったら人に笑われてしまう…」と悩んでいた。振る舞い

が同等の批評眼を持つ人から見られていることは、源氏物語の宴の特徴である。宴においても、その場にいる人全員が、同じ狭いサークル内の他者に見られ、「笑われたくない」と感じていることが指摘できる。

　「笑われたくない」という価値観のなかでもとくに重要なのが、感情の表現方法に関するものであった。先述したとおり、当時の貴族（とくに上級貴族）社会では、感動すべきものに対して感動し、しかるべきとき適宜その感情を表現することが「正しい反応」とされていた。今日でも改まった式や行事などの場面でしかるべき反応をしないと気まずいことはあるが、源氏物語の時代、ある事柄に対して、高い教養に基づいた正しい感情反応をすることは階級に必須の要素であった。源氏物語の宴における「涙」は、場が共有する暗黙のスクリプトを理解し、コミュニティにふさわしい感性をもって正しく表現しているということを示していた。正しい反応ができないことは、そのまま「笑われる」ことを意味した。

　貴族のサークルで「正しい」感情表現が重要とされ、あからさまな感情を表出しない理由は、階級が上になればなるほどお互いが親戚関係になり、感情をむき出しにすることのマイナス点が多いことがその１つであろう。当時は資質や学才よりも、人間関係や人柄で出世などが決まることが多く、いきおい表情を出さないことが得策であったとも考えられる。現実的にいえば、感情を出すことでトラブルが生じることが多い。とくに当時の政治はプライベートな人間関係で成り立っており、互いに長期的な関係があることを考えれば、その場その場の感情を抑えるほうがよかったのであろう。

　もう１つの理由は、貴族であること、さらに「上流貴族であること」のしるしとしての「無表情」である。感情表出をしないことが他の人たちと差別化するために効果があったことも考えられる。有閑階級の理論（Veblen, 1899）や「文化資本」概念（Bourdieu, 1979）などが説明する「仕事に役立たない」モノやコトあるいは不自然なしぐさや高度な教養への投資が階級識別効果を有していたと考えられるのである。そのような意味で、源氏物語では、微妙な表情から気持ちの揺れを読み取る、あるいはつぶやいた一言（古歌の一句など）からその人の気持を察するということが多くなっている。

　大塚（2000）は、なぜ源氏物語の登場人物が感情を出せないのかという問題を、

源氏物語以前の古典である古事記、万葉集、日本霊異記等と以降の古典である今昔物語集や平家物語等に分けて解説している。さらに大塚（2000）は、平安貴族の感情を出せないところは、そのまま平成の日本人にも当てはまる、と「平成の平安化」を主張している。この点は、平成のカラオケの暗黙のルールが万葉集の宴や連歌の座の暗黙のルールと共通しているという筆者たちの研究と水面下で結びついている可能性があるのかもしれない。

## （5）おもてなしと教育

　源氏物語の宴は共同感情を通わせあう場であり、主催者・参加者（およびその場にいる全員）が場の趣旨を理解し、正しい感情反応を示すことが重視された。これにはある種の教育が必要である。日本人がおもてなしをおもてなしとして理解できるのは、生まれながらではなく、教育の成果であると考えられる。源氏物語においても、貴族の姫君は小さいころから古今集などを写し、暗記してそうした共通教養を身につけるとともに、家庭教師である女房に教わって「正しい」反応をするように学んだ。生まれがよくても親による教育が行き届かない場合、共通教養がおろそかになり、落第の烙印を押されてしまった。また男性であれば、家庭教師について漢詩を学び、また親が直接指導し、まねることから始まった。いずれにしても、しかるべき教育がなければ、正しい感動はできず、表現もできない。

　源氏物語の宴においては、共通の教養・価値観・型をベースにして場に集う参加者の振る舞いが、他人に見られ、評価を受ける場面も見られた。このことは、「正しい振る舞い方」のマニュアル化、教科書化につながっていく。

## 3　歌合におけるおもてなし
## （1）歌合とは

　歌合は歌人たちが左右２つの組に分かれ、一首ずつ歌を出し合い、勝ち負けを判定する遊びである。錦（2022）によれば、歌合は平安時代の儀式的な遊宴行事として始まった。天皇主催の場合が多く、男女が参集し、勝ち負けの成り行きを見守り、華やかな雰囲気を楽しんだという。やがて上級の貴族も催すようになり、歌人や女房、僧侶たちの歌合も催されるようになった。平安時代か

ら鎌倉時代にかけてとりわけさかんに行われたが、歌合はその後も、近代になっても催された。

　峯岸（1969）は、「行事としての平安時代歌合には、遊楽儀礼を尊重した風俗史的意義や舞楽音楽を尊重した芸能誌的意義、それから書画工芸を尊重した芸術史的意義も重大である」（p.245）として、それら多角的意義を持つ歌合として「亭子院歌合（913）」、「内裏歌合（960）」、「賀陽院水閣歌合（1035）」「内裏歌合（1049）」「麗景院女歌絵合（1050）」「祐子内親王家歌合（1050）」「皇后宮春秋歌合（1056）」「内裏歌合（1078）」「高陽院七首歌合（1094）」を挙げている。初期歌合は女房行事的色彩を帯びていた。これは源氏物語に描かれる宴の主要人物が官人であったことと対照的であり、平安時代の宴について考える際にこの２つの宴を取り上げる意味といえるであろう。

　歌合は、万葉の宴から次節の連歌の会席に移行するプロセスに位置付けることができる。それは、単に時代的な意味からではない。おもてなしの発展プロセスとしても、歌合はその場に参加する全員が、個人としての成果でなく「場」を考えて行動すること、さらにそれが専門家によって評価され、マニュアルとして確立することにおいて、連歌につながる重要性を持っている。

　歌合について、錦（2022）は、歌合は「歌を詠んだものと歌を聴く者とを向き合わせ、互いに立場を変えながら進行していく。歌だけでなく人をも合わせるのである。そういう対の場が歌合だ。歌合せは、人々を向き合わせ、人々を繋ぎ結ぶ」と述べている。（錦 , 2022, p.119）

## （2）　歌合の進行プロセス

　最もよく知られた歌合は村上天皇が宮中の清涼殿で催した天徳内裏歌合（960年３月）である。これは、前年８月に男性たちによる詩合が行われたのに対する催しとして、女性たちの発案によって企画された（錦 , 2022）。歌人に選ばれた人もそうでない人も当日は華麗な衣装をまとって参集した。管弦の演奏が響き渡り、豪華絢爛の催しであったという。歌題は霞、鶯、柳など12題20番、春から夏の季節にあわせて設定し、前もって歌人たちに知らせた。勝ち負けを判定する判者は左大臣藤原実頼である。左方の歌人は７名（女性１名）、右方は４名（女性１名）と合計12名であった。右方の歌人は左方より歌を多く詠んだ。

歌の勝負を見守る方人は左右各 39 名、楽人 10 名と、歌合に集まったのは総勢 100 名に近い。（錦, 2022, p.220）

歌合の進行を整理すると次のようになる。（錦, 2022, p.119）

1）事前（およそ 1 か月前）に歌人の選出、歌題の提示が行われる。

2）選者が歌人の組み分けを行う。歌人は左・右に分かれて発表される。なお、左のほうが格上となる。第一番の左には、社会的地位や名望の高い人物らの作品が位置された。

3）歌合当日、歌人たちがあらかじめ作った歌を順序に従って講師（こうじ）が詠みあげる。たいていの場合、歌人は和歌の達人に添削を受けて歌合に臨んだ。

4）講師が詠みあげた歌を味方（方人）がいっせいに朗吟する。

5）鑑賞・批判しあう。互いに盛り上げて相手方に対抗する。

6）判者が「勝・負・持（じ＝引き分け）」と判定する。判定結果およびその理由は「判詞」として当時の貴族たちの必読書となった。

7）3 〜 5 を繰り返し、最終的に左右グループの勝敗が決まる。

8）負けた側は舞などを披露する。

9）引き続き酒宴となる。

天徳内裏歌合の場合、夕方 4 時ころに始まり、翌朝まで続いた。

歌合は勝敗を決めるものであるが、個人の勝ち負けが重視されない場合も多かった。勝者敗者を決めるのはみなで楽しむ仕掛けであったかもしれない。（ただし、例外もある。）


## （3）　歌合におけるルール

歌合においては、歌そのものの価値というよりも「歌合の歌とはどうあるべきか」という共通理解があり、それに沿っているかどうかが重視された。優劣判定の理由が記された判詞には、「歌合には許さぬこと」「かやうのことは歌合には詠まずとかや古き人の申し」など、すなわち「歌合にはふさわしくない」という禁忌が何度も登場する。歌そのものの巧拙と歌合における評価が必ずしも一致しないこともありうる。個人の才能や各歌の技巧よりも、場の力が優先していた。

　ではどのような歌が歌合にふさわしいとされていたのか。題意の尊重や格調の高さ、歌の「姿」美しく詠む、といった条件（峯岸，1969, p.263）のほかに、錦（2020）によれば、最も重要なルールの１つとして、歌合の歌には「我」「我が」といった個人性の強い詞を使わない、という項目があった。「歌合は集団で行う文芸だから、独りよがりな歌を出してはならない。歌合にふさわしい歌をよくよく考えて読まなければならない。そういう歌を『晴の歌』といった」。（錦，2020, p.138）「我」と表現すれば文意がはっきりしてわかりやすいかもしれないが、直接的すぎるのは品がない、と考えられた。

　万葉の宴においても「宴にふさわしい歌」の詠み方はあったが、あくまで暗黙知であった。歌合ではそれが判詞によって明文化されたことになる。歌の優劣を決める理由や背景などを記した判詞は、歌人たちが恥ずかしくない歌を詠むための必読書でもあった。判詞は次第に理論化し、歌論となった。後世に多大な影響を与えた藤原定家の歌論『詠歌大概』は、たとえば本歌取りであれば何を本歌にすべきか、どのように詠めばよいか、本歌から何文字とるのがよいか等について明快にマニュアル化して示した。江戸時代の歌人たち、貴族から地方武士、庄屋らも同書を手本として学んだとされる。錦（2020）は「（『詠歌大概』は）おそらく明治期になっても読まれたであろう」と記している（錦，2020, p.284）。

　本歌取りは歌合で最もよく用いられた、まさに「歌合にふさわしい」表現技法の１つである。本歌取りとは『古今集』など以前の作品の世界や表現、文言などを踏まえて新しい作品を作ることである。

　歌合では、聴いている人たちは、複数の歌に描かれた情景を重ね合わせて、その発想、情趣楽しんだ。このように、古歌の知識を持っていることが歌合には必須とされていた。知識として共有されている古歌にどのような工夫を凝らして新しい世界をみせるかが腕の見せ所であったのである。安易に古歌を引いただけの工夫のない本歌取りは逆効果であった。

## （４）　歌合における価値観

　歌合において参加者が共有していた文化的価値観について、おもてなしとのかかわりで万葉集から連歌への移行段階を視野に入れて整理し、本節の結びと

したい。

　第1に、歌そのものの絶対的な価値よりも「この場（主催者、趣旨など）に
ふさわしい」かどうかが優先された。歌合の歌に求められたのは「歌合らしさ」
であった。晴れがましい歌合「らしい」表現や技巧がよしとされた。このように、
宴という場において「らしさ」という感覚が共有されている。

　詩歌を作るという行為は基本的に個人的で創造的な性質をもつと思われる
が、歌合はむしろ公的で共同制作的である。自分ひとりの感情に任せた歌はふ
さわしくない。誰が、どのような目的、趣向で開催しているか、誰が参加して
いるか、という「場」の力が最大限にはたらき、全員がそれに則って「らしく」
振舞ったときに場の価値が高まった。これは万葉の宴でもみられたが、歌合で
はより高度に複雑化し、評価の対象となった。

　第2に、歌合では、「らしさ」すなわち「場にふさわしい歌か否か」が判詞
として明文化された。万葉の宴においても、参加者は主催者の趣旨に沿って、
宴にふさわしい行動をとり自分の役割を果たしていた。しかし万葉の時代はそ
れが文章化されず、限定された家の記録として伝わるものであった。

　歌合における歌の規範・ルールは限られた階級に共有されていたのが、連歌
ではそうしたルールがわかりやすい教科書となって庶民にまで普及した。また、
そのルール・規範にしたがい、連歌の時代においてはプロフェッショナルが登
場し、連歌を指導したり会席を仕切ったりすることになる。

　第3に、高い教養に基づく感性を共有し、ある文言、事物について、みなが
同じものを連想し、同じ感情を持つことが前提となる。たとえば花（桜）と言
われればどのような咲き具合を連想するか、それについてどのような場面を重
ねるかは、膨大な古歌の知識とともにあらかじめ常識として共有されていた。
さらには感情をどのように表現するかについても共通のルールがあった。

　端的にいえば、古典や故事の知識を場にふさわしく使いこなす力が重要で
あった。何でも連想すればよいわけではなく、連想すべきものは決まっていた。
与えられた言葉からどんな風景を想像するか、どんな感情を抱き、それをどう
表現するか。大前提を参加者全員が共有しているからこそ、楽しむことが可能
であった。美しい自然の事物や優れた技（歌舞等）を前にしたとき、参加者は
その背景（コンテクスト）を知ったうえで——場面によっては、コンテクスト

そのものに――感動するのである。

　万葉の宴では、中国の文学を連想させることはあったが、歌合の時代に比べればはるかにシンプルであった。高い教養に裏打ちされた感性と感情表現の共有はおもてなしの精神の基盤として連歌、茶の湯につながり、さらには今日のおもてなしにおいても色濃く見られるものである。


## （5）　歌合から連歌へ

　藤田（1999）によると、摂関期にさかんであった王朝的な歌合はハレの儀礼であり遊宴的な性格が強く、内容や歌人の占める役割は低かった。白川院政期以降、歌合は大きく変化する。歌の内容自体を検討し、歌論を戦わせる場となった。

　歌合の変化が進むうちに、院政期後半における政治・経済・社会的不安が高まったことで、歌合行事そのものが実施困難となった。後鳥羽院の時代に歌合が再開するが、歌合がかつて有していた遊宴性は払拭されていた。「ハレの宴としての遊宴性を払拭した文芸主義に基づく純粋歌合、芸道の場としての歌合に求められたのは、なにより文芸の場にふさわしい空間であったと推察される。歌合の内容主義は空間の合理性を要求したであろう。歌人による歌の披露、判者による歌の判定あるいは稟議によって歌の優劣を判定する衆議判など、これら一連の会合、作業を参加者が一堂に会して円滑にも執り行うためには、閉鎖的な屋内の一室空間こそが最適であったと考えられる」（藤田, 1999, p.267）。さらに藤田（1999）は歌合と連歌会の空間における身分秩序について論じたなかで、連歌はその場限りの仮構の産物であり、それが会所における平等を保障する大前提となったと述べたうえで、そうした時空間の当座性は歌合からの伝統であったのではないかと推論を提示している（藤田, 1999, p.267）。


## 4　結び

　これまでの議論を、万葉の宴におけるおもてなしとの比較でコンセプトマップに整理したのが 55 頁の図である。

　万葉の宴におけるおもてなしの要素として、まず個人的価値よりも集合的価値を優先させることがある。集合的価値が高まったとき、またそれに自分がか

かわったと感じられたときに満足を感じる。第2に、型を守ってふるまうことがある。万葉の宴では、この型は暗黙のルールであり、限られた人のみが知る約束事であった。第3に、場の全員で盛り上げることである。客はただおもてなしを受けるというのではなく、積極的に場の盛り上げに参加することが求められた。この3つの要素のベースにあるのは高い教養である。万葉の宴では、おもに中国古典文学の教養がそれにあたる。

　源氏物語と歌合の分析から得られた平安朝の宴におけるおもてなしの要素としては、第1の集合的価値が個人的価値に優先されることは同じであるが、万葉の宴では存在しなかった第三者の目が加わる。全体の価値を高めるプロセスのなかで、「笑われたくない」という他者の目や評価が重要な意味を持つことになる。万葉集における第2の要素である「型を守ってふるまう」という点については、平安朝の宴ではそれが参加者（のひとり）によるアクションのみならず、その場にいて見ている参加者によるリアクションに焦点が当てられている。規範に則った正しいリアクションが求められているのである。万葉集における第3の要素である「場の全員で盛り上げる」という点については、主客以外にも源氏物語の宴では観覧者、歌合ではプロフェッショナル（歌の達人）が登場している。万葉の宴では暗黙のルールであった事柄が、歌合の宴では達人らによって明文化されている。中世の連歌会席においては、さらに具体的な教科書が次々に登場し、連歌のプロフェッショナルが階級を超えて指導にあたったことがルールの普及と定着につながった。

　万葉の宴のおもてなしにおいては中国古典に関連する教養がベースであると述べたが、源氏物語また歌合においては、必要となる教養が古今集をはじめ具体的に明確化され、優先順位がつけられている。万葉の宴においては当座的であった見立ては、歌合のしつらいにおいてより技巧化する。しつらいの中心となる州浜とは「和歌の情趣を引き立たせる自然の景観をかたどった島台のような美術的工芸品であり、これを持つことが歌合を晴儀たらしめる条件とさえ見られたのである。歌合が歌を主とすべきでありながら、時には州浜その他の目を楽しませるものを等価値に見たところに、平安時代歌合の一特色があったのである」（峯岸 , 1969, p.248）。

## 万葉の宴と平安朝の宴の比較　おもてなしの視点から

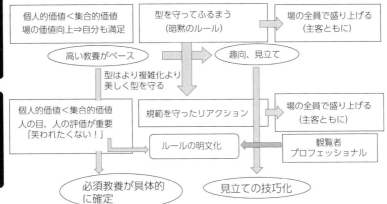

# 第3節　連歌の座におけるおもてなし

## 1　はじめに

　本節は、万葉人の宴で明らかになった特徴を、続く時代に流行した連歌の会席の分析を通じて比較研究することを目的とする。おもてなしの性格という点からみると、2つの宴には重要な特徴が共通している。宴の主催者と参加者ともに個人的な目的（主として政治的な目標）を持つが、しかしそれは宴そのものを盛り上げるという集合的目標の下位に位置づけられているという点である。

　第2に、連歌の会席には万葉人の宴とは楽しみからの性格に変化が発生したという点である。つまり、万葉人の宴では厳格な儀式にのっとりながら歌を詠むことによって場を盛り上げるのに対して、連歌の会席ではゲーム的な感覚で歌が詠まれていく。その違いから、連歌の会席を楽しむためには、参加者には高度な3つの知力・能力が必要とされる。

　第3に、連歌の会席では連歌師という連歌の宴を盛り上げるためのプロフェッションが登場したという点である。連歌師はまさに始めて登場したおもてなしの管理者と考えられる。

　以下、連歌と連歌の宴の歴史と特徴を万葉人の宴とのかかわりから説明したのち、万葉人の宴には見られない連歌の宴の進化とその特徴を分析する。

## 2　連歌の歴史

### （1）　連歌とは

　連歌は平安時代末期から江戸時代まで、900年もの間いわば「国民の文芸」として、上は天皇から公家、武家、僧、神官、下は庶民にいたるまで階層を超えて愛好されていた。日本史の教科書にも登場する有名な「二条河原落書」（1334年、後醍醐天皇の建武新政が始まって約1年後、当時の世相を風刺した長詩）は、「この頃都にはやるもの　夜討強盗謀綸旨」から始まるが、中に「京鎌倉をこきまぜて　一座そろはぬえせ連歌、在々所々の歌連歌、　点者にならぬ人ぞなき」という部分がある。地方にも連歌が広がり、人々が熱狂していたことがうかがえる。奥田（2017）がいうように、連歌にはこれほど人を動かすパワー

があったのである。

　連歌が他の文芸と大きく異なるのは、人々が集い、連想によって作品をつないでいくという点である。自分だけがよければいい、ではなく、ほかの人の句の付けようを見、呼吸を感じながら全体の流れを見きわめながら句をつけなければならない。影響を与えた心敬の連歌論『ささめごと』には、「連歌は必ず上の句をいひ残して下の句にゆづり、下の句に言ひはてずして上の句に言せはつべきものと見えたり。おのおのに言ひはてたる句には、感情秀逸なかるべしといへり」と記されている。自分のことばかりでなく、前後の人のことを考えよ、というのである。

　１つところに集まり、互いに配慮しながら機知をきかせ、大きな１つの作品を創る。廣木（2006）は、「このことが、連歌にさまざまな付随する性格を与えた。個の文芸とはいえず、一貫した主題を述べるのでもない、近代的ではない性質もそこから生じた。人々が必ず同座しなければならないことから…会席に必要な準備も作法も関わってきたのである」と述べている（廣木 ,2006, p.20）。また、人々が集まることを前提としていることから、連歌においては集いにかかわる礼儀作法が重視された（廣木 , 2006, p.206）。文芸上の決まり事のみならず参加者の礼儀作法に関心が高まり、具体的に整備されたことは、茶の湯の展開において重要な意味を持つと考えられる。

　連歌では上の句「５・７・５」ａと下の句「７・７」ｂを分けて詠む。さらに、この下の句「７・７」ｂに別の上の句「５・７・５」ａ’をつけ、次にこの「５・７・５」ａ’に新しい下の句「７・７」ｂ’をつける、という具合に、鎖のように句をつけていく。込み入ったルールを守りながら、それぞれが知恵を絞って句をつけていき、大きな作品に仕上げるのである。和歌が基本的にひとりの作者による独立した作品であるのに対して、連歌は人の集まりを必要とする。句それぞれを各人がその場その場で付けていきつつも、全体なりのまとまりや調和があるのが連歌である（伊地知 , 1995, p.59）。

　一般に、中世は「集」の時代といわれる。ヨコの関係が強化したこの時代に、貴族や武家、あるいは庶民も、連歌会を催し、長い時間をともにした。落語や小咄にも、連歌に夢中になっている人々の姿が描かれている。しかし、江戸時代に入ると連歌人気は衰退する（綿抜 , 2014, pp. 181-82）。

## （２）　連歌の歴史

　平安時代に連歌がジャンルとして認められたとはいえ、あくまでも歌人の余技であり、即興的であった。先に詠みかけた方が相手に付句を求め、求められた方は先の句の表現と共通のものを巧みに用いて詠み返す、という一対一の関係で成立していた。遊戯性が連歌の主な魅力であり、なぞなぞ的な前句にうまく応じることが求められた。

　鎌倉時代初期は武家が政治的に支配するようになったが、文化の中心は公家であった。後鳥羽院が連歌を好んだことで、辺の歌人たちも連歌を楽しんだ。前の段階では機知ベースの短い連歌が多かったが、この時期には連歌が長くなり、それに伴い面白さ、複雑さも増した。連歌の指導や会席を運営する専門家として連歌師が多く登場するようになった。

　南北朝時代になると、連歌は滑稽さをメインとするものから文芸として権威あるものへと変化した。特に二条良基は連歌のルールや基準を確立し、新たな文芸ジャンルの第一人者となって「当代一の趣味人・教養人」としての評価を不動のものにした。同時に、二条良基は宮廷貴族の堂上連歌だけではなく、公家でない連歌師・救済と手を組み地下連歌との関係も強化し、武士や寺社との人脈を得た（綿抜, 2006, pp. 104-105）。二条良基の『菟玖波集』は準勅撰となり、連歌は和歌に準ずる地位を占めることになった。二条良基が連歌の式目を整理したことで全国統一ルールが確立したことになり、連歌はいっそう普及する。「筑波問答」で連歌の歴史を整理し、連歌の理念・理想を言語化する二条良基の取り組みは、連歌の質的向上に大いに資することとなった。

　室町時代、京都に幕府が開かれ、武家が公家文化に深くかかわるようになると、武家のネットワークの形成・維持に連歌の会席がさかんに利用されるようになった。連歌師のなかには公家や武将と交わり足利幕府の連歌の宴を仕切る者も現れた。また彼らは地方の大名を訪ね、連歌の指導を行った。

## （３）　連歌の時代の終焉

　江戸時代になると、連歌会は形式化し、連歌師は行事としての連歌会の運営役として活動するようになった。行事化した連歌会には、幕府の連歌会行事や柳営連歌（連歌始）があるが、連歌師の家系である里村家はそれらの運営にか

かわり、俸禄を得ていたという。

　時代が下るにつれて連歌の会席は儀式として定型化し、公式行事として形だけの連歌会になった。連歌会が衰退したのは、連歌が連歌たるゆえんの即興性が失われたこと、幕府の公式行事化したこと（連歌のプロである連歌師が会の運営役になってしまった）、江戸時代に入り、幕府の力が強大になったため、コミュニティや敵味方の峻別の必要性が低下したこと、そして長時間かかることであった。これまで連歌会が担ってきた役割は、すでに、茶会に代替されるようになっていったといえる。

## 3　連歌の座の特徴

### （1）文芸としての連歌の特徴

　連歌そのものの特徴としては、次のように考えることが出来る。第１に、文芸としてのルール（式目）が煩雑である。いまの季節を読み込むこと、似た句を続けないことなどの細かいルールが決められていた。どのような立場の人がどのような歌を詠むべきか、など役割分担に関するルールもあった。

　第２に、前の句からの連想で句を付けるのであるが、どんな連想でもよいわけではなく、「連想すべきもの」は決まっていた。正しい連想を得るには、古今集や源氏物語をはじめとする古典文学の知識がなければ始まらない。したがって、よい歌を詠むためには、共通の教養が必要となった。

　第３に、一句ずつでなく、百句全体としてのまとまりが優先されていた。百句がそれぞれ多様なようにみえて、全体としてみると緩やかに風情が連続しつつ展開していくのが望ましい。同じような連想がぐるぐる回るのはよくないし、似たテーマばかり続くのもよくない。終わり近くになれば、連想が速やかに進むように句を付けることも求められた。

　連歌には万葉集の宴歌と共通する部分が多いが、以下の点に違いがあった。第１に、連歌には万葉集と違って、ルールが明文化され、しかも全国統一ルールが存在した。前述したように、二条良基は『筑波問答』において、歌会での作法を用いつつ連歌会席のありかたを高めようとした。

　南北朝期から室町期にかけて、連歌の文芸としてのルール以外に、参加者の作法が（礼法として）体系づけられたことは注目すべきであろう。宗祇らは主

宰者・参加者の具体的な NG 行為を集めた「連歌会席二五禁」を著し、マナー向上を呼びかけた。廣木（2006）は「作法としてはっきり意識し、場合によっては明文化するようになった。作法という大系、連歌会席作法という文化がそこに生まれたのである」と述べている（廣木, 2006, p.211）。

第2に、連歌には、共通の教養に関する具体的な規定があり、誰でも学ぶことが可能だった。しかも、たんに古典の知識があるだけでは十分でない。その場で具体的な古典の字句・表現・場面が思い浮かばなければ意味がない。

連歌師は必要上、また連歌の質向上のために、古今集や源氏物語などの解釈を師から学んだ（伝授）。少なからぬ連歌師が本格的な古典注釈書をまとめている。そこから、よりわかりやすく簡便な入門書、ガイドブックの類も流布されることとなった。たとえば源氏物語については、各帖のあらすじや人間関係、重要な場面の説明などがまとめられた手引書が多数生み出されている。

第3に、万葉集では一首ずつ独立していたが、連歌ではそれぞれの独立性はない。廣木（2006）が指摘するように、連歌は「他者があってはじめて生成する」（廣木, 2006, p.100）。前後の文脈がなければ意味をなしえない、という意味で、連歌にはヨコのつながりが強い。この第3の違いは、連歌会席の特徴を考える際には特に重要である。

万葉集では、ヨコの関係（＝連帯）は比較的弱く、天皇や「上司（宰相や高官）」が部下（いわゆる役人）を招くというタテの関係が中心であった。これに対して、連歌の時代は、「村」での話し合いが組織として力を持った。たとえば戦で土地が被害を受ける、あるいは天候不順でコメができないにもかかわらず年貢を納めなければならない場合、解決策は、村の寄合という組織で合議して決められていた。この時代には中央政権が次々に変わったため上下の関係は比較的弱くなり、反比例するようにヨコの連帯が強化されていった。

室町時代は一般に「集」の時代ともいわれる。室町時代には惣（寄合で重要事項を決定する自治の村組織）や座（同業組合）など、ヨコの連携が強化されていた。連歌がさかんになったのもこのように「集まる」という素地があってのことと考えられる。

廣木（2006, p.101）は、「『寄り合い』『一揆』『座』『沿う』という人と人との結びつきを表す語が中世を特色づけることは、よくいわれることである。この

ような社会状況で、人々の集いを前提とした連歌会が一揆などとまったくかか
わりを持たなかったとは考えにくい。この点でも連歌はまさしく中世的文芸で
あったといえる」と主張する。連歌の時代性については多くの研究者が指摘し
ている（桜井 , 2009, pp. 177-185；松岡 , 2015, pp. 149, 156-158）。

　連歌において横のつながりが強い要因はもう 1 つある。万葉集の宴席歌は、
もちろん歌群としてまとまったとき本来の意味や面白さが理解できるが、だか
らといってほかの歌がなければ存在しえないかというと、そういうわけではな
い。歌は一首ずつ別個に存在する。言い換えれば、歌は一首ずつが作品として
認められるのである。連歌の場合、5・7・5・7・7 を一首として取り出し
たとき、形は完成されているが、情趣は前の句との関係が前提となる。実際に、
連歌は百句まとめて 1 つの作品としてみなされることが多かった。

## （2）　連歌の座の物理的特徴

　連歌の会席では狭い場所に 10 名ほどが参集し、6 ～ 8 時間を連歌の宴とし
て一緒に過ごす。なかには徹夜の場合もあった。毎月定期的に行われることも
多かったことから、連歌の会はコミュニティの形成・維持、価値の共有を確認
し合うことができる空間として活用された。茶会と同じように、連歌会は会議
の名目としても用いられた（綿抜 , 2006, pp. 42-46；綿抜 , 2014, pp. 52-54）。

　時代的にみると、連歌の発展は、日本の上層階級の建物が寝殿造から書院造
へと移行する時代と重なり合う。また、会場にはしかるべき座敷飾りが施され
ることになっていた。

　会席を設ける場所について、奥田（2017）によると、二条良基は「時を選び、
景色のよいところを求めなければならない。雪や月の時花の折など、時にした
がって変わっていく姿を見れば、心も動き、ことばも自然に外に顕れてくる」（奥
田 , 2017, p.40）と理想を論じている。

## （3）　連歌会の目的

　連歌の会席の目的は、公家、武家、そして庶民などによって異なる。祈祷や
祝いの宴に連歌が用いられることもあるが、以下では主な目的を列挙する。

　公家の場合は、連歌が古典教養を必要とすることから、みずからの存在意義

を確認したり、アピールしたりすることや、あるいは教養のレベルを維持する目的もある。さらに、武家とのつながりを得ることも目的となる。

　武家の場合は、公家とのつながりを得ることが目的の１つであった。当時は陰謀や裏切りなど武家同士の戦い、家督争いが日常茶飯事であった。そこで敵味方の峻別が不可欠となり、連歌の宴は、武家同士の結束、情報収集、教養を得る、あるいは格を高めるといった目的で催された。この時代には、万葉人の時代と違い、公家 vs. 武家という身分を超えて手を組む必要性があった。

　連歌会は多くの人たちを長時間にわたりうまくまとめて１つの作品に仕上げる必要があるため、連歌師というプロフェッショナルが登場した。連歌師は進行のみならず、連歌の指導や添削、教養の指導、連歌会での採点・評・記録、接待（武家にとって公家の接待）、交渉人・連絡係といった多彩な役割を演じた。このような連歌師が登場することにより、さまざまな階級の人がいわゆる「名作」になじむことができた（綿抜, 2014, pp. 57-62）。

### （４）　連歌会席の進行プロセスとルール

　連歌会席の進行プロセスを見てみよう。まずは前準備から始まる。連歌会席の下準備は、主催者がメンバーを決めて幹事と連歌師に依頼するが、その際に発句は誰が詠むかを決めておく。また、会場である会所のしつらいや、飲食の用意もとど懲りなくしておく。さらに、挨拶文もこの段階で決めておく（伊地知, 1967, pp. 61-75）。連歌会は一般に十数名が参加することが多いので、それらを身分などによって序列づけておく必要もある。主たる連衆である主客と呼ばれる人を決め、座席や一巡の順番を定める必要があるからである（廣木, 2010, p.197）。

　連歌会当日、連衆は控室に通されてから会場に移り、定められた席に着く。その後、宗匠（座を回し、作品の採択など権限を持つ）、執筆(しゅひつ)など特別な役のものが席に着いた。執筆は文台の前に座ったあとで、文台捌きと呼ばれる所作を行った。連歌を書き留める仕事の準備で、墨をすり、懐紙を準備するなどの行為である（廣木, 2006, p.198）。

　文台捌きのあと、発句が提出される。発句は、客が連歌会に招かれた事への謝意を示し、主催者への挨拶の意味を込めて詠む。あるいは会の趣旨・目的に

そう内容を詠むことが期待される（廣木, 2006, p.35）。その際に季節間や一句として独立していること、つまり切れ字（や、かな、けり）で終わることが求められる。

次の脇句は主催者である亭主が挨拶の心をもって読む。その際には、発句よりきわだった詠み方をしてはいけない。

第3句は発句と脇句の世界に引きずられてとどまることがないように、変化・展開させることが求められる。第4句以降は、前の句と重複することなく、場の雰囲気や流れを汲み、ルールを守って句を付けていく。例えば、4句～8句は軽く、10句までは神、恋、無情などの詞は用いないなどの趣向が大事にされる。詠みこまれる情景はどんどん変化する。停滞するのは禁物とされた（綿抜, 2006, pp. 58-68, 71-84）。

連歌会の楽しみ方として、次のような点が考えられる。第1に、連歌の細かいルールを知りつくしたうえで楽しむことが必要であった。たとえば、「月」や「花」は身分が高いなど、重要人物が詠むものとされていた。

第2に、場の雰囲気を汲んだ句が詠めることが大事である。例えば、次に主役となる句がくる場合、前の句で次が詠みやすいように配慮する。また、全体を意識することなどは要求された（廣木, 2006, pp. 27-45）。

第3に、百韻連歌などに代表されるように、宴では長時間継続するのでチームプレーが重視される。個別の句のうまさよりも、人間関係の妙が重視されるともいえるだろう。

この3点は連歌そのものに関することであったが、主催者・参加者全員が作法・礼法を守って行動することも求められている。役割を果たし、きちんと振る舞うことが宴の楽しみにおいて重視されていた。


## （5）　連歌会の立場別の価値

前項を踏まえて、連歌会への参加者それぞれのベネフィットについて、廣木（2006）をもとに整理する。

まず、主催者である亭主である。亭主は会場の設営・準備（硯箱や紙の用意）、参加者への案内、そして当日は宴の末座で会席全体の進行を支える。挨拶も行う。そして亭主は、連衆（参加者）の要望に応え、茶・菓子、食事、酒なども

用意するのである。従って、このような亭主にとっての連歌会の価値は、滞りなく会が進むこと、ルールや作法を守って会が盛り上がること、参加者一人一人が満足することにある。

　参加者である連衆はマナーを守って楽しむ立場にある。連歌会では「難句、高雑談、遅参」など25のタブーがあった。（廣木, 2006, pp. 199-202）連衆にとっての連歌会の価値は、句を採用されること、教養やたしなみを示して評価を得ること、純粋に連歌が上達すること、参加者同士の関係を深めること、食事を楽しむこと、そして主催者への忠誠心をアピールことなどが考えられる。

　連歌師は連歌の指導をメインの役割とするが、連歌師にとっての連歌会の価値は、作品としてよい連歌を完成させること、参加者が楽しく連歌で盛り上がること、そして何よりも収入源としての亭主が満足すること、そして人脈を構築することなどが考えられる。

　連歌会には執筆というプロも参加していた。執筆は前出の文台捌きという所作など儀礼的に目立つ立場であるが、句を聞きとって採否を決定する、記録など進行全般にかかわる、参加者同士の人間関係をつかみ、連歌会をそつなく円滑に進めるという役割を演じる。したがって、執筆にとっての連歌会の価値は、雰囲気をうまく演出すること、ルールを逸脱しない連歌会にすること、これらの手腕を発揮して、連歌の世界で上昇するためのステップとするなどであろう。

　最後に、主催者別の政治闘争における連歌会の価値・役割について考察する。まず、天皇・上皇が開催する場合である。天皇・上皇の権威は、当時弱体化していた。主催者にとっての主目的は、公家に対して、参内の名目として、忠誠を促す、結束を確認する、あるいは忠誠心をためすといったことがあるだろう。他方で、参加者である公家にとっては、忠誠心をアピールする、参加者同士の人間関係を確認する、公家や武家間の人脈を得るなどが考えられる。

　将軍が開催する場合、主催者である将軍にとっての宴の価値は、影響力を示す、香をたくなどして財力を示す、結束を確認する、忠誠心をためす、教養や血筋の良さを示す、そして祈祷・祈願などである。他方で、参加者にとっての価値は、忠誠心を将軍にアピールする、出世のために人脈を広げる、参加者同士の人間関係を確認する、そして武士の場合には古典教養を学ぶといったことであろう。

　武家が開催する場合、連歌会席には武家と公家の両方が参加していた。主催者としての武家にとっては、文化・教養を持っていることを示す、たしなみの広さを示す（当時、多分野の芸能をたしなむことが理想とされた）、公家との人脈を強調する、育ちの良さを示す、誰の指導を受けているかを示してステイタスを上げる、共通の価値観を確認する、一味の結束を確認する、そして連歌師を通じて情報を収集・伝達することなどが考えられる。他方で、参加者にとっての価値は、共通の文化・教養を持っていることを示す、連歌をうまく付けることで存在感を示す、共通の価値観を確認する、文化・教養を身につける、公家との人脈を作る・固める、隣の席同士で人間関係を深める、互いの結束を確認することなどがある。

　公家が開催する場合にも武家と公家の両方が参加する。主催者としての公家にとっての価値は、権威・影響力を示す、貴族的な趣味の良さを示す、有職故実の教養を示す武士との関係を築く、敵味方を峻別することなどが考えられる。他方で参加者にとっての価値は、武家・公家との人脈を得る、共通の価値観を確認する、武士の場合には古典的知識を得る、教養を示す、互いの結束を確認することなどがあるだろう。

　公家・武家以外の場合には、主催者側の価値としては、人間関係を深める、人脈・影響力を示す、教養・ステイタスを示す、会議等をうまく運ぶ（不満等を発散してもらう）、寄合の「楽しみ」（会議のあとのカラオケのような意味合い）、冠婚葬祭における１つの「接待」などが考えられる。他方で、参加者にとっての価値は、共同体への帰属意識を伝える、共通の価値観をもっていることを互いに確認する、連歌が上達する、流行に乗り遅れない、人間関係の強化、教養を得る、そして飲食を楽しむといったことが考えられる。

　そのほかに連歌会には「花の下連歌」など、天皇が主催し、庶民が集まる場もあった。その場合の主催者にとっての価値は、示威、階層の別なく楽しんでいるという平和な空気を演出することが考えられた。一方で、参加者（見物者も）の価値としては、楽しみ、能力の発揮といったことが挙げられる（綿抜, 2006, pp. 98-100）。

　連歌の会席は万葉人の宴と比較すると、階級をまたがり、政治的に用いられる度合いが強い。戦国の時代ということから、敵味方、コミュニティの峻別が

非常に重要であった。例えば、連歌の場で謀反を示唆するような句がつけられ、反応をみるような場合もあった（廣木, 2006, pp. 13-19）。また、統一ルールがあるために、互いの生活圏が離れていても連歌会の開催が容易であった。連歌会そのものがステイタスとしての象徴的価値があったことも見逃せない。当時、連歌に限らないが「文化人番付」というものがあり、それによると、行司は足利義政、そして二条良基が大関に位置づけられていた（綿抜, 2006, p.50）。

## 4　宴としての連歌の分析：万葉集との比較で

### （1）　宴の性格の変化

　万葉人の宴と連歌の会席を比較した場合、大きく異なるのは宴の性格である。万葉人の宴の進行は次のようになっていた。「主人の挨拶と主客の挨拶」⇒「客人が主人を称えるプロセス」⇒「参加者全員が趣向にあわせて歌を詠む」⇒「笑いをとったり、気分の違う歌や古歌などを歌う」⇒「お開きのプロセス」である万葉人の宴の場合には、主人と客人との縦の関係での歌のやり取りが中心となっている。

　一方で、連歌では横のつながりが重視されている。第1に、連歌の会席はよく「連歌の座」とも表現される。廣木（2006, p.101）は、「座」という言葉の意味合いについて次のように述べている。座とは単に人々が集まった席の意味でもあるが、中世においては商工業者、芸能者の座、宮座など特権的、排他的な集団を意味するものとしても認識されてきた。連歌を「座」の文芸と呼ぶことはある程度の妥当性を有すると考えられる。

　第2に、連歌ではチームプレーが重視された。相手の付けた句に合わせて、チームとして場の流れにふさわしい句を付けていくことが必要とされるのである。このように連歌の会席においては、同質的な階層の人々が集い、連歌をチームとして楽しみながら相互の親睦を高め合っていた。万葉人の宴の場合には儀式的なプロセスで宴が進行した。そこでは身分の上下関係が意識されており、参加者は主催者側への忠誠を個別的に表明するという目的があった。

　連歌会席における参加価値を以下の図に示す。集団的価値が達成されると個人的価値が高まる点は、万葉集の宴と同じであるが、全体で1つの価値を創り上げる点、明文化された複雑なルールが存在する点は特徴的である。

**連歌の会席**

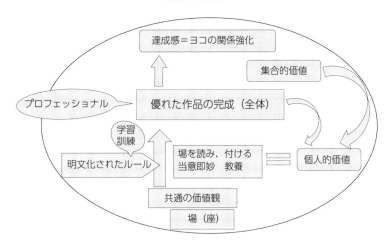

## （2） 場を盛り上げるために必要な能力の開発

　万葉人の宴と連歌の会席の第2の違いは、場を盛り上げるために参加者に必要とされる能力の違いである。万葉人の宴の場合には場の盛り上げが重要であったが、しかし宴の開始からお開きまでのプロセスごとに詠まれる歌の内容は明確に規定されていた。その意味で、場の空気を読む力にそれにふさわしい歌を詠む作業は、連歌の宴の場合と比べるとかなり容易であると考えられる。

　他方で、連歌会の場合には、相手側が出した句に合わせて、場の空気が自然な流れになるように句を案出しなければならず、またそのプロセスが百首になるまで延々と繰り返させるので、高度な能力が要求されることになる。このように考えると、連歌の場合、3つの面で高度な能力や知性が必要となる。

　第1に、連歌を楽しむためには源氏物語や新古和歌集などの高度なレベルの教養的知識が必要とされる。この点について、角地（1994, p.5）は、「いわゆる『本歌取り』は連歌の世界ではすでに素養として連衆の心にあり、その対象は『源氏物語』を始めとして広く古典全域にわたっていた。もとより、この素養は人にひけらかす類のものではなくて、むしろ努めて隠さなければならない類の奥床しい教養だったのである」と説明している。

　第2に、場の空気の流れを的確に読み取り、連歌の宴の場を盛り上げる歌を

詠む能力が必要とされた。角地（1994, p.5）は次のように説明している。「また連歌の座では、規則にかなっていないことにもまして、目立つことが嫌われた。一句が目立つことは連歌の流れそのものを断つことであり、それは連衆が支えている世界を一瞬のうちに消し去るに等しい行為だった。流れの中で目立つことは優れていることを示すというよりは悪趣味以外の何物でもなかったので、連衆にとって何よりも大切だったのは、行方のわからない連歌の流れを緊密に繋げて座の自然にまかせて流していくことにあった。その流れを乱すことは連歌の世界そのものを否定することにほかならなかったのである」。

　第3に、場の空気の流れを読み、それにふさわしい歌を、厳密で複雑な式目（ルール）に従って確実に詠うことのできる能力が必要であった。この能力は、集中的で、厳しい、反復的な訓練から構成されるトレーニングであるデリベレイト・プラクティス（deliberate practice）を通じて向上させられる。Ericsson（2006）は、超一流のピアニストやチェスプレイヤー、あるいはアスリートの訓練方法を研究し、個人が継続的に自己のパフォーマンスを改善させるためには、経験学習的なサイクルを回転させることが必要であると主張する。能動的実験（active experimentation）⇒具体的経験（concrete experience）⇒省察的観察（reflective observation）⇒抽象的概念化（abstract conceptualization）⇒能動的実験⇒…といったサイクルの不断の継続であり、一流のパフォーマーになるためには1万時間以上のデリベレイト・プラクティスが必要になることが実証されている。連歌の場合にもあてはまる。連歌の宴には連歌師が各人の歌に対して批評やアドバイスを与えるが、そのような連歌師の存在は参加者のデリベレイト・プラクティスを促進させることになる。

　以上を要約すれば、連歌会を楽しむためには、参加者には3つの能力や知力が必要とされたといえる。第1は高い知的教養であり、それはもっぱら座学的な学習や連歌会での他者の歌や連歌師からの教えで身に付けていった。

　第2は、連歌会の場の盛り上がりの流れを的確に読み取る能力である。この技能の基盤は、状況の変化や新しい事態の出現に対応して適切に判断を下し、意思決定できる適応的熟達と考えられる（波多野・稲垣, 2005）。

　第3は、厳正で、複雑な連歌のルールの下で、場の空気の流れにふさわし

い句を付けることのできる能力である。この技能の基盤は、どちらかと言えば、慣れ親しんだ課題を素早く解決したり、問題に対して正確に迅速に解答したりできる定型的熟達と考えられる（波多野・稲垣, 2005, p.27）。いずれの能力も、経験学習的なサイクルを回転させたデリベレイト・プラクティスによって涵養される。以下の図は、これら３つの能力の関係を示している。

### 連歌を楽しむための３つの構成要素

**（３）　プロフェッションの出現**

連歌会席には、万葉人の宴には存在していなかった連歌師というプロフェッションが出現した。連歌師が登場した理由は、連歌のルールの厳格化と複雑化に求められる。既に説明したように、連歌師は連歌の浸透や質向上ばかりではなく、様々な役割を演じた。

たとえば室町時代には京都に幕府が開かれ、武家が公家文化に深くかかわるようになり、必然的に武家連歌が盛んに行われるようになった。そして、連歌師のなかには公家や武将と交わり、足利幕府の連歌を取り仕切る者も出現した。また連歌師たちは、地方の大名を訪ねて連歌の指導も行った。連歌師のなかには、権力者のお抱えとなるケースもあった。このような過程を経て、連歌師の社会的な地位は高まり、同時に連歌師は経済的にも潤うようになった。このように連歌師は、中央権力者、公家、そして地方の有力大名との連結させる政治

的に重要なポジションも入手したのである。

　連歌師の社会的な地位が上がり、また連歌の流行が拡大するにつれ、著名な連歌師が輩出されるようになった。特に、足利義教の時代には、二条良基の理想を受け継いだ宗砌、心敬、行助、能阿弥等の連歌師が地方にも数多く輩出し、連歌七賢時代を作った。また連歌師の門閥も登場し、連歌師の門閥の当主は世襲化するようにもなった。

　以上のような連歌師をめぐる社会的地位の特徴は、いわゆるブランド・コミュニティの形成であると考えられる。しかし、「クラブ財」の開発・販売は茶の湯を完成させた千利休の登場を待つ必要があった（松岡, 2013）。

## （4）　連歌の会席の多様な階層への浸透

　万葉人の宴が天皇を始めとする貴族や公家という「限られた人々の宴」であったのに対して、連歌の宴は「上流階級」だけではなく、人々の間であまねく流行した。綿抜（2006, pp. 131-41）は、この間の状況を以下のように説明している。

　和歌の座興として発達した連歌は和歌を圧倒し急速に広まっていった。平安時代から鎌倉時代を通じて公家・貴族の間で流行った連歌は、南北朝時代になると一般人に流行し、優れた地下連歌師の名が貴族社会にも伝わるようになった。二条良基に認められた善阿法師は地下連歌師の代表者であった。善阿の弟子・救済は地下連歌の作風を気品の高い貴族的なものに高め、二条良基とともに最初の連歌撰集『菟玖波集』を編纂し、また連歌の式目（規則）を定めた。救済によって地下連歌が優美・幽玄な作風にまで高められると、堂上派（公家）と地下派の連歌師の交流が始まり、室町時代の正風連歌に至る基盤が作られた。バサラ大名としても名高い佐々木道誉が『菟玖波集』の編纂にも参加しているように、連歌はこの時代、武家社会にも広まり、今川了俊のように連歌師として名をなす武士もいた。そして応仁の乱の後、宗祇は正風連歌を提唱して、ゲーム的・娯楽的な庶民の連歌を、有心幽玄の芸術にまで高め、正風連歌をまとめた『新撰菟玖波集』を編纂した。

　こうしたことは、流行のトリクルダウン現象だけではなく、その逆の現象であるトリクル・アップ現象が起こっていることを意味する。以下の図に示す。トリクルダウンとは、雨だれが屋根を滴り落ちるように、文化は上級階級から

中産階級へ、そして中産階級から庶民にまで拡散するという現象を意味する言葉である（佐藤, 1993）。連歌の発展史で興味深い点は、救済たちが庶民で流行していた地下連歌の作風を洗練させることによって、堂上連歌として上級階級の人々の間に新しい連歌の流行をもたらした点である。

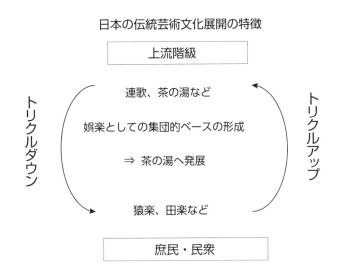

日本の伝統芸術文化展開の特徴

## 5　結び

　本稿では、万葉人の宴と対比することによって、連歌の宴としての特徴を明らかにすることができた。第1に、連歌は厳正かつ複雑化したルールが整備されている。それゆえに宴の運営責任者である連歌師とそのチームによって、高度なゲーム感覚で楽しむ宴であったことが明らかになった。

　第2に、連歌を楽しむためには、様々な3つの知力・能力がすなわち高い教養を伴った知力、場の空気の流れを読み取る能力、そして厳格で複雑化したルールの下で場の空気の自然な流れに乗ることの出来る歌を詠む能力が必要であった。これらの知力や能力は経験学習サイクルを回転させるような形のデリベレイト・プラクティスによって向上することも明らかになった。

　第3に、連歌師という連歌の会席を管理する専門家が登場したという点と、連歌師の多面的な役割が考察された。日本的おもてなしの源流として、万葉人

の宴と連歌の会席とを考えた場合、それらに共通しているのは全員で「場の空気を盛り上げる」という共通意識とそれを真正面から追求するために知力や歌を詠む能力を高める努力である。この時代の民衆の知的レベルを劇的に向上させたという点で連歌師が果たした役割は強調しても強調しすぎることはない。

　この時代の民衆の教育レベルを向上させたのは連歌のみだけではない。実は、貴族・公家、武家、庶民という3層への連歌の宴の浸透は、この時代には他の多くの文芸にも見られた。この点について、(渡辺,1999, pp. 311-312) は概ね以下のように説明している。

　室町時代には、連歌や茶寄合とならんで田楽・猿楽が流行した。連歌や飲茶は貴族社会から始まり、諸大名・公家・僧侶の世界で享受された遊芸であるが、武家や民衆の世界にまで下降した。その中でも特に、連歌は「花の下連歌」、「着座十余人、笠着群集せり」と言われたように、一般庶民が誰でも自由に参加し、楽しめる遊芸となり、飲茶は闘茶の会、雲脚茶会として多くの者に親しまれたが、時には連歌に添う形で催された。

　それとは逆に、猿楽は、最初は村々で行われた神事の芸能で、田楽とともに庶民的・土着的世界から誕生したのであるが、貴族社会に採り上げられることによって発展した。これは、連歌・茶寄合・猿楽・田楽に限らず、今日まで日本的芸能・伝統的芸能として生き続けている能・狂言・香・花などに共通した現象であった。

　以上のように貴族社会 vs. 庶民社会という身分階層を越えて、両者のあいだに文化的交流が活発に行われ、1つの芸能を2つの階層が共有するという現象はこれ以前には無いことであった。連歌・茶寄合・猿楽・田楽・花・香、これらはすべての人々の集合場所を舞台として展開される寄合芸能であるが、それまでとは違い、神事・仏事という宗教的な契機から、完全ではないにしても、分離され、生活に密着した遊芸、庶民的基盤のもとに自由奔放に享楽された文化的芸能となっていた。

　渡辺(1999, p.320) の説明は続く。

　この時代の殺伐な社会にあって、堺のような自由都市は公卿・武士・僧侶・連歌師・茶人・画人などなどの訪れる地となった。特に、応仁の乱によって荒廃した京都から避難してきた文化人たちにとって、堺は平和安住の場所となっ

た。1483 年 11 月、高僧季弘大浪は京都を離れて堺の海会寺に入院し、住職となった。大浪は堺に来てからは教養ある文化人たちと親交を持ち、近辺の武士・僧侶・豪商・町衆などを度々招いて連歌会・詩会・文化懇談会などを催していた。これは多くの人々に大きな刺激と励みを与えた。そして、これが日本の「おもてなし」の直接的な源流である侘び茶の湯の世界を生み出す下地となった。

## 第4節　カラオケのルールとの比較

### 1　カラオケの宴の日本的特徴

　既に考察したように、日本のおもてなしの源流は、万葉集の宴と連歌の座に求められる。一般に、おもてなしは千利休が完成させた茶の湯に原型があるとされている。茶の湯での経験価値の共創においては、個人的価値と集合的価値（＝宴そのものを参加者全員が楽しみ、その結果として「場全体」が盛り上がったという経験をベースにした認識）の創造を目指している。ここでは個人的価値よりも、集合的価値の創造が優先される。その意味からすれば、万葉集の宴も、その後に盛んになった連歌の会席（宴）も、宴の集合的価値が優先され、個人的価値はその集合的価値の創造に貢献できたという個々人の認識から生成されると考えられる。

　本節では、現代の宴であるカラオケ・パーティを取り上げ、そのカラオケの宴会が創造する経験価値の集合的価値と個人的価値の性格とそれら2つの価値の関係を考察する。本研究からは、カラオケの宴会の経験価値の性格も、万葉集の宴や連歌の座、そして茶の湯へと大成される一連の宴と同様に、集合的価値の個人的価値に対する優先性と、そして集合的価値が実現したという個々人の認識がより大きな個人的価値の実現に結びつくことが明らかになる。

　本研究の研究方法は、アンケートによるデータ収集がベースになっている。本研究の共著者である佐藤は、2016年3月下旬に、関西学院大学専門職大学院経営戦略研究科での課題研究（修士論文に準ずる位置づけ）の授業を取って大学院を修了生した社会人3名にカラオケを楽しむ場合に必須のルールに関するアンケート用紙を配布し、本人以外にも2、3名の方にアンケート用紙を配布して回収してもらうことを依頼した。もう一つのデータは、インターネットでの「カラオケの（暗黙の）ルール」という用語で検索して発見したウェブページである。そして、筆者たちはそれらのデータをベースにして、グランデッド・セオリー・アプローチによる分析を行った（佐藤, 2015）。

### 2　カラオケの経験価値と暗黙のルール

　本項においては、カラオケの宴会が生み出す経験価値の性質を、個人的価値

と集団的価値の 2 つの価値の関係とその価値共創の基盤となるカラオケの宴会の暗黙のルールについて考察する。

## （1）宴としてのカラオケのプロセスと暗黙のルール

　最初に、宴会としてのカラオケにおける具体的な暗黙のルールから見てゆこう。以下は、2 つのウエブサイトで掲載されていたカラオケのルールである。それらを以下で確認するが、当然に共通している項目も多く存在する。まず 1 つ目のサイトである[(1)]。

　「友達同士や飲み会の二次会でカラオケを利用することも多いですね。しかし、自由に歌って無礼講！という場合でも、カラオケの暗黙のルールが存在します。ここでは、カラオケの知られざる暗黙のルールをご紹介します。

　『即退場』編：歌っている人を馬鹿にする（人としてのマナーです）、連続で何曲も入れる（なんとなく順番があるはずです）、他の人が歌っている時は携帯をいじっている（自分がされると嫌な気持ちになりますよね）、他の人が歌った曲をまた歌う（自分の方が上手だという当てつけ？って思われます）、曲を適当に入れて無理やり他の人に歌わせる（有難迷惑です）。

　『警告』編：勝手に一緒に歌いだす（しかもマイクで）（どうしても歌いたい時は、マイクなしの小声で我慢しましょう）、採点機能を勝手に始める（採点されて嫌がる人がいることも忘れないでください）、無理やり歌いたくない人に歌わせる（カラオケに来てくれただけでも感謝しましょう）、先輩に注文をさせる（下っ端は働きましょう）、盛り上がっているのにバラードを歌う（空気を読みましょう）。

　『注意』編：手拍子がリズムに合っていない（歌いにくくなります）、知名度の低い曲を歌う（できるだけみんなが知っている曲を歌った方がいいですね）、メドレーを入れる（長い曲は嫌がられます）、サビしか知らない曲を入れる（ひとりカラオケでやりましょう）。」

---

(1)　「なんでも自由じゃなかった？カラオケの知られざる暗黙のルール」、
　　　https://chouseisan.com/l/post-48069/、2016年3月29日に確認.

暗黙のルールについて解説しているサイトを、もう１つ紹介する[2]。「▼カラオケ暗黙のルール：レッドカード級（１回すれば即刻退場の悪質行為）：必死に歌っている姿を馬鹿にする（人間としてのマナー）、自分の歌う曲を連続でいれる（みんなで順番に歌いましょう）、自分の番以外は常に携帯をいじっている（一人カラオケすれば？）、誰かが歌った曲をもう一度歌う（私の方がうまいというあてつけ？自分の行為のメタメッセージを考えましょう）、適当に曲をいれて誰かに『歌え』とムチャぶりをする（歌いたくない歌を歌うのは罰ゲームです）。

　▼カラオケ暗黙のルール：イエローカード級（以下の行為を２つすると退場です）：勝手に一緒に歌う（許可を得ましょう。マイクなしの小声で歌うだけではいけませんか？）、許可無く部屋でタバコを吸う（カラオケボックスも小さな社会です）、自分の食べたいものを注文して割り勘（どうしても食べたいなら割り勘にするべからず）、採点機能を総意なく始める（採点機能はカラオケのデフォではありません。時間が余分にかかったりすることも念頭に）、歌いたくない人に無理やり歌わせる（カラオケ嫌いなのに、この場に来てくれたことに感謝しましょう）、一番下っ端なのに注文を先輩（上司）にさせる（インターホン近くは下っ端の指定席）、いきなりバラードを歌う（カラオケ序盤は盛り上がる曲を歌うという暗黙のルールがあります）、採点で低いと不機嫌になる（機械にはわからないあなたの歌の魅力があります）、鳴り物で歌声をかき消す（歌が引き立つように加減しましょう）。

　▼できれば控えたほうがいい　ギリギリセーフ？（非難まではいかなくても地味に嫌われる行為、やってしまいがち）：曲を選ぶ機械（歌本）で長時間悩み独占状態（歌える歌を携帯のメモ等に書いておきましょう）、リズム感のない手拍手（手拍子はない方が歌いやすかったりします）、知名度が低すぎるマイナーな曲を歌う（アルバム曲など）（面白いネタ曲や大好きならOK、みんなが知っている歌を歌う方が喜ばれます）、１曲が長い歌をいれる（メドレー含む。ミスチル要注意）（長すぎる曲は『まだ終わらないの…』というストレスを感じさせてしまいます）、最後まで歌いきらずに途中でやめる（歌えない、面倒

(2) 「カラオケ暗黙のルールをレッドカード、イエローカードで分類してみた」、http://matome.naver.jp/odai/2133716326285895701、 2016年3月29日に確認.

くさい）（時間短縮のためなら OK、1 曲を最後までしっかり歌ったほうが場が盛り上がります）、自分たちの部屋番号を忘れて迷子になる（電話しても着信に気づかないということが十分あります。出るときには部屋番号暗記！）

　以上のカラオケの暗黙のルールはその強度によって分類されているが、以下では、暗黙のルールがカラオケの宴会を「盛り上げ」集合的価値と個人的価値を実現するために、各人がどのような暗黙のルールを「おもてなしルール」として活用しているのかを考察する。下表では、4 つの文脈状況で、開始前準備⇒開始⇒場の盛り上げ方法⇒お開きというカラオケの宴会プロセスに沿ってのルールの適用例が紹介されている。4 つの文脈状況は、参加する人の距離感と人間関係のタテ性とヨコ性とによって分類されている。最初の 2 つはタテ関係で、かつその関係が濃厚な文脈状況である。そして後の 2 つの状況は、ヨコ関係で、かつその関係の親密さの程度で分類されている[3]。

### カラオケの宴会の４つの状況でのプロセス別の暗黙のルール

| | 開始前 | 開始時 | 盛り上げる | 閉宴 |
|---|---|---|---|---|
| 接待（スナックのカラオケの場合） | ・「元気よく歌えよ」「お客さんということを忘れるな」「長淵は避けろ」という指示有り。<br>・お客様とのカラオケは盛り上がることが目的ではなく、お客様をもてなすことが目的。 | ・「○○、行け」と指名され、最初に歌った。 | ・年配の方も知っている曲を歌う。<br>・朝の 3:00 を過ぎ、腕時計を数回見たが、後で先輩から「お客様に誘ってもらって、帰りたい素振りをするのは絶対に許さん」と厳しい指導と叱責があった。 | ・閉店の時間となったので、先輩と歌い、お礼を申し上げて帰った。 |

---

（3）　以下のカラオケのプロセスに沿った暗黙のルールについての説明は、2016年3月29日にメールで行ったAさん（30代男性、一部上場企業の営業担当者）へのデプスインタビュー結果による。

| | 開始前 | 開始時 | 盛り上げる | 閉宴 |
|---|---|---|---|---|
| 部署 | ・主賓の十八番などがわかっていないメンバーがいる場合は事前に「長淵は避けろ」などと言っておく。<br>・「お前、今日一発目行けよ」と若手に指示を出しておく。<br>・「じゃあ行くか」となった場合、「今日は（曲名を）思い切りいっていいですか？」など乗り気であることをアピールし、「付き合わされている感」を周りに感じさせないようにする。 | ・飲み物のオーダー、鳴り物（タンバリンなど）の準備を済ます。<br>・必ず先陣は若手に切らせるか、自信があるなら一曲目を歌って場を温める。<br>・選曲は主賓が好きそう（分かっているなら好きな）歌→練習して4、5曲は歌えるようにしておく。<br>・主賓の十八番は歌わない。また、「好きだが自分では歌わない、歌えない」曲を把握しておく。<br>・大げさでもいいから、身振り手振りまでつけて歌う※酒がまわったフリは有効。 | ・盛り上げるワザや歌をやっている仲間には全力で乗っかって盛り上げる→例えば、EXILEの「chu chu train」群舞の真似事を複数人でやる。お酒が入ってハイになっていることが多いのでバカバカしくて元気があればよい。<br>・上司が歌うときは傾聴する。盛り上げるか、傾聴して終わった後で拍手するかは、そのときの雰囲気で決める。<br>・「つまらなそうにしている若手」は速やかに指導する。 | ・上司が「時間か、じゃあ最後に○○歌え」と指示するか、若い人間（30代も）が、最後まで楽しんだ感を出すために「あ、じゃあ最後に歌っていいですか？」と言って歌う。あるいは、「おい、一緒に歌おうぜ」と言って若手が歌って締める。ただ、スナックでカラオケしている場合は、上司が締めにママさんとデュエットする場合もある。 |

78

| | 開始前 | 開始時 | 盛り上げる | 閉宴 |
|---|---|---|---|---|
| 友人（よく知らない〜初対面） | ・幹事役は事前に参加者のプロフィールを調べ、どのような雰囲気にするのか、そのために選曲や鳴り物、フードやドリンクなどについて考えておく。 | ・飲み物の注文をとり、鳴り物を用意しておく。鳴りものが嫌いな人間もいるので、はじめは用意だけ。<br>・歌いたそうにしていれば歌わせる、時間がかかるようなら、率先して歌うなど呼吸を合わせる。 | ・ちゃんと聞く。合の手を入れる、鳴り物が OK なら鳴らす。終わったら拍手。わざとらしくない程度に褒める。<br>・相手が引く（可能性が高い）曲は不可。ちょっと温まってきたなと思ったら、盛り上がりやすい曲を歌って全員で盛り上がる。 | ・盛り上がったなら、大体メンバーが共通して好きな歌手がわかってくるので、「じゃあ最後に○○歌う？」などで、締める。大学が全員同じなら、校歌で締めると良い。 |
| 友人（仲良し） | ・阿吽の呼吸でいけるので、特になし。 | ・阿吽の呼吸でいけるので、特になし。 | ・相手に「前に聞いたあれ、よかった」とリクエストする。<br>・相手が好きな歌手の曲を練習しておいて歌う。<br>・相手もオタクだと、「今日はアニソン三昧でいこう」と宣言すると、普段カラオケで歌わない（歌えない）ので非常に盛り上がる。 | ・このメンバーならあの歌という歌が数曲程度、自然とできるので、その歌を全員で歌って終了。 |

　この流れから、カラオケの場を盛り上げるためには、歌唱力だけではなく、カラオケの場の流れを読み取り、それに合わせて選曲したり、相手の歌に合わせて反応したりすること、場合によっては、事前準備しておくことが必要なことが明らかになった。

## （2）カラオケで共創された経験価値の性格
　具体的にカラオケによってどのような経験価値が生み出されるのであろう

か。本研究においては、個人的価値と集合的価値に焦点を絞り考察する。

　カラオケの宴会での個人的価値とは、よく言われているのは、ストレスの発散と人間関係の構築と強化である。好きな曲を大声で歌うことによってストレスが解消されるし、またカラオケで皆で盛り上がることによって人間関係も良くなるということである。人間関係の構築・強化は、カラオケが行われる場の盛り上がりによって一体感が発生することによって実現される。カラオケの暗黙のルールにもあるように、歌の上手さをひけらかすような自己顕示欲という個人的価値を追求することはＮＧである。そしてこの点は、万葉集の宴や連歌の座とのルールと共通している。全員が盛り上がるために、個人は目立つことなく、場の空気の流れを読み、場の盛り上げに貢献する必要があるのである。この点はまさに日本人のＤＮＡと考えられる特徴であるのかもしれない。

　スムーズに気持ちよく歌うことによりストレス解消と人間関係の構築・強化という個人的価値の追求は、カラオケの場を盛り上げて一体感を実現するという集合的価値と両立する。カラオケの場の空気の流れを読み、全体の盛り上げに努力して貢献することに成功できれば、自分も嬉しくなる。これは集合的価値の実現⇒個人的価値の実現という因果関係である。さらに、カラオケの場の暗黙のルールが共有されていると、スムーズに気持ち良くカラオケ・ソングを歌うことができてストレスを発散するという純粋の個人的価値の実現も可能になる。逆に、ルールが守られていないとストレスが増幅してしまう。だから、ルール必要派はルールを共有することによって、全体の場の盛り上げがますます重要になると認識している。これらの２つは好循環の関係にある。

　では、カラオケの集合的価値の実現に成功した場合と失敗した場合について整理してみよう。成功のケースは、参加者がルールを共有していることがまず出発点である。それによって盛り上がり、参加者の間に一体感が醸成される。その結果、(1) 接待であれば取引関係が強化される。(2) 職場であればチームワークおよび上司と部下の関係の質が向上する⇒成功のコアセオリーが回転する。(3) 仲間内であれば、関係が強化される。

　失敗のケースでは、参加者の間にルールが共有されていない。そのため、しらけた空気になり、参加者は失望感を持つ。その結果、(1) 接待であれば取引関係が悪化する。(2) 職場であればチームワークおよび上司と部下の関係の質

が低下する。たとえば仕事をミスした場合、上司に叱責されるなどである。(3) 仲間内であれば、関係が弱化する。

次に、カラオケの個人的価値の実現に成功した場合と失敗した場合について考えてみよう。成功のケースは、参加者がルールを共有していることがまず出発点である。それによって盛り上がり、参加者の間に一体感が醸成される。その結果、(1) 接待であれば個人の業績が向上し、上司から賞賛される。(2) 職場であれば居心地がよくなる。(3) 仲間内であれば、ストレスの解消になる。

逆に、失敗のケースは参加者の間にルールが共有されていない。そのため、しらけた空気になり、参加者は失望感を持つ。その結果、(1) 接待であれば業績が悪化し、上司に叱責される。(2) 職場であれば居心地が悪くなる。さらに、仕事をミスした場合は上司に叱責されるなどである。(3) 仲間内であれば、関係が弱化する。それほど親しくない場合は疎遠化する。

以下は集合的価値の共創に失敗した場合の影響の深刻さの程度を示している。

### 集合的価値の共創に失敗した場合の深刻さ

取引先をカラオケで接待する場合は前表でも説明したように、取引先を満足させるために細心の注意を払う必要がある。事前にカラオケのルールを知っている先輩からルールについての具体的説明がある。また、カラオケの途中でもルールが徹底していない場合にはトイレに連れ出されて、そこで叱責・指導を受けることになる。さらに、終了後にも叱責・指導が入る場合もある。仕事のできる担当者であればそうでもないが、まだ仕事力が未知数の若手の場合には

「あいつは気の利かないヤツ、仕事のできないヤツ」と烙印を押され、出世にも悪影響が及ぶ場合もある。これはまさに万葉集の宴の場合と同様である。

また、先に紹介したＡさんは次のように説明している。「カラオケは、食事の後に２次会、３次会で利用する場合が多いため、カラオケの宴会で失敗すると、『今日の接待』『今日の集まり』『今日の飲み会』のすべてが失敗したという印象が、その場にいた多くの人間に残る場合がある。仕事の場合には取引先に『相手はビジネス的な関係しか望んでいない』というメッセージを送ることになりかねない」と回答してくれている。

職場のメンバーとのカラオケの宴会であるが、アンケートに回答してくれた30代女性、関西メガバンク系会社員Ｂさんは、「カラオケは上司のガス抜きであり、『気に入られて』会社内での仕事を円滑にする手段であるので、ルールを守ることは必要。カラオケに付き合ってあげるとオジサン達はやはり態度が変わる。仕事でミスをした時の上司の態度が『気に入られているかどうか』では全然違う」と回答してくれている。またＢさんは、カラオケの宴会でミスした場合、その場で若手同士でカバーするので、その影響はそれほど大きくはないと言っている。

知り合い同士の場合、親密な友人同士であれば、気心が知れているのでルールが暗黙知化しており、そもそもミスはほとんどないと考えられる。ミスした場合でもそれほどの影響はないと考えられる。逆に、顔見知り程度や初対面であった場合には、カラオケでのミスは「疎遠」の切っ掛けにもなりかねない。

## （3）カラオケにおける経験価値共創の要素とその性格

それでは、具体的にカラオケの宴会においては集合的価値と個人的価値はどのようにして創造されるのだろうか。次頁の図はそのメカニズムを示している。

カラオケの集合的価値を創造する最も直接的な能力は、個々人の「歌のスキル」であるが、それは「場を盛り上げる歌唱力」と「場にふさわしい選曲をする能力」から構成される。また、場を盛り上げるもう１つの要因は、事前準備を含めた当日の種々のおもてなし行動である。この２つはエドガー・シャインの組織文化の３層構造で言えば、ルールの可視レベルの「表層レベル」である（佐藤他, 2014）。

## カラオケの宴を楽しむための能力

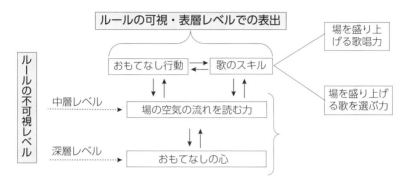

　歌のスキルとおもてなし行動が場をうまく盛り上げることを可能にさせるのは、「場の空気の流れを読む力」である。万葉集の宴でも、また連歌の座においても、集合的価値の創造においてこの「場の空気の流れを読む力」は重要な役割を演じていた。その意味で、日本のおもてなしの根源にあるのは、「場の空気の流れを読む力」にあると考えられる。この場の空気を読む能力は、シャインの組織文化論との対応で言えば、中層の不可視レベルに相当する（佐藤他，2014）。

　カラオケ宴会の集合価値を実現する不可視の深層レベルに位置付けられるのは「おもてなしの心（精神）」である。おもてなしの心は、まさに集合的価値を実現する根幹をなすのである。おもてなしの心とは、「私は皆が私との楽しい時間を共有してもらいたい、そのためには私はどのような貢献をすることができるのだろうかという積極的心持」である。

　先の図におけるカラオケの宴の集合的価値を創造する表層レベルの直接的要素である「おもてなし行動」と「歌のスキル」には、もう 1 つの特徴がある。この 2 つの要素はハーズバーグの「衛生要因」と「動機づけ要因」とに対応していると仮説的に考えられるのである。おもてなしの行動は衛生要因であるが、事前準備やおもてなし行動をタイムリーに適切に行っても、集合的価値のレベルが上昇することはないと考えられる。逆に、それらが適切に行われない場合には、集合的価値のレベルは確実に低下すると考えられるのである。

　他方で、歌のスキルは動機づけ要因と考えられるが、その理由はこの能力が低くとも集合的価値のレベルが低くはならない、しかしこの能力が高ければ集

合的価値のレベルは確実に上昇すると考えられるからである。もちろん、この能力が低くとも集合的価値のレベルが低くはならないというのは、暗黙のルールを適切に実行している場合である。カラオケの集合的価値が格段に上昇するのは、ノリの良い選曲をし、それにふさわしい歌唱力と他のメンバーをノセルことに成功した場合である。

## 3 カラオケにおける経験価値共創と暗黙のルールの経験学習

　次に、カラオケの暗黙のルールが存在することに、いつ、どのようにして気づいたのか、そしてそのルールをどのようにして学習していったのかについて考えてみたい。大井（2006）が大学生にヒアリングした調査では、カラオケにルールがあると感じているものは約6割であったが、その割合はカラオケを利用する頻度とともに高くなっていた。本研究の10名の社会人のアンケート回答者も、1名の方が「これまで無意識で実行していたが、アンケートでそれらがルールと言われて、初めてルールだったんだと気付いた」と回答したが、それ以外の9名はすべてルールを意識して活用していた。アンケートの回答によれば、ルールの学習は「先輩や周りの人の行動や反応の観察」と「先輩からの指導」であったが、観察で気付き、学習していったのが圧倒的であると考えられる。

　以下の図は、カラオケの暗黙のルールの学習の好循環を仮説的に示している。

### カラオケの暗黙のルールの学習の好循環

ここでは、「おもてなし行動」と「歌のスキル」をセットにして型と呼ぶ。型は千利休が完成させた茶の湯の集合的価値と個人的価値を実現するための最も根幹をなしている。ここで重要な点は、型とおもてなしの心（精神）とが相乗効果を発揮していることである。つまり、型が上達すれば精神も向上し、逆に向上した精神は型も向上させるのである（Al-alsheikh and Sato, 2015）。

## 4　結び

　本研究は、1300 年近く時を隔てた万葉人や平安人の宴におけるおもてなしの仕組み（型と精神）が現代人のカラオケの宴会におけるおもてなしの仕組みとほとんど同じであることを発見した。その意味で、古代や中世の日本人のおもてなしの研究は、現代のおもてなしの研究に理論的、実践的に大きな貢献をすると考えられる。

　万葉集の宴も連歌の座と現代のカラオケの宴会とは、歌を詠う・唄うことによって集合的価値と個人的価値を実現するという共通点があった。それに対して、茶の湯の経験価値は千利休の時代から、お茶だけではなく、お花や詩、書など総合的な日本文化を楽しむ点にある。その意味で、新しい研究課題の第 1 は、茶の湯の場合、経験価値はどのようにして創造されるのか、そして集合的価値と個人的価値とはどのような関係になっているのかである。第 2 は、茶の湯の場合、場の空気の流れを読み取る力は、どのようにおもてなしの型や精神と相互関連しながら形成されてゆくのかである。第 3 は、茶の湯の経験価値を創造する仕組みとその中でのメカニズムは、過去から現在へと断絶なしに継承されているのかどうかである。

　いずれにせよ、現代の日本におけるおもてなしの研究は、日本の古来からのおもてなしの型と精神との連続性を考えながら分析せざるを得ないと考えられる。しかし、根本的な問題が存在する。そもそも、なぜ日本のおもてなしの型と精神は数百年から 1000 年以上もの時を隔てて現在にも継承されているのかという疑問である。また、現在の様々なおもてなしの具体例、例えばバレンタインデー（の義理チョコの慣習）の浸透や企業の運動会などの最近における復活なども、そのような日本的おもてなしの DNA がなせる技だと考えられる。本書の著者たちは、以上のような問題を解くカギは、万葉集の宴、連歌の座を

経て千利休の茶の湯に集大成される時期の日本のおもてなしを中心とした大衆
文化の揺籃期にあると考えている。

第3章

茶の湯・茶道にみる

おもてなし

## 第1節　茶の湯の発展とおもてなし

### 1　はじめに

　茶の湯は時代の変遷にあわせて多様に変化を遂げてきた。本節は、茶道の起源からさかのぼり、時代の思想にかかわりあいながら、日本のおもてなしの象徴となった茶道の変遷を追っていく。

　茶の湯は大きく「精神性」と「社交・遊芸性」に整理できる。日本において、茶を飲む習慣を広めたのは禅僧であった。利休の茶の湯にも禅の影響が色濃くあらわれている。近代になると、茶の湯の精神性が強調され、それが現在の「日本のおもてなしの象徴である茶の湯」に帰着する。一方で、数名で楽しむ茶会には社交や人脈構築価値がある。すでに鎌倉時代には闘茶という遊びが流行し、それが廃れた後も書院茶という道具（飾り）展示を中心とする茶の形が主流となった。これはいったん利休の茶の湯によって下火となるが、近代に数寄者の茶としてさかんになる。

### 2　茶の湯の精神

　茶の湯の普及・完成に禅宗が大いに影響していることは知られている。利休の弟子山上宗二が「茶の湯は禅宗より出たるによりて、僧の行を専にするなり」と明言したように、茶人らの多くは禅師について観想を深めようとしていた。『禅茶録』の冒頭は「茶事は禅道を宗とする事」として、次のように書かれている。「喫茶に禅道を主とするは、紫野の一休禅師より事起これり、その故は、南都称名寺の珠光は一休禅師の法弟なり、茶事を嗜て日に行ひけるを、一休禅師みたまひて、茶は仏道の妙所にもかなふべきものそとて、点茶に禅意を移し、衆生のために自己の心法を観せしむる茶道とはなり、ゆえに、一切茶事にて行ひ用ふるところ、禅道に異ならず…」。

　利休もまた、禅の教養をそなえていた。本多（1966）は歴史的文献から、利休が16歳以前に紹鴎のもと茶の湯を稽古していたのと並行して、禅の修行を積んでいたと考える。利休の禅人としての見識は当時も高く評価されていた。

　『南方録』には「宗易（利休）の云、茶の湯は…草の小座敷にしくことなし…。小座敷の茶の湯は第一仏法を以て修行得道する事なり。家はもらぬほど食事は

飢えぬほどにて足る事なり。これ仏の教え、茶の湯の本意なり」と述べられている。わび茶が最も茶の湯の心にかなっている。わび茶に達するには、仏法をもって修行しなければならないというのである。

さらに、『南方録』では「侘の本意は清浄無垢の仏世界を表して…塵芥を払拭し、主客ともに直心の交わりなれば…。火を起し湯を沸かし茶を喫するまでのことなり。他事有へからず。これ仏心の露出するところなり」という。わび茶が「仏世界」と一致するという理想を掲げたものといえる。茶の湯は道具でも形でもなく、「主と客がともに直心で交わる」ことである、という茶の湯そのものの精神論となっている。

## 3　社交としての茶

### （１）　バサラ、闘茶

中世は、荘園公領制の成立による富の創出、武士の進出による戦乱の時代の幕開け、そして権力の分裂による統一政権の不在という要素で説明される。

南北朝時代には「バサラ」と呼ばれる武将らが登場した。共通するのは正統なもの・伝統文化に対する抵抗姿勢である。彼らは人目を引く派手な演出、パフォーマンスを好み、浪費と奇矯な振舞に明け暮れた。代表的なバサラは佐々木道誉である。自己主張も強かったというが、一方で、連歌、能、花、香道など全般をたしなむ当代一の教養人でもあった。バサラ茶と呼ばれるのが「闘茶」である。闘茶は鎌倉時代から室町時代で大流行した遊びで、利き酒を賭け事にした余興といってよいだろう。

### （２）　書院茶（大名茶）　室町初期～中期

書院茶は室町時代末期、中国から舶来した高価な道具のコレクションを披露することを趣旨とする。室町将軍家をはじめ諸大名の城内にも会所が設けられ、名物が多数飾られていた。大規模な場合では、２～３の会所の30もの部屋に700点の道具を並べたという。諸大名は将軍を迎えて饗応する機会を設けていたが、この「御成り」の際、将軍家の飾りに模した座敷飾りを施して将軍を迎えた。

書院茶は３段階に分かれている。第１段階は食事と酒で、第２段階は庭を散策し、中国から輸入した絵画や風炉・釜、茶壺、花瓶など夥しい数の名物が並

ぶ喫茶亭に入り、茶を飲む。第3段階で酒宴となる。この茶会の構成はのちの茶事の原型となった。

　飲む作法のみならず、招待の手続き（案内状と許諾の感謝状のやりとり）、床飾りや道具飾りなど、一定のきまりあるいは「心得」が確立しつつあった。しかし1つに決まっていたわけではなく、亭主の作意によって様々なバリエーションが存在していた。

## 4　茶の湯における新ジャンル
### （1）　わび茶
　15世紀後半、茶会は大きな展開を見せ、村田珠光によって「わび茶」が誕生する。それまで書院茶では、中国からの輸入品（唐物）で飾るのをよしとしたが、わび茶では「和物」をいかに取り入れるか、調和させるかにポイントが置かれた。珠光は「和漢のさかいをまきらかすこと」つまり日本的なものと中国的なものを融合させ、「冷たく枯れた境地」に至ることを理想とした。

　当時、公家や武家、将軍家などでは山居風の小座敷を作ることが流行し（茶の湯文化学会, 2013a, p.90）珠光はそうした狭い空間での「わび」た茶を主唱した。「わび（し）」とは、もともと「物が不足した、欠落した状態から引き起こされる感情」を指す言葉である。たとえば社会的地位が低くて疎外感をいだくとき、暮らし向きに不足があるときなどに感じる気持に近い。本来貧乏、粗末でむしろ否定的な意味合いだった「わび」をあえて肯定的にとり、美意識として打ち出したのである。当時の会所の茶が一般的には、風呂、酒付きという豪華な趣向を凝らし、茶は添え物にすぎなかったことを考えれば、大きな方向転換であった。

### （2）　利休の茶
　茶の湯を始めたころ、利休はまだ新興商人のひとりにすぎなかった。当時の堺は海運、貿易、運輸で興隆していた。織物、紙のほか、南蛮渡来の鉄砲の製造で栄えており、豪商ともなると大名並みの邸宅を構え、権勢を誇っていたという。大名にとって堺の商人の援助が得られるかどうかは最優先課題の1つでもあり（戦闘の際には、武器・兵糧の輸送、城等の普請に商人の協力が不可欠であった）、商人の地位は比較的高かった。他方、商人にとっても武家とのコ

ネクションは重要であった。茶の湯において第一人者となれば政権内部に入ることも可能だった。というのも、茶会は将軍が正統性をもって天下を掌握したことを表明する場であったから、茶の湯は政治と不可分だったのである。中村は、秀吉にとって黄金の茶室は、義満将軍の黄金と義政将軍の文化的要素の二つをあわせもつ象徴ともなっていたと論じている。いずれにしても、政権に優秀な茶人は必要であった（茶の湯文化学会, 2013a, p.162）。

　老舗の有力商人がそろう堺で、二代目の千家はまだまだ新興商人であり、業界では弱小な存在でしかない。高価な茶道具など多く持つこともかなわない。利休は茶の湯の基準を変えた。それまでの茶会では、豪華な道具を所有する人間が圧倒的に有利だった。それを逆転させ、豪華な道具に価値を認めず、質素なことにこそ価値があるとみなしたのである。道具中心だった「茶会」に新たな価値観、しかもそれまでと逆をいく価値観を持ち込むことで、新ジャンルを切り拓いたといえるだろう。

　茶人として利休は様々なイノベーションを起こした。とくに注目すべきは、精神性の追求である。利休は茶の湯に精神性と美意識を取り入れ、遊興性を徹底的に切り捨てた。茶室、道具は利休の理想を具現化している。精神性については茶禅一味からくるものだが、「茶の湯は第一仏法をもって修行得道する事也。家はもらぬほど、食事はうえぬほどにて足る事也、これ仏の教え茶の湯の本意也」と明言している。

　さらに、亭主側、客側の心得について次のように述べられている。

　「第一、朝夕寄合の間なりとも、道具の抜きまたは口切の儀は申すに及ばず、常の茶湯なりとも路地に入るから立つまで、一期に一度の参会のように亭主を執して威ずべき也。公事の儀、世間の雑談ことごとく無用也…茶湯雑談、数寄に入りたる事は話すべし。…次に亭主振りの事。客人を底には威ずべき程執するなり。貴人・茶湯の上手の事は申すに及ばず、ふだん寄り合う衆をも名人のごとく底には思うべし」（弟子である山上宗二による記録『山上宗二記』, 神津, p.166）。

　毎日のように会える人であっても、一年に一度くらいしか行わない道具開きや口切の茶会などはもちろん、普段の茶会であっても、客は一生に一度の会と思って亭主に畏敬の思いを持つ。亭主は客が誰であっても心の中では名

人に対するように尊敬することが大事であるというのである。

利休の茶の湯の思想を以下の図に示す。

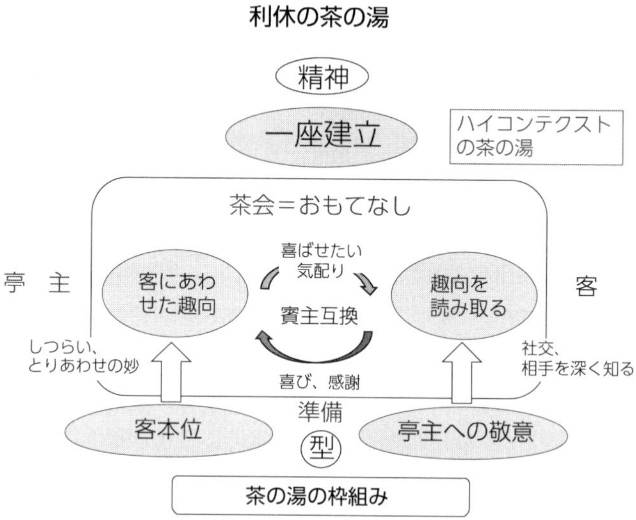

## 利休の茶の湯

精神

一座建立

ハイコンテクスト
の茶の湯

亭　主

茶会＝おもてなし

客にあわ
せた趣向

喜ばせたい
気配り

賓主互換

趣向を
読み取る

客

しつらい、
とりあわせの妙

喜び、感謝

社交、
相手を深く知る

客本位

準備
型

亭主への敬意

茶の湯の枠組み

ここにおいて、茶室を支配するのは主人でも客でもなく、茶の湯の精神である。精神論を持ち込み、仏の修業と重ね合わせた（そもそも茶のはじまりが禅院からであったことを考えるならば、出発点に戻ったといえるかもしれないが）ことで、利休は茶の湯を社交の手段から目的に引き上げた。当然ながら、それによって茶人の立場を大きく上げることにも成功したのである。

それまでおもてなしにおいて当然のように受け入れられてきたバサラ的要素——自己演出、過剰さ、わかりやすさ、派手さ、遊興性、浪費——を利休はことごとく排除していった。時代の価値基準を否定し、みずから新しい価値基準を、設定していったのである。

また、利休は修養としての茶の湯の可能性を切り拓いた。笠井（1991）によると、利休は「守破離」という言葉こそ用いていないが、修行についてはまさに守破離の理論に沿った考え方を示していた。「守」は、些細なことも基本を守りゆるがせにしないことである。利休はつねにものさしを懐中して道具を置き合わせていたという。まさに「型」の重視である。しかし正確さだけが重要

なのではない。『南方録』には、様々な規則や作法は無数にあり、昔の人たちはそれを身につけることで止まってしまいがちだが、「易（利休）は其の方式を階子にしていま少し高き所にも上りたき志」を持っている。つまり「守」は1つの段階にすぎない。さらに高い次元をめざすと記している。「破」である。一生懸命に修行に打ち込めば、ついには「忘るる境」無心の境地に入るという。「離」は意識的に到達するものではなく、自然に会得されるものである、と笠井（1991, pp. 50-51）は述べている。

　以降の展開を考えるならば、「茶道」発展・普及の下地を作ったのは利休その人といえる。すなわち、茶はただ勝手に楽しめばよいというものではなく、決まった作法をひたすらに身につける。身につけたらそれでおしまいではなく、さらに高次元をめざして修練する。何十年も稽古を続けて、ようやく無心の境地に続く扉を見つける、という考え方である。今日のおもてなしが、単なるサービスでなく人間的成長に関連付けられることにつながっていると、考えられるかもしれない。

## 5　結び

　戦後、日本の文化ナショナリズム高揚に茶道が用いられたことはすでに研究者によって論じられている。茶の湯は、その以前から時代の風潮に大きく影響され、社会体制を支える手段として用いられてきた。

　さかのぼると、織田信長は室町幕府が所有していた道具を使用して茶会を行うことで、自らの正統性を示そうとした。また、茶事を許可制にし、秩序の明確化、体制の安定化をはかっている。信長は功績のあるものに名物茶器を与える。さらにその上になると、下賜していた名物茶器を使って茶会を開くことを許可し、家臣の間に序列を作った。家臣にとって、道具を見せる＝権勢の誇示を意味することになる。

　秀吉は壮大なスケールで誰もが参加可能な北野大茶会を開き、「平和」「平等」をアピールする場として活用した。この両者の場合は、茶会というおもてなしの場を政治、体制アピールに用いた。茶が政治や体制の維持に役立つとみなされたからこそ、利休ら茶頭が発言力を持ったのである。しかし時代が下り封建制度の社会になると、利休のような町人は政権における活躍の場を失っていっ

た。家元制度に活路を見出し、それによって今度は婦女子のたしなみ、あるいは教室運営というビジネスとなり、現代に生き残ることとなった。反面、封建制度の支配者側に立つ武家茶は（一部、家元制度を取り入れた流派は復活したが）次第に衰退していった。

　万葉の宴から平安貴族の宴、連歌会席をへて茶の湯にいたる流れを改めて振り返ってみよう。

　万葉の宴において、おもてなしの核ともいうべき主催者と客がともに場をもりあげる意識が認められている。場をもりあげるため、主催者側も客の側も型にのっとって自分の役割を果たすべく準備をした。招かれた側は、主人の気遣いを読み取ることが期待された。

　平安朝の宴では、場を盛り上げるための振る舞いのみならす、その振る舞いに対する反応が重視された。また、感情表現がより複雑精緻化し、より高度な読解力が必要となった。歌合では、万葉の宴以上に、場にふさわしい振舞いかどうかが重視された。第三者の評価を意識し、笑われることを恐れた。

　全員で場を盛り上げて１つの作品をつくる連歌会席では、役割や約束事が具体的に細かく決められ、言語化された。階級を超えて愛好されたため、それまでは一部階級の共有文化であったものが一気に広まった。また、場を仕切り、質を高めるプロフェッショナルが登場し、全国各地で指導にあたった。おもてなしの作法を仕事として教える、という発想ができたことになる。

　茶の湯は連歌会席から多くのものを引き継いだ。茶の湯の理念には連歌の美意識が深く取り入れられている。村田珠光が創始し千利休が大成したわび茶は、今日のいわゆる茶道の原型といわれるが、闘茶のような遊興的な性格も、道具の鑑賞を主眼とする審美性も排除し、「亭主と客、客と客との交わりと規定することができる」（笠井，1991, p.69）。わび茶において亭主と客が互いに敬意を払いつつ自らの役割を果たし、いまこの場を二度とない機会と捉え、ともに場を盛り上げよりよいものにしていくという姿勢（「一期一会」「一座建立」）は、無駄を省いた象徴的な所作によって表現される。この象徴的な所作は「型」といってもよい。

　型はマニュアルとは異なり、そのとおりに実施すれば「できた」と認められるというたぐいのものではない。たとえ間違えずに一通りできたとしてもそれ

で合格ではなく、「いまよりもよい所作」を志向し、さらに上の境地をめざして継続的に努力することが期待されている。この努力には効率的なルートは存在せず、そもそもめざすゴールにたどりつくには数十年かかることがほとんどである。(何十年かかっても到底たどりつけるものではない、と茶道稽古をする人はいうだろう。)そもそも、一定のゴールにたどりつくことが茶道の目的ではないのかもしれない。茶道においては、そうした努力のプロセスのなかで人として成長し、所作だけでなく茶の湯あるいは茶道そのものへの理解を深めていくことに意義が見出される。

このような、マニュアルによって一定のゴールに到達することに満足せず、さらに上をめざして自分を磨くという方向性は今日のおもてなしにつながっている。

ザ・ペニンシュラ東京の支配人(当時)マルコム・トンプソンは、日本ではサービスが一定の基準に達したあとも改善を続ける、と次のように驚きをもって述べている。「現状に満足することなく『もっとよくならないか』と考える習慣は、『絶えず上を目指して努力を続けよう』とする哲学に昇華しました。…日本の『カイゼン』には、そもそも『基準』や『規格』がありません。パーフェクトの状態も、究極の基準も存在しないという考え方です」(トンプソン, 2007, pp. 48-49)。日本のおもてなしの特質を見事に言い当てているといえるだろう。

## 第2節　茶の湯から茶道へ

### 1　はじめに

　茶の湯は日本的おもてなしの象徴であり、日本文化そのものの象徴であると
さえみなされている。しかし、茶の湯の歴史をひもとけば、その展開は必ずし
も簡単ではなかった。安土桃山時代を中心に、富裕な人たちの遊び、たしなみ
として普及し、時代によっては政治の場面にも用いられていた茶の湯であるが、
明治維新による西欧文化の導入で、一気に衰退した。江戸時代まで顧客として
いた大名はじめ武家、豪商らの多くが、明治維新により東京に住まいを移した
ことも大きな打撃であった。とくに裏千家は当時政財界の有力者らとの人脈が
弱かったこともあり、困窮をきわめた。そこで裏千家の家元（11代以降）は意
識的に次々と革新的なサバイバル戦略を打ち出していく。茶の湯の提供価値を
変え、ポジション、顧客を変え、メディアと組織力を最大限に活用して、時代
の逆風を乗り越えていった。

　こうした取り組みによって、茶の湯は「（エリート階級が）人間関係を楽し
むひとときの楽しみ」でなく、修養として人間的成長を目指す「道」として一
般に受け入れられ、新たな意味を得ることとなった。

　本節では、茶道裏千家の取り組みを通じて、茶道がどのようにして「日本的
おもてなしの象徴」としての地位を獲得するに至ったかを明らかにする。その
背景には、時代の変化や危機に対応して提供価値や事業領域を変化させ、ブラ
ンド価値を高めていった茶道裏千家の見事な戦略があった。

### 2　近代以降の茶の湯における危機

　茶の湯は近代以降、3度にわたる危機を経験している。

#### 明治維新——茶の湯の歴史が始まって以来の脅威

　明治維新によってもともと茶の湯の支援者だった大名、豪商らが権力・財力
を失った。有力者らは東京に移ったため、事実上のパトロンや生徒がいなくなっ
た。とくに裏千家は数寄者との関係が弱かった。政府は欧州列強に追いつくた
め、文明開化、つまり欧米文化の摂取を国是として進めていき、茶の湯を含む
日本の伝統文化・芸能が解体の危機に見舞われた。明治政府は伝統遊芸・芸能

の師匠（能、歌舞伎、舞踊など）らに対して「芸能鑑札制度」を施行し、圧力
をかけてきたのである。上流階級のみならず、中流階級も欧風文化にとびつい
た。茶の湯は「古い」と思われ、進んで習おうという人たちが激減した。この
ような時代にあって、このままだと茶の湯は（裏千家は）廃れてしまう、何と
かしなければという危機意識が共有されていた。

### 大正・昭和（戦前）時代

　家元制度解体という最悪の事態は免れたが、茶の湯をめぐる根本的な問題は
解決していなかった。一言でいうならば、日本人の生活習慣が急激に変化し、
日本的なものへの関心を失っていったことである。「職業婦人」が登場し、洋
装の女性が増えた。伝統的な価値に魅力を感じず、新しい文化を実践したいと
いう空気が一般にも広まっていた。

### 昭和（戦後）

　戦時中はもとより、敗戦後、茶の湯をする余裕は国民の空気としてなかった。
数寄者は財閥との関係が強かったから、ＧＨＱにより財閥が解体されると、茶
の湯は再び支援者を失った。さらにＧＨＱが「茶の湯は愛国精神を高揚して戦
争に加担していたのではないか」と指摘したことで、茶の湯そのものが存亡の
危機に瀕した。

## 3　近現代における裏千家の取り組み

　明治維新以降、茶道を取り巻く時代の問題に対して茶道裏千家がどのように
対応していったか、千宗室（2008, 2009）および今日庵文庫（2009）を手掛かりに、
時系列的に家元の動きを整理していこう。

### 11代　玄々斎精中（1810〜77）

　裏千家 11 代玄々斎は大名家（松平）出身、10 歳で裏千家の婿養子となり、
1826 年家元を継承した。大名家の出であるという点を最大限に生かし、加賀前
田家、松山久松家、尾張徳川家、備前池田家、宮家、寺院との関係を深めた。
旅上で茶の湯を楽しむため、「茶箱」という点茶作法を考案した（従来から茶

箱は旅路で茶を楽しむためのセットとして存在していたが、一定の作法がなかった）。同時に、禁裏、公家、大名への献茶で格式をアピールしている。玄々斎は伝統に固執するのでなく、新時代に対応した茶の湯を目指し、同年、京都で開催された国内初の産業博覧会（京都博覧会）において外国人客を歓迎するため「立礼式」を初めて行った。国際化の第一歩である。

## 12代　又妙斎直叟（1852～1917）

又妙斎は京都の豪商の長男であったが、20歳で裏千家の婿養子となる。1876年、三千家合同事業として北野大茶会を開催した。この大茶会は、家元の存在感を強化し、茶の湯の伝統（北野大茶会は秀吉による北野大茶湯の300年記念である）への敬意と認識をよびさますという意味があった。この前後、家督を長男の圓能斎に譲り、側面から茶の湯を支えることとなった。隠居後は一時奈良に住み、数寄者・関家と交流を得た。なお、妻・猶鹿は真精院と称し、当代一の女流茶人となり、上流の婦人たちに茶を教えた。

## 13代　圓能斎鉄中（1872～1929）

圓能斎は12代の長男であり、生まれたときから「次期家元」としての期待をかけられてきた。父親である又妙斎に早期に家督を譲られ、若宗匠として裏千家復興に取り組み、1889年（明治22年）18歳で家元となった。1891年、茶道を普及するべく夫婦で上京した。玄々斎以来の門人や元丹後田辺藩主牧野子爵、海軍中将らの仲介により、東京で門弟を増やしていった。1896年京都に戻ると、新島八重や大沢徳太郎夫人に茶道を指導している。ほかにも皇族はじめ上流階級の女性たちが熱心な門人になった。これが13代のブランドを押し上げたことは疑いがない。

圓能斎の功績として第1に挙げられるのは、女学校に（授業として）茶道の導入を働きかけたことである。婦人の地位向上と情操教育には茶道を通じた人間形成が第一である、と訴えた。まずは妻の宗綱が京都府立京都第一高等女学校の前身である女学校の基礎科教師として指導に当たった。女学校で茶道を教える講師の育成に力を入れるとともに、学校教育にとりいれやすい「盆略点前」を考案した。

　第2は、裏千家一門のコミュニティ構築である。1つは12代とともに機関誌『今日庵月報』を創刊した。全国各地での茶事の催しの情報や一門の意思疎通をめざし、裏千家一門こぞっての機関誌として結束力をアピールした。「茶道の正風」を定め伝えるという役割もあり、家元の権威確立につながっている。同時に、全国各地の稽古場を組織化し、「今日庵淑静会」を創設した。

　第3に、日本美術界のトップであり美術文化振興に力があった男爵九鬼隆一の支援を得、京阪神の新事業家らに人脈を広げたことである。川崎造船所の創始者川崎正蔵男爵家、鈴木商店の鈴木家、岡崎銀行の岡崎家、内田船舶の内田家、山下汽船の山下家、勝田紹介の勝田家、住友家など。京阪神とくに神戸地域は裏千家が勢力を伸ばしており、裏千家が大きく発展する基盤を作った。

　1900年代には岡倉天心、フェノロサなどによって日本文化再認識の機運が高まっていたが、1905年、いち早くアメリカ人女性に茶道の稽古をつけている。

## 14代　無限斎碩叟（1893～1964）

　13代の長男である無限斎は、将来裏千家を継ぐ者として両親から厳しい茶道学を授けられた。1924年、家元となる。1925年、大正天皇貞明皇后に献茶し、以降、皇族、宮家への献茶を多数回行った。1926年ころ京都ロータリークラブに入会して組織運営のノウハウを学ぶ。各地のロータリークラブで交流し、現地の学校で「茶の心」を講演する機会を得た。14代は一門の結束強化を図るとともに、社会的動乱・激変期にあって、茶道の提供価値を大きく変え、大衆化路線を打ち出した。

　第1に、結束強化としては、1930年代前半、全国各地に広がっていた茶道研究会を改称し、淡交会として組織を新たに発足したことである。ここで点前の統一と指導者の質向上を目指した。のちに組織を再度強化、1950年と前後して財団法人今日庵、社団法人茶道裏千家淡交会を設立した。

　第2に、茶道の提供価値についてであるが、まず戦時中にあっては、「和敬静寂」から「不動の精神力と勇気を与える茶道」へと変化させ、茶道を通じて「精神的な修練」「社会貢献」ができると力説した。戦争に勝つために茶道が役に立つというわけである。

　終戦を境に、この「報国茶道」という方向性は、大きな転換をみる。1946年

「新年の辞」で、無限斎はこのように述べている。「再建日本は、文化方面においておおいに世界の進運に寄与せなければならぬと思う。この意味において近世文化に幾多の貢献をなした茶がなほ一層の飛躍を期す…要するに茶道はその精神たる體において万代不易で何らの変革を加える要はないが、その用において新しきを知り、新味を出さなければならない」。すなわち、茶道の精神は「和」である、と打ち出したのである。ＧＨＱから呼び出しを受けた際も、このレトリックで説き伏せることに成功した。

第3の「大衆化宣言」が発表されたのは1948年である。「茶道に限らず、芸能文化方面はとくに封建的な色彩が濃く、師弟の関係がきびしく階級制度が喧しくとなえられ、これが芸能文化発展と普及のため障害となっていた。しかしわれわれ裏千家一門が率先して従来の陋習を打破、家元制度の改革をはかり茶道をはじめ芸能文化を大衆の手にゆだねていきたいと望んでいる。」13代までは上流の子女がおもな顧客であったが、一気に市場を広げていくきっかけになった。

第4に、日本文化が根底から欧米化していくのを察知し、海外の市場開拓に着手している。1947年には事業内容として「外国へ茶道の普及」「日本在住の外国人、来朝の視察団、観光者などにたいして茶道の普及紹介」等6項目を挙げ、財団法人国際茶道文化協会を創設した。（この「日本在住の外国人」とはおもに進駐軍をさす。）1959年、ブラジル、サンパウロ市400年祭文化使節、また京都とパリの友好盟約が締結され、親善使節団の文化人代表として2か月にわたり欧米を視察した。

## 15代　鵬雲斎汎叟宗室（1923～）　家元1964～2002

14代の長男として生まれ、跡継ぎとして幼少時から家の伝統や祭祀仏事を学ぶほか、書道、謡、仕舞、剣道などを身につけた。中学のころ「家を継ぐ」ことの自覚が芽生えたという。戦争時は「茶の心は武の心と同一。皇国あっての伝統であるという堅い信念」を持って海軍に入隊した。戦後、父14代が進駐軍の将校を畳に正座させ、茶を堂々とふるまうのを見て衝撃を受け、茶道を通じた国際親善をめざしたという。

14代の海外進出をさらに推進し、国際的な視点から茶の湯の価値をいわゆる

茶室から離れ「日本文化の核」「ピースフルネス」「おもてなし」として打ち出した。

1950年、若宗匠として精力的に海外を視察し、ハワイ支部を皮切りに、次々に海外支部を設立していった。「茶道の教授もこうしたウェスタンスタイルを取り入れるべきで、その土地の環境、風土、気候に合うように教授しなければなりません」と述べている。ロサンゼルスでは日本間がないことから「茶道を米国に普及するには米国の家庭の中でできるようにしなければならない」と盆略点前と茶箱、立礼式を紹介していった。「普及先の（国の）生活習慣にあわせた茶道・茶の湯をすべき」と考えている点で14代よりも一歩踏み込んだ決断をしており、海外普及（いわゆる「海外布教」）を加速させた。

同年、日米講和条約を記念してサンフランシスコの美術展で茶の湯のデモンストレーションを行った際には以下のように述べている。「国際茶道への開拓普及におおいに努力する覚悟である…これからの自主独立日本を育て上げていくには立派な精神文化である茶道の真の姿をありとあらゆるところに発揮せねばならない…新たに茶道が日本国民の精神の糧として十分に咀嚼できる方向をとらねばならない…茶道の進む道、それは新生日本の国民の一人一人の心にあることである」。

さらに重要なことは、15代は茶道を「茶会における作法」から「日本の国民の一人一人の心」に結び付けたことである。機関紙を通じて、「茶道本来の目的、精神的内容について何らかの検討をも加えませぬならばまことにはづかしいこと」と述べ、従来の「点前の是非善悪にのみ没頭」する茶道のありかたを批判している。茶道は「点前」ではない、「精神」である、というダイナミックな価値転換が行われているのである。

茶の湯の中心が茶室から「精神」「日本文化」に移行したことで、茶の湯はより大衆化し、「おもてなし」「気遣い」の象徴として普及することになる。15代は茶道を語るとき、「日本文化の核たる茶の湯」「茶の湯で平和・ピースフルネスを」、「総合芸術としての茶の湯」と次々にキーフレーズを編み出し、日本の伝統文化に触れてこなかった世代や外国人に受け入れやすい形でアピールすることに成功している。裏千家学園では外国人留学生の受け入れも積極的で、外国人の茶道教授を輩出し、新たな市場開拓につながった。

15代鵬雲斎は人脈形成にも積極的で、京都の若い実業家らと青年会議所やロータリークラブなどを通じて実業とのパイプを作った。ここで体得した組織運営が、裏千家組織化に大きく役立っている。

学校茶道

　裏千家のマーケティング戦略においてとくに重要なのは、学校茶道というマーケットに着目したことである。茶道はもともと「たしなみ」と「自立」という2つの意味合いを持っていた。学校茶道は、その両者を強化したことになる。学校で習う茶道は女子の必修科目とみなされるとともに、講師にとっては新たな自立の方法となった。

　裏千家では、指導者育成にも力を入れている。1911年（明治44）ころから講師を対象とする研修会を始め、以降は学校茶道の教科カリキュラム作成、クラブ活動としてのプログラムや教本・教材作成、学校長、顧問教諭等対象の講習会など、学校茶道の推進と講師育成、支援に取り組んでいる。時代にあったカリキュラムを作成して学校に提案し（現在であれば、英語とセットにするなど）ふさわしい講師を紹介するなど、きめ細かい対応を行っている。講師派遣・紹介により、裏千家の免許を取得した講師に「非常勤講師」「嘱託講師」といった地位が与えられる。

　積極的なブランド戦略を次々に実現していった家元たちは、なぜそのような対応力を備えていたのだろうか。

　答えの1つは、家元の子どものころからの教育と成長プロセスにある。それは裏千家家元では「裏千家の後継」のための意識的な戦略であった。たとえば11代、12代は養子が後継者となっているが、人脈構築のために適切な家から養子を迎え、とくに11代は幼いころから「次期お家元」として扱い、千利休から続く歴史を口伝えに教え込むなど帝王学を施したという。13代、14代、15代は家元の長男として生まれ、家族や周囲から大切な後継者として扱われた。その結果、皆若いころから自らの「家」に対する意識が強く、危機的な時代背景を前にして、自然に使命感を植え付けられていたといえるだろう。彼らにとって最大の優先課題は家を絶やさないことである。ある意味、彼らにとって茶道、茶の湯は「文化」であるとともに「家業」なのである。千家は何度も危機に直

面し、そのつど家元がみずからのリソース（出身、人脈等）を生かし、改革を
タブーとせず難局を乗り越え文化と家業を守ってきた。

　さらに彼らは早期から父のもとで次期家元として修業を積み、現場での指導
を経験し、トライアルも出来ていた。父のやりかたを近くで見、「家元」の在
り方を体得するとともに、様々な問題点に気づく機会があった。門弟や使用人
に対するマネジメントも経験から学んでいたであろう。比較的自由な立場にあ
るうちに人脈構築など下準備を進め、自分が家元になったときには、千家を発
展させるための確たる策と行動力をすでに備えていたのである。

## 4　裏千家のブランド戦略プロセス

　裏千家は時代環境にあわせてブランド戦略を変化させてきた。繰り返しにな
るが、おもてなしとの関連を踏まえつつ、簡単に整理していく。

　第 1 に、新たなターゲットを設定したことである。女性を新たなターゲット
とし、従来とは異なる価値とくに婦人の地位向上、情操教育、人格教育を強調
した。学校茶道は長期的に裏千家人口の維持増加につながった。女性のたしな
みとしての茶道、教育としての茶道という価値を見出したことは、「道」とし
てのおもてなしを考えるうえでも非常に意味深い。

　第 2 に、コミュニティを構築し、活用したことである。裏千家は組織の重要
性をいち早く認識していた。自社メディアを活用、献茶式の記事で読者（弟子）
の憧れを喚起するなど家元の求心力を高めた。全国の弟子・講師の情報管理に
ついても整備している。

　第 3 に、自社メディア以外にも、テレビなどマスメディアを活用し、「裏千
家＝マナー、伝統作法の権威者」というイメージをお茶の間に定着させた。い
わば茶道の大衆化である。時代のニーズにあわせるように、「気配り」や「（主
婦の）おもてなし」というキーワードを用いていたことも巧みである。なかで
も重要な役割を果たしたのが 14 代家元の娘＝ 15 代家元の実姉の塩月弥栄子で
ある。彼女はＮＨＫの人気番組に出演し、一気に認知度を上げた。『冠婚葬祭
入門』（1970）は約 700 万の大ベストセラーとなり、「茶の湯、裏千家＝常識、
しきたり、マナー」というイメージ、『気ばたらきのすすめ』（1979）『心遣い、
心配り』（1985）では「茶の湯、裏千家＝気配り（気配りの教科書）」というイメー

ジの確立に貢献したのである。

　第4に、国際化をいち早く、また継続的組織的に行っていることである。さらに裏千家の海外戦略の巧みさは、それが海外布教にとどまらず、海外での評価・実績を国内でのブランディングに活用している点にある。たとえば1951年、15代（若宗匠時代）が渡米した際には、『淡交』に「若宗匠渡米さる」特集が組まれ、ハワイでの海外支部発足、サンフランシスコ、ニューヨーク、シアトルなど現地からの報告が掲載された。ハリウッドで映画撮影中の山口淑子との対談もある。「アメリカ人と並んでも見劣りしない上背にめぐまれた千宗興」「アメリカ人と対等の印象」「当時27、8歳という若々しさ、にこやかで温和な表情」「ときには羽織袴で威儀を正し、多くの観衆に囲まれて点前を披露、なかには海岸での水着姿の写真も」等、アメリカで裏千家茶道が高く評価されていること、指導者の立派さをアピールし、弟子たちに裏千家へのさらなる忠誠心をかきたてた。実際に、アメリカでの活動は、国内において絶大な効果をもたらした。1952年7月号から10月号にかけて「許状申込が殺到し…皆様に大変ご迷惑をおかけして申し訳ありません」との文言が記載されていたという（廣田，2012, p.283）。

　最後に、茶の湯や茶道に茶室を超えた意味づけを行ってきたことを挙げたい。15代家元は、早い段階から枠にこだわらず、「日本文化の核」「和の精神」と言い換え、「これからの時代にこそ、茶の湯のピースフルネスが重要である」と述べている。さらに今日では「マインドフルネス」というキーワードで、従来茶の湯や茶道とは縁のなかったビジネスパーソンにも受け入れられている。このように時代を読み意味付けを行うことで、茶の湯の今日性を高めてきたのである。

## 5　結び

　一服の茶に心を寄せる行為が、上流階級が狭いコミュニティのなかで楽しむ贅沢な社交ツール「茶の湯」から、真面目に努力して一段一段向上していける「茶道」へ展開したことは、大きな意味を持つ。裏千家をはじめ多くの茶道流派にはそれぞれ独自の許状や資格があり、たとえば裏千家では、初級、中級、上級、講師、専任講師…と段階を踏んで上の資格を申請できる。裏千家のウェブサイトには、「宗家　家元から許しを得て、入門、小習、四か伝、奥秘…段々と順を追っ

て習うことで道を極めます」と書かれている。稽古によって上の級に進む段階システムを敷いたことが、モチベーションの維持につながることは想像に難くない。さらにこれは全国の茶道の教師、教室の安定にもつながった。

　茶道の許状や資格は単なる段階制のレッスンとは異なり、「覚えたら終わり」「ひととおりできたらクリア」というたぐいのものではない。同じ点前を何度も繰り返すなかで、より美しく、より理想に近い点前ができるようになる。裏千家ウェブサイトには、先の文言の後に次のように書かれている。「茶道とは『人間にとって大切なものとは何か』さらに『いかに生きるべきか』を学ぶ人倫の道でもあります」と。「人倫の道」としての性格を打ち出したことで、茶道は年齢性別職業にかかわらず、誰にでも必須の修養科目になりえたといえるだろう。

　この点において、茶道はおもてなしの習練にもつながっている。禅茶の精神性は「自らを修める」茶道につながり、賓主互換の理想は「互いに敬い心を合わせる」茶の湯の基盤となった。そのふたつの流れが茶の席において合流する。亭主と客が互いに心を寄せて「場」をつくる、そのプロセスを表現する象徴的な所作「型」を極める（「道」）ことが茶道である。前節で引用したトンプソン（2007）が指摘するように、日本人は「1つの合格ラインを超えたら終わり」でなく、常により上を目指す自己修練的なマインドセットを有している。そう考えるなら、茶の湯は茶道という形をとったことで、日本人の心性・文化に深いレベルで定着しえたといえるのではないだろうか。

　主と客が互いに心を寄せ合うことがおもてなしにおける価値共創の起点である。見立てはその重要な要素として、価値共創のメカニズムを考える大きな手掛かりとなる。

# 第3節　見立てと価値共創

## 1　はじめに

　見立てとは、簡単にいえば「あるものAを別のものBになぞらえて（置き換えて）見ること」である。最も有名な例は、日本庭園の枯山水であろう。白い石や砂は水の流れに見立てられており、われわれはそれを石や砂としてでなく水の流れとして見、感じることを求められる。落語で用いられる扇子や手拭いも見立てである。扇子は場面に応じて箸や煙管に、手拭いは証文や財布になる。

　古来伝統的に行われてきた表現上の技法であるが、現在においても、見立ては日常的にさまざまなジャンルで認められる。生卵を月になぞらえる見立てはごく一般的であり、日本文化の範疇であれば、「月見うどん」といえば「生の卵が（卵の形のまま）載ったうどん」だと理解される。「月見バーガー」はマクドナルドの秋の定番メニューでもある。卵が通年商品であるにもかかわらず、月見バーガーが秋限定であることは、日本文化に触れていれば感覚的に理解できるのではないか。月見バーガーのCMが流れると、暑い日が続いていてももう秋が来ている、とほっとするような、少し寂しいような気持になる。月見バーガーのCMにウサギが登場するのは、月とウサギのとりあわせに馴染みのある日本ではごく自然に受け入れられる。

　料理に見立ては多く用いられている。そうめんはそもそも渓流の見立てであり、「谷川の前にいるような気持になって、涼を目で楽しんでいただきたい」という趣向から発想された。食べる側も、渓流の景色を思い浮かべ、涼しさを楽しむ。提供してくれた主人に感謝を述べることもあるだろう。青木（1996）は、そうめんの見立てについて、提供する側と受ける側がどのように見立ての世界を楽しんでいるかを分析している（青木, 1996, pp. 39-40）。

　観光地の駅弁や松花堂弁当はいうに及ばず、家庭で作られる弁当にもごくあたりまえのように見立てが詰め込まれている。日本全国に点在する「○○富士」も見立ての例であるが、外国にも「○○富士」は存在する。当地に住む日本人たちは、地元の山を「○○富士」と呼び、故郷への思いを共有しているのである。見立ては共通の感情を喚起する機能も有していることになる。

　もともと、見立てという手法は文学・芸術上の技巧として広まった。先に庭

園と落語を挙げたが、とくに俳諧などの文学・文芸、華道や絵画（浮世絵など）、歌舞伎、能などいわゆる伝統芸能といわれる領域で広く用いられた。江戸時代には、見立て絵が流行した。また華道では、掛け軸や障壁画の前に花器を（花を入れずに）置き、掛け軸や障壁画に描かれた花・木を生けこんだように演出する見立てがある。

　おもてなしにおいて、見立てはきわめて重要な役割を果たしてきた。見立ては日本型おもてなしにおける価値共創の一要素とみなされている（小林・原・山内, pp. 54-57）が、歴史をさかのぼると、日本型おもてなしの場における主客関係性そのものを支える基盤となっていることがわかる。

　本節では、万葉集の時代から茶の湯までの見立ての歴史的変遷を、とくに連歌会席と茶会における見立てを中心に探っていく。見立てを通じて、主客が共通理解に基づく積極的協力関係を築き、おもてなしの場の価値を高めていくプロセスについて明らかにする。

## 2　日本語論的視点からみた見立ての意義
### （1）聞き手責任

　見立てという手法について、言語学の観点からはどのようにとらえられているだろうか。言語学では見立てを「具体的なものの〈見え〉や話し手が創出した〈見え〉に新たな〈見え〉を重ねる、主体的かつ創造的な手法」（守屋, 2013, pp. 1-2）と定義し、日本語特有の発想であるとする。日本語では、話し手が何か事態を前にしたとき、自分の見えのままに、非分析的、独話的に説明する傾向がある（守屋, 2013, p.2）。つまり、現実がそのとおりであるかどうかにかかわらず、話し手は「自分がそう見える」ように表現するということだ。自分の知っていることは相手も知っていると決め込みがなされるという意味で、日本語は「自己中心性」があるという。「自分と他者という対立が解消され、相互に融合して一体化するような捉え方」である（池上, 2007, p.289）。こうした特徴があるからこそ、日本語では見立てが可能になる。

　見立ては「なぜそう見えるか」といった論理的な説明を省いて、目の前のものに別のものを重ねていく手法であるが、この「省略」について、池上はさらに次のように指摘している。既知の情報がある場合、話し手と聞き手の間で共

通の認識があれば言語化しないで済ませるが、英語では文構造の骨格となる部分については「言語化しない」ことができにくい。英語の話し手は互いに了解済みのことを人称代名詞に置き換えて処理するため、聞き手は何が省略されているのかを文法的な理論で理解できる。他方、日本語では、話し手が何を省略したかを理論的に推測するようにはできていない。話し手しか知りえない（省略された）情報を、聞き手はみずから積極的に推論しなければならない。これを池上は「聞き手責任」と呼ぶ（池上 , 2007, pp. 271-276）。語られない空白の部分を補うのは、聞き手の責任というわけである。茶の湯において、見立てを通じた日本型価値共創を連想させるが、それについては後で述べることにする。

（２）　比喩と見立て

　欧米には比喩という修辞学的手法がある。アリストテレスによれば「比喩とは、あることを表す際に、別のことを表す言葉を転用すること」をさす。あるものAと異なるものBに類似性を見出し、その別のものBで表現するという点においては、比喩も見立ても同種の言語行為であるといえるが、池上の議論に照らせば、見立てと比喩には大きな相違がある。すなわち、見立てはそもそも話し手と聞き手（見立てを提示する側とされる側）に共通の認識がなければ成立しえない。というのは、見立てにおいて、あるものAを異なるものBとして表現する際、「まるで〜〜のように見える」という説明なしに、また「AはBだ」とすらいわず、「Bは…である」として表現するからである。聞き手は頭の中で、話し手が省略したことを推測し、瞬間的に理解したうえで反応しなければならない。いわば一見脈絡のないばらばらの点と点を、聞き手みずからが線で結ぶことを求められているのである。

　山口昌男は高階秀爾との対談でこのように述べている。「見立てのほうはすりかえ、うつしかえがあるのです。似ているということを手がかりにして、それを違ったふうにもっていく。…見立ては似ているところを残しながら、形を全部変えてしまって、距離感を作りだすというようなところがある」（山口・高階 , 2006, p.130）。つまり見立てがAとBの違いを楽しむのに対して、西欧の比喩は類似を見出すことに重点を置くと指摘しているのだが、それも日本人がAとBが似ていることを（あえて言わなくても）認識済みという前提があるか

らこそである。

　もともと西欧において、レトリックは「説得」を前提とするものであった。聞き手に自分の主張を理解させ、YES を引き出すために、似ているものを引き合いに出して議論を展開するのである。他方で、見立ては説得を目的としない。日本語においては、話し手が相手との境界線を明確にせず、共通認識を前提としている（池上 , 2007, p.290）。

## 3　見立ての変遷とおもてなし

### （１）　見立ての共有

　日本における「見立て」の歴史は古い。高階秀爾は山口昌男との対談のなかで、古事記のイザナギ・イザナミの「天の御柱を見立て」「八尋殿を見立てたまひき」が一番初めの見立てであると述べている。

　明確に文芸的な表現手法として「見立て」が登場するのは万葉集である。万葉集における作歌表現技法には大きく３つがある（とくに相聞歌＝恋愛歌に多い）。正述心緒（思ったまま表現する）、「寄物陳思」（ほかのものに事よせて気持を伝える）、「譬喩」（ほかのものに託して気持を表現する＝媒介する事物が全面に描かれ、真意は暗示される）である。この「譬喩」が平安時代以降はさかんに用いられ、見立てという技法に発展した（神野志 , 2003, p.114）。

　万葉集の時代に作られ、古今和歌集に収められた阿倍仲麻呂の歌「あまのはら　ふりさけみれば　春日なる　三笠の山に　いでし月かも」は、見立てを効果的に用いている。ここでは安倍仲麻呂が唐の地で遠い故郷への思いをはせ、異国に上る月を（故郷の）「三笠の山に出し月」と見立てている。唐で月を前に見ているのだが、阿倍仲麻呂は目の前の月でなく、はるか故国のなつかしい月を詠んでいる、と解釈される。「この月はまるで三笠の山に出る月のように見える」といった説明は一切施されず、受け取り手が「（阿倍仲麻呂は）故郷の山に出る月を思い描いているのだな」と想像することが求められている。

　万葉集の見立ては修辞的技巧にとどまらない。万葉集の宴が行われた「庭」そのものが見立てと不可分の関係にあった。当時は中国趣味が最高級かつ最先端とみなされていたため、宴を主宰する主君や高級官僚にとって、中国文化はまさに倣うべき手本であり理想であった。中央高官らは自邸の庭に中国の風景

を写し取り、参加者はその趣向を楽しんだのであるが、ここで用いられたのが見立てである。石組みで中国の海岸の様子に見立てる。ススキを稲穂に見立てる、など見立ては1つの修辞学でなく、相手への気配り、配慮となっていることに注目したい（上野 , 2010, pp. 145-148）。

## (2) 王朝貴族たちの見立て

　平安時代になると、和歌が様式化し修飾的になり、見立ては必須の技巧となった。貴族たちは、素の感情を直接的に表現することを避けた。適切な感情表現ができるかどうかは貴族としての教養のバロメータであった。とくに顕著なのは「泣く」感情表現である。悲しいから悲しいといったり、大泣きしたりしては嘲笑された。悲しいから悲しむのではない。悲しむべき（悲しみを表現すべき）場面とみなすから悲しむ、というのが正しいふるまい方であった。そのような場面では、たとえば露を涙に見立て、「露に濡れる袖」＝泣きぬれた袖を連想させるというような、技巧的な表現が求められた。露＝涙という基本的なパターンは定番化され、作歌の必須知識とされた。その前提のうえで、古今集や漢詩などの古典を踏まえるなど細かい工夫がなされ、新たな表現が生まれた（大塚 , pp. 116-126）。

　これは目の前にあるものＡをＡとして見ず、ほかのものＢに見えるという、今日的な見立ての発想そのものだ。そしてどのように「ほかのものＢ」をとらえ、どのような切り口でそれを表現するかに意識が向けられた。ここでは、「もの」ではなく「心」を表現することが中心となる。聞き手（読み手）もその「心」を理解したうえで、「ものＡ」を用いて歌を返した。

　重要なのは、見立ての型が定着したのみならず、見立てによってその場の人たちが共通の感情を抱くようになったことである。ある見立てが行われたとき、その場の全員が同じく感動し、想定されるような感情反応を示した。これは高度な共通教養があってはじめて可能になる。王朝貴族がことのほか好んだのは見立ての応用編ともいえる「本歌取り」という手法であった。目の前の事物風景を見て、古典（先行作品）を連想し、その世界を踏まえ新たな世界を作り上げるという知的で複雑な技巧である。理解するには、当然先行作品を知らなければならない。その作品をめぐる背景などを知っているからこそ感動し、相手

の意図がつかめるのである。この本歌取りという方法は技法として定着し、規範となった。後世にいたるまで、さかんに取り入れられている。

すなわち、平安時代においては「個」の見立てから「集」の見立てへ発展したといえるだろう。その場その場での個人的な思いつきだったものが、場によって共有されることで、コミュニティの共通教養へと変化した。いわば「規範」のように、これを学ぶことが前提となった。同時に、これは表現技法にとどまらず、感情を――場の人々の感情を――揺さぶるものとなった。決まった型の見立てでありながら、貴族はそれを聞いて心を動かし、涙することができた。いいかえれば、それこそが貴族の条件であった。見立ての定着には王朝貴族の感性表現が深くかかわっていたのである。

歌合において重要な見立ては修辞にとどまらない。台座の上に海辺や山なみ、木や鳥などをかたどった（見立てた）工芸品「州浜」は場の趣向を表現するものであり、重要な役割を果たしていた。歌合以外にも、州浜は貴族が手紙を贈る際に添える道具としても用いられた。錦（2020）には、『建礼門院右京大夫集』内の記述について説明している。現代語の部分を引く。

資盛が住吉大社に参詣して帰ってきて、州浜に歌をつけて贈ってよこした。州浜には貝を入れて「忘れな草」を置いてある。〈つれないあなたを恨むのは無駄なこと。忘れてしまおうと思いまして、浜辺に生えている恋忘れな草を探してみたのです〉。この歌は、古今集墨滅歌（選集の過程で削除された歌。巻末に載せる）の「道しらば　摘みにもゆかむ住江のきしに生ふてふ恋忘れぐさ」を本歌取りし、さらに〈貝どもはいろいろある〉のに〈甲斐はない〉を掛けている。資盛が薄い藍色の紙を使ったのは住吉の海の色のつもりである。（錦, 2020, pp. 25-26）

感情を「さまよく」表現するコミュニケーションにおいて、州浜はセンスの見せ所であったといえるだろう。州浜が貴族の必須教養である古今集の知識を前提としていることはいうまでもない。

日本で初めての作庭法『作庭記』が書かれたのもこの時代である。小野（2009）は『作庭記』の基本理念、つまり①「生得の山水をおもはえて」参考にすること、②「昔の上手の立て置きたるありさまをあととして」自分の感覚をあわせて仕上げること、③国内の「名所を思ひめぐらして」それを当てはめること、につ

111

いて「これらは現在の日本庭園の作庭、さらにいえばランドスケープデザイン一般においてもほぼそのまま当てはめることのできる基本姿勢」であると述べている。菱川師宣は作庭について「およそ此れ庭に図する所は唐の大和のあそこやここの面白きけいを見立て自然と作意をもって作りなせる庭なり」と明言している（龍居，1996, p.28）。日本庭園における空間づくりの特徴について龍居（1996）は、「風景の縮小化が作庭の本義と考えられる傾向が強かった」と言い切っている（龍居，1996, p.30）。このように、日本庭園が自然の風景を描写し、自然の本質的な部分を象徴的に表現しているものであるならば、庭園を楽しむにはそれが何を表しているかを理解することが期待されていると考えられる。龍居（1996）は先の引用の後で「庭の見方が日本くらいやかましく言われる国もない。昔も今もそうである」とも述べている。

## （3）　連歌における見立て

　平安時代末期から江戸時代まで、900年もの間いわば「国民の文芸」として愛好されていた文芸が連歌である。連歌では見立てや本歌取りなど、前の人の句を古典のある場面に見立てて付けることが好まれた。見立てや本歌取りのマニュアル本も多く、連歌は見立ての発想がベースになっているといってもよい。見立てに用いられるのは源氏物語などの王朝物語や和歌であった。

　上記に述べたように、連歌は同じ世界にとどまるべからずというルールがある以上、見立ても同じ世界にとどまることはできず、つねに変わり続けなければならない。この「見立ての変化」こそが連歌の面白味の1つでもある。連歌の会席を仕切る連歌師はそれがスムーズに、効果的に行われるよう腕を振るった。たとえば連歌師の第一人者であった宗祇による『水無瀬三吟百韻』の冒頭を見てみよう。「雪ながら　山もとかすむ夕かな」という発句に、脇句「行く水とほく　梅にほふ里」、第3句「川風に　一むら柳春見えて」、第4句「舟さすおとは　しるき明け方」、第5句「月はなほ　霧渡る夜に残るらん」、第6句「霜おく野原　秋はくれけり」…と付けていく。「雪、山、夕」→「梅、里、匂い」→「川、早春」→「舟、明け方、音」→「月、霧、夜」→「秋、霜、野原」と、季節や時間、場面が次々に移り変わり、壮大な絵巻のようである（綿抜，2006, pp.71-72）。

つねに変化を求められる連歌では、参加者は前の人の見立てを受けてずらし、その「ずらし」の妙を追求することになる。言い換えるならば、チームプレーとして互いにコンテクストをずらしあい、前の風景と後の風景のギャップを楽しむのである。連歌の会席においては見立ての共有からよりダイナミックに「ずらし」の共有へと進化したと考えられる。

### （4）茶の湯における見立て

連歌の世界観を受け継いで、利休によって大きく発展したのが茶の湯である。茶の湯のおもてなしが一座建立、賓主互換の概念に基づくものであることは先述したが、亭主と客は「趣向」すなわちその日の集いのテーマに焦点を合わせ、その場に集う全員が互いの心中や思いを読みあい、楽しみながら場を創っていく。

一般に茶の湯において「見立て」というと、茶道具の見立て使いをさすことが多い。豪華で美しい唐物が珍重されていた時代、千利休はあえて素朴な茶碗を好み、樂茶碗を生み出した。さらに日常的な器物を茶道具として用いたのが見立てである。たとえば魚捕りの魚籠に風情を認め、茶室の花入に用いた。通常の花入にはない趣に、客はおそらく驚き喜んだことだろう。現代でも、西欧の伝統的な陶磁器やガラス製品がよく茶道具に見立てて用いられ、そのとりあわせが重視されている（守屋, 2013, pp. 5-7）。

しかし、茶の湯の見立ては茶道具の選定にかかわる趣向にとどまらない。本来茶道具でないものを茶道具として使う（見立てる）ことには、限られた茶室のなかで、眼前の世界とは別の世界を主人（亭主）が客と共有しようという意図がある。

このように、目の前の現実と異なる世界を二重写しのようにみせる技巧は、新古今和歌集と深くかかわっている。安田（1964）が指摘するように、茶の湯は、理念形成のプロセスで新古今和歌集の中心的歌人である藤原定家の和歌を手本として重んじていた（安田, 1964, p.36）。

茶の湯の見立てで重要なのは、「その日のためだけに、あえて定式をはずして準備する」ところにある。客のことを思い、テーマを考え、その日が二度とない最高の場となるように心を配る。ほかではない「その日」のために、客の

ために、自分がいまできることを精いっぱいに考える。その熟考の結果が見立てである。つまり、定式とは違うものを取り入れて茶道具に見立て、「いま、ここ、客人」を際立たせる。万葉集から発展を遂げてきた見立てに、ここで新たな意味が加わったのである。

## （5）見立ての変遷

　ここで、万葉集から茶の湯にいたる見立ての変遷をまとめておこう。

　万葉集の時代には比較的単純でわかりやすく、その場その場の思いつきだった見立てが、時代を下るにつれて共有・反復されることで定着し、平安時代には様式化され、共有の知として規範となった。また、単なる「ものを別のもので表現する」技法が、同じく時代を下るにつれ、一定の感情を想起する表現となった。これらの背景にあるのは、当該のコミュニティにおいてメンバー間で一定の教養や感性、世界観がほぼ共有されていたこと、そして人々がそれに基づいてふるまっていたということである。連歌においては、会席のメンバー（連衆）が同レベルの教養を共有していることを前提とし、それを存分に活用して見立てが行われた。

　万葉集から連歌にいたるまで、見立てに必要であったのは古典作品の知識である。平安時代の貴族の子女は古今和歌集を丸暗記していることが必須教養の１つであった。連歌の時代では、もともと公家的教養とは無縁の武士や町人らも連歌を楽しんだため、源氏物語や著名な和歌集についてガイドブックや手軽な入門書が登場した。連歌会に参加する際、プロ（連歌師）による講義を受けるものもいたという（綿抜, 2014, pp. 77-80）。

　平安時代になると、貴族は見立ての基盤となる高度な共通教養をそなえるようになる。見立ての提供者側は同じ知識を踏まえ、見立てにより伝統的な世界の上に新しい世界を接続することで、みずからの教養とセンスを示した。参加者の教養レベルを確認する際に見立てを用いた場合もある。提供される側はその歌にこめられた感情にみずからも没入し、感動を共有することで、その場の盛り上げに貢献した。

　連歌では、場（連歌会席）の全体の質を維持向上するため、見立てを理解するのみならず巧みにずらしていくことが必要となる。それぞれが瞬時に立場を

変換しながら、見立てとずらしを楽しみ、場の全員で協力し合って１つの作品を完成させる。

　茶の湯は連歌と同時期にさかんになり、その影響を色濃く受けた。茶の湯では見立てがさらに深化し、主人と客をつなぐという意味を帯びていった。

## ４　見立てと価値共創

　茶の湯において、そもそもなぜ亭主は見立てをするのだろうか。道具や所作など究極まで様式化されたなかで、あえて型をはずして本来使わないものを茶道具に見立てるのは、その日の客を思い、「おいでくださって有難うございます」という感謝を伝え、また喜んでもらうためである。たとえば遠来の客に対しては、客の故郷に由来する日用品（陶磁器など）を準備したり、お祝い事であれば、趣旨にそった鶴のモチーフを取り入れたりという具合である。たとえ同じ客を迎えるとしても今日の茶会は今日限り、だからこそいまの場を大事にして最善をつくす、という一期一会の精神が体現されている。見立ては、単なる思いつきではない。客や茶会という場に対する亭主の思いの表れともいえるのである。

　茶の湯の見立てはそれだけでは成り立たない。客は亭主の見立てに自分への心遣いを読みとり、その演出に積極的に参加することが求められる。亭主がいくら心を込めて準備しても、客が理解できなければ「見立て」は意味をなさない。したがって、見立ての成否は客によるところも大きいのである。もちろん、客のバックグラウンドにあわせ、理解されて喜ばれるような見立てを準備することも、亭主にとって必須の心配りのひとつだろう。

　亭主がその日の客のために心をこめて準備をし、客がこたえる。茶会において客はただ「おもてなしを受ける」立場ではない。客として、亭主が何を意図し、何を伝えようとしているのかを積極的に読み取り、感謝・感動できる心を持つことが必要とされるのである。これが客振りであり、客はみずから見立てに参加し、場の価値を高めていく役割を担っている。

　このように、見立てが成立するには主人と客の協力関係が不可欠である。見立てというツールを通じて、主人と客が互いに協力しあい、それによって一座建立を実現するのである。一座建立とは、さまざまな言葉で説明されるが、共通していえるのは、茶会に集まった人たち（亭主と客）が互いに心を一つにし、

一体感を生む場を作り上げることである。その意味で、亭主と客は対等であり、可逆的存在である。これを「賓主歴然」「賓主互換」というが、武者小路千家家元後嗣の千宗屋はそれを次のように説明している。「亭主と客というのは厳然として分れているが、ときに互いの立場が入れ替わる瞬間がある、といった意味です。亭主が客となり、客が亭主となる、そういう瞬間を繰り返し、行ったり来たりする……どちらかが一方的にもてなすのでなく、もてなされるのでもなく、互いがそれぞれの立場から相手を思いやり、もてなす」（千，2011，pp. 70-71）のであると。

　見立てをベースにしたおもてなしにおいて、「もてなす側」（主人、提供者側）と「もてなされる側」（客、享受者側）双方が協力し合うことで場の価値が高まる。主人の個人的価値、客の個人的価値の総和を超えた集合的価値が生まれる。場の集合的価値が高まることで、亭主、客それぞれもまた、「素晴らしい時間を共有できた」とより満足するのである。


　見立てを通じた茶会における価値共創のメカニズムは、日本のおもてなしの価値共創のメカニズムを考える大きな手掛かりになる。その特徴を整理しておこう。第1に、提供者・享受者は互いに対等であり、一方的な関係ではない（「賓主互換」）。第2に、ともに心をひとつにして場に向かい、全力で積極的参加することを求められる。第3に、双方が積極的に参加することで場の集合的価値が高まる。集合的価値が高まることで、個人的価値も高まる。

　さらに忘れてはならない点が2つある。主客はそれぞれが自分の「役割」を義務として果たすというよりも、よりよく果たそうとして準備していることである。そこには、「ひととおりできたら合格」という発想ではなく、常により上を目指して自ら努力する姿勢がみられる。普段からの稽古そのものにさえ価値を見出すことは、より美しく行うことをよしとする感性からくるものだろう。

　もう1点は、「楽しみ」「遊び」という要素である。本来の様式をあえてはずしてみせること自体が「遊び」の発想であるが、主人と客が本気で相対するような場であっても、場そのものを楽しむ空気がある。相手と場を共有できることを喜び、心が通じることを喜び合う。この場合、様式をあえてはずすことで客から感情的な反応を引き出し、場の価値を高めるには、お互いが本来の様式、

「型」を理解していることが前提となる。すなわち、「場」における共通教養、あるいは共通の感性が必要となるのである。

## 5　結び

　本節では、見立てという表現手法に注目し、万葉人の宴から連歌会席、茶の湯、と時代を追って見立ての変遷をたどりながら、おもてなしの場の関係性構築において見立てが重要な役割を果たしていたことを明らかにした。とくに茶の湯においては主客が対等かつ互換的関係にあり、ともに心を合わせて場の価値を高めるために亭主振り、客振りを果たすことが求められるが、その鍵となるのが見立てである。見立ては主客の場における価値共創のきわめて重要な要素となっている。すなわち、迎える側は場の趣向を示し、客を楽しませるために見立てを用いる。客は主人側の見立てを読み解き、正しく反応することが求められる。客側の読み解きには、一定の教養も必要とされる。

　見立ての重要性はそれにとどまらない。価値共創が起こる場、空間そのものの生成にも見立ては重要な役割を果たしている。空間の調度や庭の景色などの見立ては理解されて初めて価値を持つ。この意味で、おもてなしにおいては場そのものを主人と客が共創する。空間の「前景」をそのまま楽しむのでなく、空間が表すいわば「後景」に意味を見出しているといえる。

　元来、日本文化において「空間」という概念はなかった。河竹、高階、鈴木の座談会（1991）で、鈴木は「日本の空間というものは…場所・場の意識というものとも混在しているようにも思います。それに対して、西洋の空間意識は自立している。それは切り取って別の場所にもっていっても成立しますが、日本の空間は固定された『場』における位置関係の中で意識されるのではないかと思います」と述べている（河竹ほか，1991, p.78）。同じ座談会で高階は次のように示唆する。「時間も空間も世間様も人間関係も、『間』ということでは日本では同じに捉えていたと思います」（河竹ほか，1991, p.90）。日本人の心性において、空間は「間」として人間関係ととともに捉えられているというのである。

　おもてなしに敷衍していうならば、おもてなしの空間（間）は本来的に何もない空っぽの器であり、そこに集う人が人との関係をベースに意味付けをし、共有する感性や教養を用いて自主的に趣向を見出すことで、主客ともに喜ぶ場

である。

　本節で考察してきた見立てであるが、実は、現在でも経営戦略やマーケティング戦略の重要な領域で活用されている。例えば、ヤッホーブルーイングは、「宴」や「超宴」と呼ばれるファン・マーケティングを展開している。「東京ブラック」、「インドの青鬼」、「水曜日のネコ」等々。これらは同社の缶ビールのブランドネームである。缶ビールのデザインがまさに「見立て」そのものなのである。宴や超宴はビール製品の見立てのお陰で盛り上がっている。

　また、レゴ社はレゴブロックを、経営戦略を立案するためのツールとして、「レゴ・シリアス・プレイ（ＬＳＰ）」の利用を提案している。同社はＬＳＰ実施のための公認ファシリテーター（ＦＴ）も組織化している。また、ＬＳＰ用の専用キットも販売されている。実際の利用方法の例は次のようになっている。ＦＴが「ブロックを使って、○○社の理念を表現する模型を作製してください」という指示をし、参加メンバーがその模型を作製・意見交換をする。その模型はまさに見立てとしての○○社の経営理念を表現しているのである。

# 第4章

## 百貨店・旅館における
## おもてなし

## 第1節　日本橋三越におけるおもてなし接客

### 1　はじめに

#### （1）目的、問題意識および研究方法

　三越百貨店日本橋本店では、2014年以来「日本のおもてなし」を店舗コンセプトの核として「文化発信」等様々な取り組みを進めてきた。ネットでの買い物が一般的になり、百貨店の売上が全体的に低迷している昨今、百貨店が百貨店として生き残るためには、ただ物を売るのではなく、本来の接客でお客様満足を高めることが鍵となる、という考えであるが、同店ではそれをおもてなしレベルに引き上げることを目指し、「おもてなし接客」ともいうべきスタイルを掲げている。おもてなし接客は目先の売上でなく、顧客との長期的な関係構築をもたらす。どのような要素が顧客との関係構築につながり、三越百貨店全体にどのような効果を及ぼすのか。また、何がそれを可能にしているのか。本節では、こうした問いに答えていく。

　海外に目を転じれば、ノードストローム百貨店も顧客第一主義、ホスピタリティで知られている。顧客に「NOを言わない」点では、ノードストロームと三越は非常に似通っている。両者の間に差異はあるのか、あるとしたらそれはどのようなものであろうか。

　本稿の執筆に先立ち、三越百貨店日本橋本店（以下、日本橋三越）の協力を得て、現場観察およびインタビューを行った。内容は、取引先（「お取組み先」）などのスタッフに対する入店前講習への参加、御得意客に対する接客の観察、食品売り場の朝礼参加、店内視察である（いずれも2017年9月〜10月実施）。インタビューは同年10月、人事教育担当　都築正治、呉服売り場の「顔」として半世紀にわたり三越を支えた小沢朗、および同店ツアーを企画実施し「三越の女将」といわれている近藤紀代子に対して実施した。

　本稿においては、三越百貨店の「おもてなし接客」が顧客満足・感動を引き起こすメカニズムを探るため、同店の接客に感動した顧客から寄せられた感想文を集めた小冊子『お客様からの贈り物』[1]に掲載された160の事例を修正グラ

---

(1)　『お客様からの贈り物』は全国の三越百貨店の店舗（内・外）で店員（販売員。パートタイム、アルバイト、メーカーからの派遣、および販売以外の従業員も含まれる）による接客を経験した客が感動を綴った手紙集である。接客術を向上す

ウンデッド・セオリー・アプローチ（M‐GTA）法により分析した。本方法を用いたのは、文脈や意図を読み取って分析するのにふさわしいと考えたからである。ディスカッションにおいては、Hofstede（2010）のフレームワークを用い、さらに Schein（2010）を参考にした佐藤・Al-alsheikh・平岩（2014）による氷山モデルを援用して、ノードストロームとの比較を行った。

### （2） 先行研究

　近年、ホスピタリティとの比較や高級旅館等のマネジメントに関連した研究がおおいに成果を挙げている。Sato and Al-alsheikh（2014）は加賀屋のケースを分析し、旅館におけるおもてなしの特徴を明らかにした。小林・原・山内（2014）は「日本的サービス」の価値共創について科学的分析を行った。寺阪・稲葉（2014）はおもてなしとホスピタリティをとくにマネジメントの面から整理している。

　三越百貨店について書かれた出版物は多い。武居（2015）は呉服商としての三越のビジネスモデル革新の歴史に焦点を当て「日本的取引慣行の競争力」を明らかにしている。林（2013）は百貨店草創期のブランディングを論じている。神野（1994）は三越が「良い趣味」をもって明治末期の中流上層階級の消費を促した経緯を追った。同店の接客・コミュニケーション術については三越伊勢丹ヒューマン・ソリューションズ（2017）が詳しい。

　ノードストロームの接客については Spector & McCarthy（2012）に具体的に詳述されている。佐藤（1999）は同店の視察報告書である。三橋（1997）は同社店員の客への献身の裏に熾烈な競争があることに焦点を当てている。

### （3） 三越百貨店について

　三越百貨店は呉服商「三井越後屋」（1673 年創業）を前身とする。当時の呉服販売は富裕層と安定した関係を結んでおり、屋敷に商品を持参したうえでその都度値決めをし、期末に一括して支払うしくみだったが、越後屋では商品を店頭に陳列し、さらに価格を固定することで、どんな客も（馴染客も初見の客も）表示通りの価格で買えるようにした。これが「現金掛け値なし」と「店前売」（店

---

　る目的で全社員に配布されている。非売品。本発表では2007年、2008年、2009年、2010年発行分を用いた。

頭販売）である。この革新的な文言は宣伝チラシや店の看板に記され、江戸時代から広く知られていたという。さらに、呉服販売では反物単位で扱うのが一般的であったが、越後屋は「切売り」つまり顧客が欲しい分だけ販売するというスタイルを取り入れ、庶民からの支持を得ることに成功した。当時としては、業界のおきて破り、ディスカウンターともいうべき存在であったのである。

幕末以来、三井越後屋は得意先を失い、業績は不振を極めた。以降は三井グループ全体の戦略との関係で、分離・改組・独立を繰り返したが、1904 年株式会社三越呉服店として発足、さらにその翌年には「デパートメントストア宣言」を全国主要新聞に広告掲載することで、日本における近代百貨店の祖となった。

本発表との関連で特筆すべきは、接客の基本理念や心得が『商売繁盛の秘訣』『三越小僧読本』などの形として店員教育用に明文化され、今日にいたるまで教科書として用いられていることである。

日比翁助が記した『商売繁盛の秘訣』は、文字通り売上を上げるための「商略」あるいは指針が描かれている。冒頭の「客は品物を手に入れるといふ当面の目的よりも、快感に接するといふことをむしろ主としている。…三越に入れば一種言ふべからざる快感を与へられるからであらう」（日比，1912，p.12）という文言は、まさに「おもてなし」接客の本質を言い当てている。

また『三越小僧読本』は越後屋の時代から継承してきた商いの知恵を明治末に編纂したものである。『商売繁盛の秘訣』が経営者側に立っているのに対して、従業員を対象として書かれており、平易な文章でありながらも、日比翁助のいう「三越魂」が十条にわたって明確に示されている。第一条は「三越の小僧にして三越の趣旨を知らざるは、論語読みの論語知らずなり。三越の小僧にして三越の御客本位を呑み込まざるは、食へども味ひ知らずなり」から始まっている（青野，1988，p.279）。「三越で働く人間は三越の理念を深く知るべきである」という言葉は、「おもてなし接客」を根底で支えている。このことは後で論じる。

2008 年、三越伊勢丹ホールディングスが設立し、2011 年に、関東地区の店舗運営会社を「株式会社三越伊勢丹」として統合した。伊勢丹も一流の接客で定評があるが、三越と伊勢丹では性質を異にする。たとえば伊勢丹は商品中心で、自分のセンスに自信があり、自分で決めたい顧客に対し、商品が選びやすい場づくり（「お買い場」）を敷いているが、三越は反対に、人中心で、販売員

とコミュニケーションをとり、積極的にアドバイスを聞きたい顧客に対し、徹底したサービスを行っている。

## 2 三越におけるおもてなし接客とそれを支える仕組み

### （1） おもてなし接客

　三越で打ち出している「おもてなし接客」とはどのようなものなのか。まずその内容を見ていくことにする。

　同店の「おもてなし接客」は以下の8項目に整理できる。

### 1）常にお客様最優先

　本項目がすべての核となる。三越日本橋の入店講習では、「お客様が気持ちよくお過ごしいただくことを常に心がけ、いつでもどこでも、お客様最優先を心がけます」という文言がまず強調される。これは先に挙げた『商売繁盛の秘訣』の冒頭にあった、「三越ならではの快感を提供する」というくだりを反映している。この信念が単なる理想に終わっていないのは、婦人服売り場で販売員が子育て中の女性に「お買い物をなさらなくてけっこうですから、どうぞゆっくりと試着して気分転換なさってください」と声をかけたという例[2] などからもうかがえる。

### 2）NO を言わない

　販売員に対する接客ルールのなかで第一に挙げられるのが、客からの要望を「絶対に断らない」ことである。たとえば客が求めるものが店頭にない場合は三越の他店に在庫を問い合わせ、それでもない場合（あるいは客がすぐに必要で他店からの取り寄せでは間に合わない場合）は同エリア周辺の他店を紹介する。三越の売上にならなくても、客の要望を満たすことを最優先とする。

　三越には修理依頼も多く持ち込まれる。他店で断られたような特殊な時計やアクセサリーでも、同店では（できるかぎり）客の思いを汲んで引き受ける。修理不可能なほど壊れたアクセサリーの場合、残りの部分を生かし、もとのイメージを再現させるような別のデザインを提案することもある。

### 3）チームで接客する

　個々の販売員でできることは限られている。そこで、三越では、販売員ひと

---

(2) 『お客様からの贈り物』（2009年）p.42

りに担当させるのでなく、ショップ、フロア、店舗全体がチームとなって顧客に対応する。たとえば複数のブランドショップでどちらのコートを買おうかと迷っている客には、販売員が「2着並べてみますから、試着して比較なさってください」と提案する。また、ひとりの客から「こういう場面で使うバッグが欲しい」と相談された場合、他ショップにも声をかけ、短時間で多数の品を比較してみることができるようにする。

　チームを組むのは社員だけではない。パート従業員、メーカーの派遣販売員など、接客の場面にかかわる全員があてはまる。メーカーからの派遣販売員の場合は、異なるメーカーの販売員同士が1つのチームを組む。このことが顧客からの驚きを引き出す[3]。

### 4) 販売・接客のプロという意識を持つ

　三越の販売員は、担当する商品カテゴリーのみならず冠婚葬祭のしきたり（他地域のしきたりも含め）の深い知識が求められる。冠婚葬祭等の買い物は、「いつ、誰に、何を、どのような形で（のし等）送るか」について一から相談されることも多いため、経験知を重ねていくことも重要である。服飾品や革製品などは手入れの仕方も教えることになり、「丁寧に」「わかりやすく」教えるコツも身に着けていく。その際も、単にスキルが高いだけでは十分ではない。客の気持に寄り添ってはじめて知識が有効となる。

　三越では「お客様最優先」ではあるが、お客様を「神様」とみなすことはない。商品知識とセンス、品選び等の技術を持つ接客のプロとして、販売員は客と対等であると考えられている。

　客を平等に遇することも重視されている。『商売繁盛の秘訣』『小僧読本』においても強調されているが、身なりや年齢、購入価格あるいは購入の有無で態度を変えることはない。ある化粧品ショップについてこのような感想が寄せられている。「場に合わないようなサンダル履きでたまたま初めて寄ったとき、後から、ブランドもので装った女性が来て、『急いでいるから、早くしてよ』と言ったのです。販売員さんは丁寧な言葉で『こちらのお客様が先にいらっしゃいましたので』と…とても嬉しかったです」[4]。

---

(3)　同上（2010年）p.136等

(4)　『お客様からの贈り物』（2009年）p.40

## 5) お客様の気持ちに寄り添う

『商売繁盛の秘訣』でも強調されているが、目の前の客が本当は何を求めているのか、その背景となる事情、気持を読み解く力が重要とされる。洋食器ショップでシュガーボックスを買った客が次のような体験談を寄せている。「（シュガーポットに何を入れるのですかと訊かれて）『大切なものを入れます』と答えました。それ以上その店員さんは聞きませんでしたが、親身になって探してくださいました。…実は20歳で亡くなった息子の骨を入れておくためにシュガーボックスを探していたのです」[5]。

背景にあるストーリーを想像することは、販売員教育において最も力を入れている点の１つである。質問をして聞き出すのではなく、表情や仕草の端々からその人の事情を想像し、自分に何ができるかを考え、進んで行うことが求められる。

## 6) マニュアルに縛られず臨機応変

三越の入店前講習では、一元的なマニュアルが示されることはない。講師を務めた都築は、「その場その場で、お客様にとってどのようにふるまうのがよいか、自分で考えてください」と述べている。実際のところは、「こういう場合はどのようにしたらよいですか」という質問が出ていたが、都築はヒントを示しながらも「お客様のためにはどうすべきか、臨機応変に判断してください」と応えた。都築自身は、開店時間前、店の前で「これから大事なお客様のところに行くが、どうしても三越の包装紙の和菓子をもっていかなければ」と慌てた様子のサラリーマンを見かけ、その場で代金を預かり、本人の代わりに希望の老舗和菓子店の詰め合わせ菓子を購入したことがあったという。「お客様にとっては（販売員だけでなく）事務方も三越の人間です。全員が同じ思いでお客様に接しています」。

また、本来セット売りの取り寄せ品であったが（故人をしのぶ品として購入する）客の事情を汲んで、ばら売りに応じた例もある[6]。このエピソードでは、客が仔細を話さなくてもその表情から販売員が事情を察して、あえてルールを破った対応をしたこと、バラで売らせてしまい申し訳ない、と謝る客を「お歳

---

(5) 同上（2008年）p.61
(6) 同上（2010年）p.24

暮のシーズンですし、自分が責任をもって売りますから大丈夫です」と安心さ
せたことは、三越の「おもてなし接客」の特徴的な例であろう。

## 7）担当業務以外も進んで行う

『お客様からの贈り物』には、急に上司の指示で会合用の菓子を数種類買わ
なければならなくなった女性が自身のエピソードを寄せている。インフォメー
ションと間違えてクロークにいたスタッフに「何を買ったらいいでしょうか」
と助言を求めたところ、クロークの担当者に条件や要望にあう菓子とショップ
を教えてもらった。「お陰様でよい物が買え、上司から褒められた」という [7]。
この例が示すように、三越では「私は担当でないのでわかりません」というこ
とがなく、誰でも客の求めに応じることが期待されている。インフォメーショ
ンやクローク、清掃、あるいは駐車場の担当であっても、客に気持ちよく過ご
してもらうために気を配る。そのために店内のショップ・商品についての知識
や、エスカレータ等の配置など、頭にいれておく必要がある。

近藤紀代子は三越の「女将」として日本橋三越の案内ツアーガイドを一人で
企画・実施している。毎月2回のツアーは三越の店内ガイドにとどまらず、越
後屋の歴史から日本橋の歴史まで幅広くポイントをおさえたトークが人気で、
しばしばメディアにも紹介され、国内外からリピーターもいるという。近藤は
もともとインフォメーション担当であった。上から指示されたわけでなく、「日
本橋や三越の歴史をお客様に知っていただきたい」という思いで、「ツアーを
してはどうでしょうか」とアイデアを出したという。ガイドの内容や原稿、小
道具も自分で考える。「質問に『わかりません』とは言えませんので私なりに
勉強しています。そういうことがすごく楽しいんですよ」という。参加するお
客様が喜ぶから、と毎回着物を着用しているが、その着物も自前で誂えている。
「それは高いものは買えませんけれど…季節感を演出したり、参加されるお客
様にあわせてちょっとした趣向を凝らしたりしています。どんな顔をなさるか
な、と想像しながら選ぶのが楽しくて」と近藤は笑顔で語った [8]。

## 8）笑顔

『小僧読本』にも「愛嬌」の重要性が力説されているように、三越では「笑顔」

---

（7） 『お客様からの贈り物』（2009年）p.18

（8） 近藤氏インタビュー、2017年10月7日、日本橋三越本店において実施。

を「お客様への約束」に掲げている。それはなぜか。同店は「お客様に対して、たくさんの幸せな気持ちになれる瞬間を作り出す」ことこそ、百貨店が提供する価値であると述べている。「接客をしている自分たちがそもそも本当に笑顔でいられなければ、どれだけ接客のレベルを向上させたとしてもお客様の満足感・幸福感につながらない」[9]という。販売の場面だけでなく、裏方仕事を（心から）楽しむことが重要なのである。事実、『お客様からの贈り物』では、大半の客が「笑顔」に触れている。

### （２）日本橋三越のおもてなし接客を支えるしくみ

　前述した接客を可能にしているのは、三越百貨店の教育・表彰制度である。まず教育であるが、①上からの販売員（スタイリストと呼ばれる）教育と②自主的な講習制度、③職場の先輩の教え　の３つに分けられる。表彰としてはエバーグリーン制度がある。いずれも、立場に関係なくすべての販売員（パートタイム、メーカーからの派遣含め）に共通して適用されること、またマニュアルでなく販売員みずからのやる気を引き出すしくみであることが特徴である。

#### 1）販売員教育

　三越では高度な接客・販売スキルをもつ販売員がいながら、そのスキルが属人的であり、また店の立地や客層などの条件の差から、従来はほかの販売員がそれを学ぶことが難しかった。そこで接客力・販売力向上のため、2017年春に教育制度の見直しに着手した。トップ販売員のスキル、行動、考え方を分析し、共通項を「９つの行動と23のスキル」として抽出、それに基づいてSSP（セールス・スキルアップ・プログラム）を策定したのである。「９つの行動」は①接客準備　②お客様のお迎え、アプローチ　③ご来店の目的・背景の確認　④お客様にとって価値ある提案　⑤プラスワンのおすすめ　⑥不安、迷いの解消　⑦お悩み解決　⑧ストレスを感じさせない対応　⑨再来店を促す提案　を指す。

　現在、スキル向上とともに重点を置いているのが、土台をつくる基礎教育である。三越のルールを学ぶ段階であるが、「人として」の在り方、感じ方をしっかりと植え付け、「社員が人間的にも成長する」ことを目指す。

---

(9) 三越伊勢丹ヒューマン・ソリューションズ（2017）p.32

## 2) 自主的な講習制度

　三越では、朝礼の時間（10分程度）を活用し、売り場ごとに昨年対比による来店客予想、当日の売上目標や催事の確認、お客様へのアプローチ等の情報を共有している。さらに、売り場によってはその前後の時間でお客様の来店の目的、その背景をおしはかって適切な接客を考えるトレーニングも積極的に導入し、日々のスキルアップを図っている。三越の場合、優秀な販売員のスキル・やり方を全員が共有する仕組みが徹底しているといえる。

　さらに売り場の自主性とチーム力向上に役立っているのが「職場の約束運動」である。これは年に2回、売り場のチームごとにスタッフ全員が守る接客スローガンを「職場の約束」として策定し、それに沿って接客・販売を工夫していくというものだ。

　年に2回、成果発表会が開かれ、各チームが「お買い物特性」「前年の成果と反省→あるべき姿と課題→ギャップ」「今年度の職場の約束」「具体的な実行計画」「進捗状況」「次期に向けての取り組み」についてプレゼンを行う。一定の選考基準のもと、毎回3チームに賞が与えられる。互いに切磋琢磨する機会となっているという。

## 3) 表彰制度

　2011年から、国内外の正規の従業員、パート・取引先から派遣される販売スタッフなど、垣根を越えて優れた成績をおさめた販売員（毎年数十名）を表彰する制度「エバーグリーン」を導入している。「単に業績が優れているというだけでなく、存在そのものがお客様にも、働く仲間にも、そして企業にとってもなくてはならない存在として輝いている人を、敬意をもって表彰する」（三越伊勢丹ヒューマン・ソリューションズ、2017）制度であり、「裏方など、地味でもしっかりとお客様と向き合い、三越伊勢丹の価値を高めていただいている方にも光を当てていく」（同）ことを重視している。年に1度、三越劇場（日本橋）で開かれる表彰式には、グループの役員を含めた管理職全員が揃うという。この制度は販売員のモチベーションを上げるだけでなく、優秀な販売員が自分のスキルを独占するのでなく、手本として周囲に広げていくことを促すものとなっている。

### 4) 職場の先輩から学ぶ

接客の現場にも長く携わった近藤は、「お客様への接し方は、研修・教育というより先輩から教わったことが多かったですね。昔はそれぞれの売り場に『お姉様』のような面倒見のいい先輩がいましたから」と述べている。

日本橋三越本店呉服売り場の「顔」として知られる呉服担当マネジャー小沢朗は、次のように振り返る。「入社したころは呉服のことを何も知らなかったんですよ。そもそも、どうして呉服売り場に配属されたかもわからなくてね。最初は織や染の文字も読めないし、『尺』と言われても何のことやらさっぱりわからない。ひたすら聞いて覚えるしかなかった。もちろん、売り場に立たせてもらうことなんか夢のまた夢でしたよ。怒鳴られながら夢中で仕事を覚えていきました。そのうち、自分でも売らせてもらえるようになって。でもなかなか売れないから、売れてる先輩や上司を見て、なぜ売れるのか考えていったんです。商品を扱う所作、動作なんかも。昔はみな丁寧に教えてくれませんからね。自分で『見て学ぶ』しかない」。

小沢は1978年に三越に入社して以来、40年間一貫して呉服を担当してきた。接客や販売は「昔の三越のやり方を受け継いできました」という。「丁稚」的教育を受けた最後の世代として、自身が受け継ぎ、培ってきた知恵を若手に伝えたい、三越に「置いていきたい」との思いから、現在、月1回「塾」を開き、接客・販売のいろはを教えている。「ちょっとしたことです。わたしはお客様から『よく気がつくわね』といわれてきた。ちょっとしたことに気がつく販売員かどうかが大事だと思うんです。…お客様が『これ欲しい』とおっしゃったとき、ただお売りするのでなく、どういうときに何の目的でお召しになるのか、お話をうかがうことも必要です。高いものを売ればいいわけじゃなく、そのお客様の年代やお立場も考え、ＴＰＯに最もふさわしいもの、そのお客様が今後もお召しになる機会が多いような商品をきちんとおすすめする、これは信頼につながります。お客様に『この人から買えば間違いがない』と思っていただくことですね。もちろん、こちらとしても、お客様に恥をかかせてはいけない。だから勉強が大事なんです」「お召しになる目的やご予算など、お客様にお尋ねしても、はじめから全部すらすらと答えてくださることはないですから。どうやってドアを開けていくか。そういったところも（若手に）身につけてほし

いですね」。

　「お客様との関係は結局『人』と『人』の関係ですから。わたしが三越で学ばせてもらったのは人として生きていくための教育でした。ただ高いものを売りつけようとしてはいけない。買ってもらえたらそれでいいという考えではダメなんです。むしろ、（高額商品を買おうとした客を）お止めすることも必要。実際、そういう例もありました。ある裕福なおうちのお嬢様がご両親に黙って高額な品物をどんどんつけで買おうとなさったとき、それはいけません、とおいさめしました。ご両親から喜ばれましたよそれは」[10]。

　呉服売り場が「花形」だった時代のエピソードも、若手販売員にとって貴重な教材となっている。

## 3 『お客様からの贈り物』分析

　三越では、顧客から寄せられた感謝の手紙（メール含む）をまとめた小冊子『お客様からの贈り物』を年1回社員配布用に発行している。本冊子には、日本橋本店をはじめ国内外の三越社員によるきめの細かい接客や機転、気遣いの言葉や態度に対する感謝の言葉が、一冊あたり約40事例おさめられている。大半は350字程度だが2倍以上の長文も含まれる。ここでは、修正グラウンデッド・セオリー・アプローチ（M-GTA）法を用いて2007年～2010年に発行された『お客様からの贈り物』のエピソードを分析し、販売員のどのような言動が客の満足・感謝につながっているかを明らかにしていく。

### （1）『お客様からの贈り物』の概要

　本冊子に収められているのは、販売員やスタッフの言動に対する客からの感謝の手紙全160通である。決まった書式はなく、差出人の年齢や性別、住まい、店舗名も大半が不明である。ただし、「孫の手を引いて…」「認知症の妻と…」「5歳の長女を夫に預け、私は2歳の次女と一緒に…」等、文脈から年齢・性別が推察可能なものも多い。主要顧客である比較的高齢の女性が比較的多数となるが、60～70代と思われる男性や子育て中の女性からのものもみられる。他方、感謝の手紙に登場する販売員・スタッフの年齢であるが、これは20代から50

---

　(10) 小沢氏インタビュー、2017年10月7日、日本橋三越本店において実施

代まで様々であった。担当部署は服、靴、食品が多いものの、清掃、インフォメーション、配送、駐車場スタッフに感謝する手紙も目立った。

　次に、M‐GTAを用いて、三越販売員・スタッフのおもてなし接客が顧客に満足・感動を引き起こすメカニズムを分析していく。全160通のうち、特殊なイベントに関するもの1通を除いたすべてを対象に、そこに書かれた顧客の満足・感動を引き起こす販売員・スタッフの言動を読み解き、それぞれの場面から概念・定義を導き出した。その結果を下表に示す。「p」は「人柄」に関するもの、「s」は「販売」に関するもの、「o」は「組織」に関するものを指す。

## おもてなし接客の概念と定義

| NO | 概　念 | 定　義 |
|---|---|---|
| p 1 | 親切な言動 | お客の立場に立ったあたたかな思いやりある言動。人としての優しさ |
| p 2 | 誠実な態度 | (セール品であっても) 真剣、誠実に取り組む。 |
| p 3 | 笑顔 | 「素晴らしい笑顔」でお客に幸せな気分を与える |
| p 4 | 一生懸命さ | 見ていないところでも一生懸命 |
| p 5 | 感じのよさ・上品 | まじめで人柄のよさを感じさせる穏やかな性質。仕草の美しさ |
| p 6 | 機敏な対応 | お客のアクシデント、困りごとにすぐ体が動く |
| s 1 | 背景の読解力 | お客が言いたくないことを言わなくても事情を察してくれる |
| s 2 | NOをいわない | お客の希望 (言外であっても) に出来ませんといわない |
| s 3 | 丁寧な対応 | 時間をかけて、じっくり対応してくれる。話を聞いてくれる |
| s 4 | 親身な商品探し | 欲しいものがない場合はメーカー、同業他社にも問い合わせ |
| s 5 | 提案力 | 豊富な商品知識に基づき、お客の希望にぴったりの商品を選ぶ |
| s 6 | 正確さ | 冠婚葬祭や贈答の手続きにミスがなく、安心 |
| s 7 | 高度なスキル | 幸福感を与えるほどの高い技術 (着付け) |
| s 8 | 客は平等 | 年齢、購入 (見込み) 額にかかわらず客は平等に扱う |
| s 9 | プロ意識 | つねにお客に最高のものを提供する気質 (年末の閉店間際であっても) |
| s 10 | チームで対応 | お客の求めには「全員で」応じる |
| s 11 | 担当外も進んで | 担当部署にかかわらず、お客の希望にこたえる努力をする |
| o 1 | 三越人として | 三越へのコミットメント「三越の人間ですから (当然です)」 |

　コンセプトマップを導き出す前に、まず、このいずれもが大仕掛けに演出された行為でなく、むしろ「さりげない対応」であることに注目したい。客が感動するのは、まったく意表をついたこと (サプライズ) をしてもらったのでなく、「わざわざ／そこまでしてくれた」という点であることが圧倒的に多い。たとえば、12月31日の閉店間際に靴の中敷きを買いに行った客は、「あわてて適当に選び」買おうとしたが、対応した販売員が靴のデザインや足の特徴にあわせて「大変親身になって」いくつか提案してくれ、試着を勧めてくれたことに感

動している。「こんなギリギリの時間にしかも安いものを買いに行ったら迷惑がられるかなと思っていたのですが、大変親切にしていただき、感激しました。…また三越さんへお買い物に行こう！と思わせる一日でした」[11]。

このケースは、「親切」と「提案力」「プロ意識」が融合した事例である。中敷きという安価な物でも真摯に対応しているという点で「客は平等」の事例であるともいえる。客は中敷きのおかげで「歩きにくかった靴がとても歩きやすくなり、満足しています」と述べている。これはプロとしての仕事の評価であるが、これには「感激」という言葉は用いられていない。客が「感激しました」と述べているのは、「親切」に対してである。

このケースに限らず、『お客様からの贈り物』では、「親切」「親身になって」という言葉が頻繁に登場する。「親切」という言葉は大きく分けて２つの場面をカバーしている。１つは販売にかかわる場面におけるプロフェッションとしての親切である。上記の表ではｓ１〜４がそれにあたる。商品や使用方法を詳しく教えてくれた、冠婚葬祭について優しい言葉をかけてくれた、一緒に考えてくれたなどがそれにあたる。販売等のスキルを要する場合も多いが、スキルそのものではない。たとえば家族の葬儀後、世話になった人への品物を買いに来た客は、的確な品物選びや提案をほめているが、「あたたかな言葉」「優しさ」に心を動かされている[12]。

もう１つは販売にかかわらない場面における、人としての情、優しさである。具体例を挙げると

・目の不自由な人に声をかけて目的の食堂まで案内する（場面を見た）

・傘を借りようとしたら、清掃員が無料バスのことを教えてくれ、時間まで調べてくれた

・高齢の母親の取りとめない長話を親身に聞いてくれた

・借りていた車椅子を返却しに行ったところ、案内担当スタッフが「大変でしょう」とそのまま駐車場まで車椅子を押してくれた

・店の外で孫と困っていたとき、機転をきかせて手助けしてくれ、地下鉄駅のホームまで送ってくれた

---

(11) 『お客様からの贈り物』（2009年）p.4

(12) 同上（2009年）p.32

等、販売員の人柄を想起させるもので、全体で言うとこちらのほうが圧倒的に多数である。「感激した」を上回る感動表現として、「頭が下がる」「子どものお手本にしたい」という感想もあった。周囲の第三者が目撃し「こういう素晴らしい場面を見た」と感動することもある。

ベン図で示すと以下のようになる。

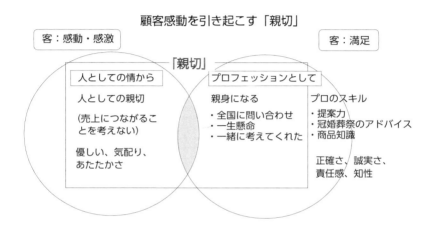

顧客感動を引き起こす「親切」

左円は販売にかかわらない場面、右円は販売にかかわる場面を示している。販売にかかわる場面では、優しさに類する親切とスキル関連の親切に分けられる。左円の「人としての惻隠の情」と右半分「プロフェッションとしての親切」は同等ではない。きめ細かく心の内を読み取り、優しく対応する人間力が必要不可欠である。これは派手なパフォーマンスではなく、さりげなく客に伝えられる。一方、商品知識や提案力などプロとしてのスキルがなくても感動は起こりうる。中央の楕円部分は、最高の感動を引きおこす要素だが、ここにおいても人としての優しさが前提である。プロフェッションとしての提案力はその上に付加される要素と考えられる。

感動を生む場面において重要であるのは、従業員の振る舞いだけではない。それだけでは「おもてなし接客」は成立しない。客が従業員の（大げさでない）優しさ、あたたかさを読み取ることが必要不可欠である。優しさは控えめな言葉、表情、仕草で表現されることが多いため、客の側が積極的にその奥にある

思いやりに触れ、反応してはじめて感動できる。

## （2）接客が成功するメカニズム

三越において接客・販売が成功するメカニズムはどのようなものであろうか。

まず、販売員は客を迎えると、相手の立場に立ってその背景を読み解く。客の問題を具体的かつ明確にしてすぐに解決しようというよりも、時間をかけて、奥に秘めた思いに寄り添おうとする。（したがって、すぐに販売にはつながらない。）同時に、販売員はプロとしての高い意識を持っており、知識とスキルをもって客の期待を超える提案を行う。こうしたスキルは先述した「ＳＳＰ」などの研修、講習である程度身に着けることができる。他方、「人間力・情」およびそれに基づく「背景の読解力」は研修というよりも、自主的な講習や先輩の教えから得るところが多い。先に研修プログラムについて述べたとき、「（人としての）土台をつくる基礎教育」に力を入れていることに触れた。顧客が感動する要因を理解したうえで効果的なプログラムとなっているのである。

店内はもとより、地下鉄で、バスで、空港でのさりげない親切行為は、もはや一般的な意味の「接客」を超えている。しかも、販売員らは（見て見ぬ振りもできる場面であるにもかかわらず）それを自ら進んで行っている。なぜそのようなことができるのか。

この問いを解く鍵は『お客様からの贈り物』にたびたび登場するフレーズにある。そのフレーズとは、「三越の人間」という言葉である。店外で困っている親子を手助けしたとき、お礼をいわれたその女性は「三越に勤めていますから」と「笑顔で」答えている[13]。三越の人間としては当然である、というこの言葉の裏には、三越へのコミットメント、誇りが強く感じられる。この意識は、「同じ三越だから、当然、他店とも協力する」というチームワークを可能にし、さらなる顧客満足へとつながる。

三越への誇りはどこからくるのだろうか。社内で「越後屋」の歴史が大事に語り継がれていること（日本橋三越本社フロアは当時の越後屋を強く意識した装飾がなされている）も大きな要因であろう。また三越百貨店発足当時、意識的に「大学出のエリート」を採用したこと、また学者・文化人との連携を密にし、文化発信を掲げてきた方針も、人材育成の点で大いに寄与していると考えられ

---

(13)　『お客様からの贈り物』（2008年）p.45

る。

　顧客の感動を生むもう１つの要素は、客を平等に扱うということである。平等に扱うからこそ「○○さんは、誰にでも優しい店員さん」というポジティブな観察が生まれる。さらに、高額な買い物をする（と思われる）客でなく、困っている人に優しい行為は、第三者視点での感動を引き起こす。実際に、『お客様からの贈り物』には、当事者でなく場面を目撃した第三者による手紙例もあり、「さすが三越」「とてもすがすがしい気分」「感動しました」等と綴られている。

　三越におけるおもてなし接客の特徴は、それが販売に帰着するというよりも、三越という場の価値を高めていることにある。すなわち、その場にいる人が（販売員も客も）「三越でよかった」と感じるのである。販売員・スタッフと顧客による価値共創であり、まさに茶の湯でいうところの「一座建立」である。一座建立とは茶の湯の言葉であるが、招いた側（亭主）と招かれた側（客）の心が互いに通じ合い、気持ちのよい場となるという意味である。客をもてなすために、亭主は趣向を凝らして準備をし、茶室をしつらえ、道具を選び、茶を点てる。客がこのもてなしを理解し、反応することで、一体感が生まれる。三越においては、心をこめて準備をし、客に寄り添っていく販売員と、その気配りに感謝し、人としての優しさに感動する顧客の双方により場の価値共創がなされ、一座建立が実現している。

　「三越でよかった」という思いは、「場」の担い手である「三越の人間」たる従業員エンゲージメント向上につながる。従業員エンゲージメントの高い、つまり組織に対する愛着心が強いスタッフは定められた業務以外であっても顧客のために行動しようとし、顧客エンゲージメントを高める。ネットショッピングやディスカウントストアでは得られない販売員とのコミュニケーションにより「素晴らしい場の買い物客であること」の価値が高まり、商品以上の満足を得ることになる。三越に対して深い思い入れを持ち、「さすが三越」「これからはぜったい三越で買い物をします」という客の言葉は、今度はまた従業員エンゲージメントを高めることになる。

　百貨店に対するエンゲージメントが高い客は、販売員にとって教育者ともなりうる。呉服担当の小沢はインタビューの中で「お客様に育てていただいた」と何度も繰り返した。「家に招いていただき、一流のものを見せて頂きました。

家族皆さんで信頼してくださって、『小沢さんが勧めるものなら間違いないから全部買います。置いていきなさい』と言われたこともあります。そういわれると、ほんとうにいいものしか売れなくなっちゃう。どうしたら売れるだろうか、というのでなく、人間対人間として、どうしたら信頼関係のなかで、いい商売をさせていただくことができるかを学びました」。

　小沢の場合、そのような「心得」やスキルを身に着けることで、今度は別の客に対してさらに価値を提供することにつながった。「お客様に教わったことを、こんどは別のお客様にお伝えするんです。あらよく知っているわね、と重宝してくださって。そしてそのお客様が、また新しいことを教えてくださる。そうしてどんどん知識が増え、いいお客様も増えていきました」。

　三越におけるおもてなし接客は、顧客満足・感動につながり、三越という場の価値向上につながる。短期的な売上でなく場の価値共創を促すことで、百貨店の長期的顧客エンゲージメントを高め、販売員のエンゲージメント、さらに販売の質を高めることにも成功しているのである。こうした関係を表わしたのが右頁の図である。

　この項の最後に、場の価値向上において、客同士の「おもてなし」が存在することを述べておきたい。『お客様からの贈り物』にも、「ほかのお客様に手伝っていただいて」という表現がしばしば見られるように、三越においては客と客が気遣いしあい、互いに気持ちの良い空間を創り出している。

　筆者も日本橋三越の店頭において似たような場面に遭遇した。朝、三越の開店を30名ほどの客が待っていたときのことである。店が用意した椅子に座っていた30代くらいの女性客が、高齢の女性を見てさっと立ち上がり、「どうぞ」と笑顔で椅子を勧めたのである。売り場でも、「向こうのお客さんを先にしてあげて。私は急がないから」という女性客、客のベビーカーの赤ちゃんをあやす客の姿があった。こうした客同士の「おもてなし」は、当事者のみならず見ている側にも気持ちよさを与え、「三越での買い物はいつも気持ちがよい」という印象を増すことになり、さらなる価値共創を実現している。

## おもてなし接客が場の価値共創をもたらすメカニズム

### 4　ディスカッション

#### （1）　ノードストロームとの比較

　では、三越のおもてなし接客はノードストロームのホスピタリティとどのような点が異なるのだろうか。

　ノードストロームも「顧客にＮＯといわない」ことで知られる。店で扱っていない商品であっても返品を受け付ける、お客様が求めている商品が売り場にない場合はライバル店から購入してでも要求にこたえる——徹底した顧客第一主義は様々な伝説を生んできた。

　三越とノードストロームでは、表面に現れる販売員の行動はほぼ同じといってよい。顧客最優先で、顧客の要求にはとことん応える。笑顔を絶やさない。顧客の気持ちや目的を読み解こうとする、目の前の売上よりも長期的な関係を重視する、などである。

　しかしながら、両者の行動の元となる動機は大きく異なる。ノードストロームにおいて、個々の販売員は起業家精神を持つビジネスマンとして自ら目標を設定し、努力にみあう収入を得る仕組みが成り立っている。売り上げをつくるために、販売員はいつも自分の名前をアピールすることを忘れない。「自分を

指名して買い物してくれる客を増やす」ことが至上命題である。だからこそ「そこそこのサービスではダメ。強烈な印象を与える必要がある」と考えているのである。

販売員同士、日々厳しい生存競争にさらされている。足の引っ張り合いも日常茶飯事だという。「売ろうという気持ちのない人はこの会社でやっていけません」という言葉が示すように事実、新入社員のほぼ半数が入社後2年以内に脱落する。まさに「自然淘汰がノードストロームを貫く一大原理」である（三橋,1997）。

他方、三越では、各販売員は売上をつくる起業家でなく、チームのメンバーであり、ともに協力して客の思いをかなえていく。三越の販売員は「三越の人間」という帰属意識を強く持っていた。客は「三越のお客様」であって、「自分の顧客」ではない。だからこそ、『お客様からの贈り物』では、当該販売員が名前を名乗らないケースが圧倒的に多い。名前を聞いても「当然のことをしたまでです」とあえて名を伏せるなど、むしろ自分は一歩下がって三越の名を立てる姿勢が目立つ [14]。ノードストロームの販売員が機会をとらえて自分をアピールし、サバイバルのために自分の顧客を守ろうとするのと対照的である。

三越の場合は、三越という場を販売員全員で自分事として盛り上げ価値を高めようとするのに対して、ノードストロームは個人の売上をのばすことが唯一最大の目標である。それぞれの販売員が有する自己⇔組織の認識を考えると、三越の場合は自我の利益を主張せず、組織のために自分の役割をいかによりよく果たすかが重要となる。一方、ノードストロームの場合は、あくまで個々の販売員は、自分がボスという認識をもって行動している。先に「個人起業家の集合体」と述べたように、自己の売上を増すことが結果的に店の売上増にはなるが、それは結果であって目的ではない。

さらにいえば、三越の場合はおもてなし接客が効率でなく、数値化して達成度を測るものでもなく、むしろ「道」のように常に極め、日々磨き続けるべきものとしてとらえられている。接客術という面こそあれ、よりよい次元を目指

---

(14) 顧客はたいてい名札を見て名前を知る。そして当該社員の上司に「〇〇さんをほめてあげてください」と綴っている。別の場合は、「お名前を聞き忘れました。〇歳くらいで丸顔の店員さんです」と記されている。

してみずからの力を磨く中で、人間性も高めていくという発想はまさに「道」に通じる。この点もノードストロームとの大きな違いの1つである。

両者の顧客サービスを生み出すものが何か。Schein（2010）および佐藤・Al-alsheikh・平岩（2014）による氷山モデルを用いて比較したのが以下の図である。

三越とノードストロームにおける接客の比較

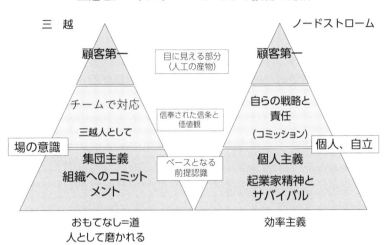

三越のおもてなし接客を実現する意識はおもに社内において従業員同士（先輩から後輩へ）で受け継がれていくものである。他方、現在は透明性や効率性を重視した人事制度の必要性から、試験で従業員の能力を測る傾向がある。一般的に先輩と後輩の関係性が薄まっているというコメントもあった。この傾向が強化されると、伝統や知恵は伝承されるうえで障害となる可能性がある。おもてなし接客の質を維持するためにも、今後取り組むべき問題となろう。

## 5　結び

新型コロナ感染拡大により、2020年4月7日、東京・神奈川、埼玉、千葉、大阪、兵庫、福岡の7都府県に第一回緊急事態宣言が発出され、16日には全国に拡大した。それを受けて4月から約2カ月にわたり、三越伊勢丹をはじめ百貨店、小売店は臨時休業を余儀なくされた。三越伊勢丹営業本部北川竜也は2023年2月16日の講演において、未曾有の危機に直面した当時を振り返るな

かで「人々の行動・常識は簡単に変わってしまうと痛感したと同時に、お客様の行動も大きく変化したと実感」していると述べている。そのうえで、小売業界の世界的なトレンドをもとに、顧客の購買のフックが経済合理性からJoy（喜び）に移ってきているとし、顧客が「自分に寄り添ってくれる」「感動がある」といった感情をもつことが重要である、と述べている[15]。この言葉に、まさに本稿で議論してきた同店のおもてなし接客と感動のメカニズムが凝縮しているといえるだろう。

　本節の理論的貢献は、実際に三越の接客に感動した顧客から寄せられた160通もの手紙をＭ－ＧＴＡによって分析し、同店の接客がどのように百貨店の価値向上に寄与しているかを明らかにしたことである。実務的貢献としては、顧客に満足と感動を与えるには、スキルだけでなく人間性が大きな意味を持ち、かつ組織へのコミットメントが重要であることを示した。

　本論では、おもてなし接客が売上にどの程度関係しているのかに踏み込むことができなかった。事実、この問題は明確な数字を導き出すことが難しいが、今後の課題として取り組んでいきたい。また、今回インタビューしたのはいずれも「古い三越」を知るベテラン世代に限られていた。今後の三越の方向性を探るうえでも、若い世代の販売員がどのようにして「三越魂」を受け継ぎ、醸成していっているのかは重要なトピックであると考えられる。

---

(15)　「GLOBALIZED インバウンド 2.0 | 訪日DXで進化する日本の未来」カンファレンスイベントレポート　三越伊勢丹2年越しのおもてなしDX | 来店増で問われるデジタルの真価¦グロースマーケティング公式 | Growth Marketing（growth-marketing.jp）

# 第 2 節　加賀屋のおもてなし

## 1　加賀屋の概要

　加賀屋は 1906 年、農業をしていた小田與吉郎が石川県の加賀地域から能登半島の和倉温泉に移り、創業した。最初は 12 室だったが、2015 年 2 月時点では 232 室を抱える（以下、引用は Al-alsheikh and Sato,2015）。加賀屋の急成長を実現させたのは、3 代目社長であった小田禎彦である。彼は中学時代から家を出て金沢市に下宿。その後、禎彦は立教大学に入学し、近代的なホテル経営を学んだ。

　禎彦が立教大学の「ホテル研究会」というサークルに入ったのも、授業での学びを実践する機会が必要だと考えたからである。禎彦は次のように振り返っている。「（3 回生の時には）能登半島観光の実態をまとめた 211 ページのレポートを作った。いくつかの班に分かれ、能登半島の宿泊施設や交通網を調べた。同じ班だったのが、妻で現在の女将の真弓だった。1 学年上で怖い先輩だな、と思っていたが、姉御肌で後輩の女性の面倒をよく見る。この人なら女性の客室係を率いる旅館の女将が務まりそうだ。付き合いを深めるうちに、結婚しようと心に決めていた」。

　禎彦の回想は続く。「大学でホテルを研究してわかったのは、効率のよさだった。フロント、ルームサービス、ランドリーなど分業が確立している。一方、旅館は 1 人の客室係がお客に付き、ほぼすべての面倒を見る。業務の定型化が難しく、非効率な面も多い。時代に取り残されないように、名前を『グランドホテル』に変えたほうがいい。真剣にそう思っていた。意気軒高に父に話すと『何をのぼせたことを言ってるんだ』と一喝された。『カニは甲羅に似せて穴を掘る。うちの身の丈でホテルができるか』と。こちらもホテルの仕組みの優位性を訴えて譲らなかった。若さゆえか、両方のいいとこどりをすればいい、という発想もなかった。

　30 歳くらいの頃、全国旅館環境衛生同業組合連合会青年部の会合で、藤沢通夫さんに出会った。長野県高山村の山田温泉で『藤井荘』という旅館を営む方だ。旅館かホテルかで父とぶつかっていると相談すると、『サービス、食事、施設…規模は小さくても一から自分で作り上げられるのは旅館だよ。宝石のように

輝く旅館を作ればいいんだ』と励まされた。藤井荘に足を運んでみた。客室係が荷物を運んだり、お茶を持ってきてくれたりするタイミングが絶妙だ。『ポンポン鍋』という変わった料理もあった。タヌキの肉を地中に埋めて臭みを抜き、お客が串に刺して油で揚げると『ポンポン』と音がする。信濃竹に酒を入れてとっくり代わりにする『竹酒』も当時としては珍しかった。藤沢さんはネーミングやＰＲ戦略もうまかった。地元にタヌキしかいない、と言われていたことを逆手にとっていたようだ。ハイカラな品を都会から持ってくる必要はない。地域にある宝物を生かせばいいんだ。旅館のよさと、今後の方向性がイメージできるようになった」。

## 「能登渚亭」の完成

加賀屋は、業界紙が企画し、旅行代理店の添乗員らが投票する「日本の旅館百選」で、1981 年に総合評価（施設、料理、サービス、企画）で第１位にランクされた。禎彦は次のように回想する。「81 年というのは数寄屋風の『能登渚亭』を 40 億円かけて完成させた年でした。おやじが死んで 39 歳の若造が社長になってからの最初ののるかそるかの大ばくちでした。『借金コンクリート』などと陰口されました。不安で夜中に目が覚める。時計の針が 4 時 21 分を指していたことがあって、『あー、死人か』と読んだり、開運にはたばこをやめろと言われて禁煙もしました。

ところがこれが我が人生、最大級のホームランになってばか当たり。平均客室稼働率 40％ といわれるこの業界で、稼働率 70％ を超える状態。能登渚亭の成功がなければ、今日の加賀屋はありませんでした。玄関ののれんをくぐって石畳、その先に青竹を植えた坪庭、つくばいに花一輪、浮き舞台で琴を弾く女…。五十年配のおばさま方が泣いて喜ぶ風情ということで、徹底した純和風攻めでした。

バスガイドさんはツアー客に『日本一の旅館に泊まれてうらやましいですね』と言う。お客は『どんな旅館だろう』と胸をわくわくさせて来る。ありがたい話です。トップの座にいるということからくる法悦感はなにものにも代えがたい。しかし、その上はなく、少しでも気を抜けばたちまち転落ですから恐ろしさもあります。

　能登渚亭には旅館・ホテル業界では最初の料理自動搬送システムを導入した。禎彦は次のように説明する。「7000 万円投資して、調理場から宴会場や客室まで機械が料理を運ぶ料理自動搬送システムを開発した。これを人件費の節約分で換算したら 3 年半で投資を回収できた。裏方労働を合理化し、余剰人員を接客、営業で活用するねらいからだった。施設産業のホテルとは違って、旅館のもてなしは労働集約的です。宴会場にマッチを並べるのでも手間がかかる。中腰になって灰皿の上に一箱ずつ、それも擦りやすいようにという心配りからマッチを一本箱から少し顔がのぞくようにして置いていく。ワゴンでスーッと入ってきて、立ち姿のまま接客できるホテルとは労働の質が違います。和服姿の中居さんがこうした一見非効率なサービスをしてくれるのが楽しみだ、というお客を逃さず上手にすくっていけば、旅館でも大手資本経営のリゾートホテルに十分対抗できる」。

　実は、禎彦が能登渚亭の建設を決断した重要な理由の 1 つは、妻である真弓の「めったに流さない」涙だった。1975 年頃のこと。客から設備が古いとなじられ、椀の蓋を投げつけられたのである。禎彦は妻の涙に腹をくくった。当時の旅館では異例の 40 億円超の投資を決めたのであった。今では「叱ってくれた方に感謝している」と真弓もそう回想する（国司田 , 2015, p.2）。


## カンガルーハウスの創設

　1986 年、禎彦は保育園付きの母子寮「カンガルーハウス」を加賀屋の近くに設けた。彼は次のように回想している。「客室係の定着率を高める目的だ。求人のために足を運んでいた北東北の公共職業安定所で受けたアドバイスが、ヒントになった。

　81 年に完成した『能登渚亭』は連日満員で、一気に忙しくなった。頭が痛かったのは客室係の女性がよく辞めたことだ。シングルマザーも多く、子育てと仕事を両立するとなると、並大抵ではできない。接客や宴会の仕事は夜がほとんどで、子どもが食事をしたか、寝たか、と気になる。

　それまでも採用は最も重要な仕事の 1 つだった。62 年に加賀屋に入ってから、定期的に足を運んでいたのが青森、秋田、岩手の北東北 3 県各地にある職安だ。繊維産地である石川県は、もともと労働力を北東北に求めており、就職難のと

きも働く場を提供してきた。職安の担当者も『石川県の会社であれば信用できる』と力になってくれた。ずっと通い続けていると、若手時代から親しくしていた職員が昇格して所長になる例もある。その中の1人が『家庭の事情で離婚し、新天地で働きたいという人は多いですよ。もし子どもさんの面倒を見る施設があれば、人はもっと来ますよ』と言ってくれた。よし、これだ、と思った。加賀屋の創業80周年事業として、母子寮を建てることを決めた。8階建で53室あり、1階には保育園を設けた。場所は旅館から歩いて3分。客室係は何かあれば、すぐに子どもの顔を見に帰れる。

せっかく作るのだからしゃれた寮にしたい。金沢工業大学の水野一郎教授にお願いして、吹き抜け構造で開放感のある建物にした。総工費は約4億円。カネをかけすぎかな、とも思ったが、母・孝の『旅館で最も大切なのは、いい客室係をそろえること』との考え方が背中を押してくれた。人材を確保するための先行投資だと受け止めればいい。

行政から支援をもらうことも考えたが、どうしても様々な制限が付く。深夜まで預かり可能で、どんな事態にも対応できる保育園にしなければいけない。少々運営は荒っぽくても、丸抱えでいこうと考えた。保育園は旅館の一部とみなして、内線電話もつながるようにした。

カンガルーハウスのおかげで、なんとか加賀屋として人材を確保できる体制が整ってきた。青森県の三戸から来た客室係の長子は、2人の子どもを育てながら仕事を続け、今は『おもてなし』について対外的な講演を毎日1〜2回こなす。加賀屋のサービスを象徴する存在であり、後輩のモデルケースにもなっている。

現在の平均勤続年数は10年強。最近は新卒で年20〜30人の客室係を採用できるようになった。母の言葉と、職安の担当者をはじめ協力をいただいた方々への感謝を忘れず、人材を育てていきたい」。


雪月花の建設

1989年、禎彦は150億円を投資して雪月花を完成させた。彼はその決断を次のように説明している。「能登渚亭の人気は続き、保育園付きの母子寮『カンガルーハウス』を設けて客室係の確保にもメドがついてきた。加賀屋がもう一

段、大きくなるにはさらに投資が必要だ。参考になる材料を探しに、米国で 18 日間ホテルを見て回った。足を運んだのは約 40 カ所。50 階建てのホテルなど、設備の豪華さには目を見張るばかり。何でも見ようと調理場をのぞくと、米国人のコックに包丁を投げられるという冷や汗が出る経験もした。

　日本も好景気、豪華なホテルの時代が来る。雪月花はぜいたくな造りにしようと決めた。当時の旅館としては日本一の 20 階建てにし、1000 人を収容できるコンベンションホールやディスコも備えた。1 人 8 万〜 20 万円の特別客室『浜離宮』も、今振り返るとバブルならではの発想だろう。

　一坪（3.3 平方メートル）の建設単価は 130 万円。能登渚亭の 80 万円から一気に跳ね上がった。90 年代前半に完成した他社のホテルには、坪 200 万円のところもあった。いくつかはその後、経営が悪化し、他社への売却で名前が変わった。加賀屋も投資判断がもう少し遅れれば、坪 200 万円の世界に足を突っ込んだかもしれない。ギリギリの時期に開業し、幸運だった。

　禎彦の説明は続く。「吹き抜けでは、各階ごとにスポットライトが花模様を浮き上がらせる。エレベーターのガラス窓越しにその豪華な彩色を楽しんでいただく。昭和天皇にお泊まりいただいた時には、『おー、きれいだね』とおっしゃっていただきました。お客は日常から解放されて非日常の世界に遊びたいという気持ちで温泉に来るのですから、こちらも贅の限りを尽くして空間を演出したいという思いがありました。

　そろばん勘定では、吹き抜けなど作らなければ効率のいい中宴会場があと 10 室は取れるということになりますが、商売は効率がすべてではない。建築的には無駄な吹き抜けと豪華な加賀友禅が話題になって、新聞や旅の雑誌が紹介してくれるようになり、一度見てみたいと来られたお客がずいぶんおりました。

　料理でも同じ。この業界では食材の原価率は 25% といわれるが、それに近付けるのに刺し身の切り身を薄くすればお客は『ケチしやがって』と不快だが、逆に 30% にすればお客は満足しても商売の方は足が出る。しかしそこはよくしたもので、お客は満足すればまた戻ってくる。結果、稼働率が向上する。サービス業には損して得を取るところがあります」。

　禎彦は雪月花にも料理自動配送システムを設置した。彼は、その目的を次のように説明している。「客室係の負担を軽減するための投資もした。宴会場や

客室に食事を運ぶ自動搬送システムの導入だ。石川島播磨重工業（現ＩＨＩ）にお願いし、天井にレールを敷き、ワゴンをつるして運ぶシステムを作った。コンピューター制御で動くため、手作業よりも正確、清潔だ。『料理を運ぶ仕事がつらい』。客室係からよく声が寄せられ、離職率が高い一因になっていた。亭にも大福機工（現ダイフク）製の機械式搬送装置を入れていた。床を走るタイプで投資額は7000万円。天井搬送方式の雪月花には4億円をかけた。

　実は米国に視察に行ったのは、自動化の先例を見たかったからだ。しかし、現地は人件費が安い中南米の人を使った方がコストが安く、あまり進んでいなかった。『ハイテックとハイタッチ』。システムを導入して以降のスローガンだ。ハイテックは技術に頼れるところは頼る。ハイタッチは客室係は体力的な負荷が減る分、お客との接触を増やし、満足度を高めようという意味だ。お客をもてなし、お酒や料理を追加してもらえれば、搬送システムの投資も回収できる」。


能登半島地震への対応

　加賀屋の経営に大きな影響を与えたのは、2007年3月25日に発生した能登半島地震だった。禎彦は当時を次のように回想する。「当日は東京で知人の結婚式があり、午前9時半頃に羽田空港に着いた。女性秘書に業務の指示を出そうと携帯電話で話していると、秘書が『すごい地震や』。ただならぬ声に深刻な事態だと直感した。

　同行していた娘に結婚式の挨拶を任せ、戻ることにした。小松空港から能登半島に入ったが、あちこちで道路が壊れ、震度6強の揺れの激しさを物語る。夕方到着すると、4棟ある建物は無事に残っていた。ただ、各棟をつなぐ水道管はぼろぼろ。畳やじゅうたんはすべてだめになった。

　吹き出した湯でやけどをした社員が1人いたが、あとは無事でひとまず安堵した。だが施設は傷みがひどく、営業は当面無理だ。大林組に『4月末からの大型連休に再開したい。なんとか間に合わせてほしい』と頼み込んだ。再開がずれ込めば倒産するかもしれない。営業中止による売上高への影響は1カ月間で約10億円。これも大きいが『大型連休に開業できないほど被害が深刻だ』と思われると、イメージが悪くなる。客商売はパンチを食らってもすぐ立ち上がることが大事だ。大林組は700人もの工事担当者を動員してくれた。大工さ

んの中には、自分の家も復旧していないのに、工事にあたってくれた人もいた。いわく『加賀屋が復興しないと、能登の復興もないんだから』。力が湧く言葉をもらい、1 カ月後に向けて万全の準備をしようと誓った。加賀屋も能登のお客に見舞いにうかがい、互いに力づけ合った。

社員の解雇や給与カットはせず、研修の期間にした。2000 年に社長を弟の孝信に任せて会長になっていたが、危機に際して私も最前線に立つ決意をした。地震から 10 日後、全員を集めた集会で『縁あって加賀屋に来てくれた皆さんのために、全力を尽くす。今後のことは心配しなくていい』と語りかけた。妻で女将の真弓も『今まで仕事が忙しく、みんなで話す時間もなかった。休業はコミュニケーションを取るいい機会になる。めげずに頑張ろう』。涙、涙の集会で従業員の結束が強まった。

再開時には一段上のおもてなしをしようと研修を実施した。旅館組合の部屋を借り、客室係はサービスやお茶の訓練を受け、板前は石川県出身の料理人、道場六三郎さんに紹介された有名店や、最新の調理器を使うレストランで指導を受けた。先々で収入につながるのは、社員のスキルアップだと確信していた。

4 月 28 日、再開にこぎつけた。『もっと高い部屋に入れてくれよ』。普段は旅行をしない知り合いも応援を兼ねて泊まりに来てくれた。補修費は 10 億円、宿泊の収入は 1 カ月なし。ただ、危機を経て社員の気持ちが一つになるという大きな財産を得た」。

## 北陸新幹線の開業への対応

石川県は 2015 年 3 月 14 日に開業する北陸新幹線の終着地である。加賀屋では、新幹線客を迎える最後の準備が進む。禎彦は開業に合わせた対応策について次のように説明している。「新幹線の開業に備えて、社員は仕上げの研修に取り組んでいる。客室係は仕事の合間に英語、お茶やお花を学び直している。東京のすしの名店『銀座久兵衛』に出向いて、技を磨き直す板前もいる。

生きている間は無理だろう…。40 年以上前、『北回り新幹線』の名称で北陸新幹線のことを聞いたときの率直な印象だ。開業が間近に迫って感無量だが、肩に力が入っている。新幹線でせっかく来てもらったのに、お客をがっかりさせて帰すわけにはいかない。社員一丸となり、おもてなしに最後の磨きをかけ

る。

　1月、35 年連続日本一の評価をいただいた。旅館の生命線であるおもてなしの力を評価してもらった。加賀屋ではおもてなしを『相手の意を読み取り、先回りして意を現実のものとして差し上げる策を持つこと』と定義している。お客の会話から誕生日だとわかれば贈り物を渡すなど、先回りした心づくしに努める。150 人の客室係のモットーは『笑顔で気働き』。一人一人の機転が大切だ」。

### 加賀屋のおもてなしの流儀：小田與之彦の思想

　2015 年 8 月、前年に加賀屋グループの社長就任した小田與之彦は、加賀屋のおもてなしの流儀について次のように説明する（日経 MJ , 2015, p.2）。「創始の精神である『笑顔で気働き』が日本一の評価をいただいているおもてなしの原点です。笑顔がないとお客様から近づいていただけません。気持ちを働かせるとは、お客様の様子をよく観察し、今何を望んでいるのかを正確に読み取ること。食事の後『お水をください』と声をかけられたとき、暑い日には冷たい水が喜ばれますが、薬を飲むなら水かぬるま湯がいい。臨機応変に最適なサービスを考え、提供しようというわけです。

　200 室以上となった今も、一人一人のお客様に細部まで配慮が行き届いていると感じていただける旅館を目指しています。そのため暗黙知を形式知化することに取り組んでいます。取引先の接待で来られたお客様が出発のとき『ああ、汚れちゃったな』と靴を気にされたのを見た客室係がとっさに靴を拭き、磨いて差し上げました。大変喜ばれ、お褒めの言葉をいただいた。このように暗黙知による気働きで喜んでいただけた事例を集めて形式知に変え、全社のレベルを上げていこうとしています。

　一方で、大変残念ですけれどもお客様に叱られることがあります。繰り返さないためにクレーム報告書にまとめます。どんな事実があったかで終わらせず、どう対応して解決したか、原因は何か、再発予防策は——この 4 つを求めます。年 3 回、全社員が集まる場で共有します。年間クレーム大賞を受けた社員にはゴールデン・ピコピコハンマーを贈呈し「来年は返還するため頑張ります」と宣言してもらう。臭いモノにふたをしない体質づくりを進めています。

　お客様が不満を抱えたまま時間を過ごすことがないようにする工夫も大事。

148

部屋のご案内に手間取ったお客様に、女将が挨拶に伺った際『ようこそお越しくださいました。何か問題はございませんでしょうか』と尋ねたら火に油です。案内中、『ちょっと待ったな』と言われたら、それを入力。支配人が確認して共有するので、女将は挨拶で『お待たせして』と切り出せる。クレームの初期消火です。

　お客様のご不満には三大要因があります。段取り優先。温かく召し上がっていただく料理の釜にいつ火をつけるか、一人一人見て判断しないといけません。順番につければ楽ですが、顧客の立場で考えていないと感じられるのです。一言多い・少ない、感性・認識の違いも不満のもとです。

　旅館は毎日同じルーティンの繰り返し。気づいたらお客様の要望からかけ離れたサービスしかできなくなっていた。そんな状況に陥りかねません。そのために教育に力を入れています。例えば調理師の勉強会。客室係が料理を残されたお客様の声を聞き、調理師の前で報告します。最初は拒絶反応がありました。『料理を作って終わりではない。ご満足いただいて初めて責任が果たせる』と根気強く説き、調理師が自ら宴会場の裏に来てお客様の様子を見るようになりました。私たちはお客様に明日への活力を感じていただきたい。同行者との距離を縮めるお手伝いもしたい。これからもそういう気持ちでお迎えしたいと思います」。

「プロが選ぶホテル・旅館100選」36年連続1位から3位に転落

　加賀屋は 2017 年のランキングで 3 位に転落した。この点について社長の與之彦は次のように語っている（荻島, 2021）。「加賀屋は、2016 年まで業界紙の『プロが選ぶ日本のホテル・旅館 100 選』で 36 年連続日本一に選出されていました。それに誇りを持って働いていた社員も多かったと思います　ただ、一方でおごりがあったかもしれません。お恥ずかしい話ですが、社員旅行の宿泊先で酔った社員が『俺たちは加賀屋だぞ』と言ったことがありました。決してあってはならない態度です。

　しばらくたった 16 年 9 月、加賀屋で食中毒が発生してしまいました。この一件が大きく影響したのでしょう。「プロが選ぶ日本のホテル・旅館 100 選」で、第 3 位に落ちてしまいました。私が社長に就任して 3 年目のことでした。私自

身、日本一に輝きながらも、自社のサービスに何となく違和感がありました。しかし当時、社内には『1位なのだし、やり方を変える必要はない』という空気があった。何かを変えるには労力がかかりますし、変えずに済むならそのほうがいいというのが人間の心理でしょう。

　ただ、順位が落ちたことで、このままでは駄目だという危機感が社内に芽生えた気がします。このとき衛生面に関してより厳格なルールを定めたのはもちろん、初心に帰ってサービス自体も細かく見直しました。今までは個々人のスキルに頼る部分が多かった。そこで、サービスを具体的な行動に落とし込み、評価しようとＫＰＩ（重要業績評価指標）を導入しました。例えば、「お客様と館内ですれ違うときは脇にそれて、立ち止まって会釈をする」「勤務中に最低5回、お客様と接点を持つ」といったことです。それができたか、できなかったかを常にチェックする。できなかったら、なぜできなかったのか、どうすればできるようになるのかなどを話し合いました。

　また、お客様に喜ばれた事例の共有も始めました。暗黙知の形式知化です。良い例を知ることで、サービスをする人の引き出しを増やすことにつながります。例えば、こんなエピソードがあります。夕食に鯛のかぶと煮をお出ししたときの話です。鯛の胸びれとエラの間付近に鯛の形をした骨があり、「鯛の鯛」と呼ばれています。昔からこれを「めでたい」とお守りにする人もいるようです。あるとき、お客様が鯛の鯛を探したものの、見つけられなかった。その残念な様子を見た接客係が、お膳を下げた後で鯛の鯛を取り出し、お客様にお渡ししたらとても喜ばれたそうです。

　新しい取り組みの効果は、着実に加賀屋に変化をもたらしました。一番変わったのは、お客様からのお褒めの言葉です。加賀屋では宿泊者の方にアンケートの記入をお願いしていますが、その点数が90点ほどから、92点、93点まで上がったのです。同時に、改善のサイクルを短くしました。それまで月に1回、『アンケート会議』を実施。社長や女将、支配人のほか、各部署から課長以上の代表者が集まる、総勢約30人の会議です。会議ではお客様のコメントに基づき、各部門の責任者がどう改善するかを発表していきます。

　アンケート会議は引き続き実施していますが、すぐに改善できるものはコメントをもらった翌日、あるいは数日後に改善策を出すよう変更しています。さ

らに、「NO プレー　NO エラー」「マニュアルができて 50％」など、加賀屋が大切にする信条を 31 個にまとめ、日めくりカレンダーにして、毎日朝礼などで読み上げて浸透を図っています。こうした取り組みが功を奏し、1 年で日本一の座に返り咲くことができました」。

加賀屋、おもてなしと料理、全国へ、旅館を運営受託

　2021 年 6 月、加賀屋は自社のブランド力をフル活用した新規事業を始めると発表した（佐々木, 2021, p.8）。加賀屋は和倉温泉で 4 つの旅館、全国に 8 つの飲食店などを運営する。2021 年 3 月期の売上高はコロナ禍前の約 150 億円から 4 割減り、90 億円前後になったもよう。2021 年 6 月の宿泊客数は 21 日時点で 19 年 6 月比 85％減、20 年 6 月比では半数にとどまる。能登半島への集客が難しい中、同社は創業 115 年で培ったブランド力と接客術を武器に新規事業に乗り出す。小田與之彦社長は「旅行の特別感は維持しつつ、日常の生活の中に加賀屋の登場回数を増やしたい」と話す。

　まず取り組むのは食事部門の強化である。法人向けに料理部門が監修した特製オードブルの受注を始める。目的や予算など相談に応じ、素材選定から味付け、メニュー構成などを考えて提供する。お酒のミニボトルも合わせて、1 セット 5000 円から販売する。好調な正月のおせちも今冬は 1 割増産し、北海道から沖縄まで全国に配送できる体制を整える。ドレッシングや味噌汁など、身近な商品開発も強化し、将来的に 10 億円規模の事業に育てる。小田社長は「地元・能登の食材の魅力も発信していく」と意欲的だ。

　旅館の運営受託も始める。現在、石川県和倉温泉で自社が保有する 4 館を営んでいるが、「プロが選ぶ日本のホテル・旅館」で 4 年連続 1 位の同社の接客術を求めている旅館は多くある。全国の観光業が苦戦する中、小田社長は「条件が合えば、運営受託も前向きに検討していく」と明かす。

　布石も打った。おもてなしの要である客室係を育成するため、4 月には 1906 年の創業以来最多の前年の 2 倍以上となる 85 人を新規採用した。接客術の磨き上げにも余念が無い。全社員を対象にロールプレイング型の新たな研修を導入した。家族連れの A さんや、退職祝いに訪れた B さんなど旅の目的や状況に応じ、どんなおもてなしが喜ばれるか互いのアイデアや経験を共有し合う。

コロナ禍で旅のスタイルは大きく変わった。団体旅行がさらに減り、家族など個人旅行が主流になりつつある。小田社長は「加賀屋運営の"一本足打法"でなく、別の収益の柱を育てる」と意気込む。1館30〜40室ほどの「中規模の旅館をいくつか運営したい」との構想を持っており、来年度にも第1号が登場する可能性もある。

## 2　三代目女将のリーダーシップ
### 女将の1日の作業

　女将の小田真弓は、毎朝7時半に事務所に入り、前日のサービス提供の報告を詳しく受けていた（以下、細井, 2006, pp. 216-218）。その時間までに客室や会場のあちこちで起きた出来事を把握し、内容をすべて把握した上で、宿泊客を一人ずつ見送った。客室係、支配人、副支配人の先頭に立って客を見送る女将の姿は、まさに「凛としている」という表現がふさわしい。

　彼女は腰を90度くらいに保ち、笑顔で握手をし、毎朝バスが見えなくなるまでバスの客に向かってそうし続けた。真弓は「私が目立つ必要はないんです。何かあったときだけやればいいんです」と言っていた。それから真弓は、客室センターで、清掃、フロント、調理部門の担当者の部屋割りを決める打ち合わせを始めた。時間はいつも10時20分頃。その日、どんな団体が来るのか、常連客はいるのか、各部屋担当の客室係の割り振りに問題はないか、金婚式や結婚記念日などの来客の準備に漏れはないか。こうした打ち合わせは、その日の成否を左右する意味合いを持っていた。

　真弓が最後のミーティングを行ったのは、昼間のわずかな休憩を挟んで15時過ぎ、いつの間にか迎えの時間がピークとなった。18時を過ぎると、真弓は各客室を回って可能な限り挨拶回りをするようになった。ほとんどの部屋で食事が終わり、宴会がピークを過ぎる20時半ごろになると、真弓は遅い夕食を食べ始めた。真弓はそんな一日を繰り返しながら、お客様へのサービスに不手際がなかったか、従業員の様子をよく把握していた。彼女の従業員に対する面倒見の良さは、真弓を教えた禎彦の母である孝にそっくりであった。

　真弓は次のように言う。「皆、私の仕事を進んで分担してくれる。そう思うと、ありがたい反面、加賀屋で働く人たちの幸せを願わずにはいられません。お客

様を大切にするのであれば、客室係もお客様と接するようにしなければなりません。加賀屋が楽しい職場になるように、加賀屋が心に響く職場になるように、常に何をすべきかだけを考えています」。

## 真弓が女将になるために行った修行

先代の女将である孝は、真弓に玄関掃除や靴磨きだけでなく、結婚して間もなく孝が課された電話交換の仕事も命じ、旅館の仕事のイロハから教えようとした。細井（2006, p.92）は、孝について次のように評価する。「加賀屋の礎を築いた人は数多いが、加賀屋 100 年の歴史の中で伝説の域に達している人と話していて、先代おかみの小田孝の名前を思い出した。加賀屋におもてなしのDNA が生きているとすれば、その礎は孝が築いたと言っても過言ではない」。

孝の薫陶を受けた真弓は、次のように回想している（細井, 2006, pp. 109, 215-216）。「（当時は今と違って）旅館のおかみは 365 日休みなく働いていました。休むのは罪というが、慣れない仕事でいくら疲れても、母は休ませてくれませんでした。お客様を迎える前の客室の掃除など、何事も中途半端は許しませんでした。どんなに疲れていても、最後までやり遂げさせたのです。掃除後のチェックの細かさ、厳しさも尋常ではありませんでした。それが、私の将来を心配する親心だったのだと今ではそう思います」。

女将の部屋回りで有名になった孝が、新人女将の真弓に付き添って客室に挨拶に来た。そのとき、真弓は、孝が部屋に入るなり、床の間の掛け軸の曲がり具合、生け花の色あせ具合、部屋の四隅のわずかな汚れなどを、挨拶回りの一部屋にそれほど長い時間いるわけでもないのに、すぐに的確に指摘したのを見ていた。さらに、孝はいつも目を走らせて、客室の満足度、低い食卓の上の食事の高さや食べ具合、客室担当の応対の仕方などを瞬時にチェックしていた。料理の盛りが少ないと感じれば、即座に厨房の板場に駆け寄り、「あの部屋の料理は、皿を足してもっと豪華にしなさい」と叫ぶことも珍しくなかった。それでいて、孝は加賀屋で働く従業員一人一人の幸せを願い、従業員の日々の気持ちに寄り添う、温かい人柄と真摯な人間性を持っていた。孝は真弓にとっては、自分とは比較にならないほどの雲の上の存在であった。

その意味で、真弓は次のように語っている（細井, 2006, pp. 214-215）。「母親

153

を亡くしたとき、『これからどうしたらいいんだろう』と戸惑いました。自分に加賀屋を女将として管理する能力があるのだろうか。そう思ったら、怖くてしょうがありませんでした。でも、自分は自分、決して頑張り屋ではなく、大きく見せようとせず、自然体で行こうということを心に決めたら、心が少し楽になったことを思い出しました」。

## 3　加賀屋のおもてなしの分析

女将のサーバント・リーダーシップ浸透のメカニズム

　孝と真弓のリーダーシップは、組織の利益よりも従業員の幸せと成長を第一に考えるサーバント・リーダーシップであると考えられる。従業員のことを第一に考える孝の考え方は、女将の真弓だけでなく、息子たちにも伝染した。禎彦は、孝について次のように説明している。「母は県会議員の娘で、この業界とは無縁でしたが、旅館の女将としてサービス精神に徹した人でした。200人の大宴会場を、一人一人のお客の前で中腰になってお酌をして回り、後年ひざの関節に水がたまって現役を引退したような人でした。ある日、宿泊客が『富山にうまい地酒があるそうだが』と話すのを耳にして、昔のことですから自家用車もなく、早速ハイヤーを飛ばしてその銘酒を買いに行かせました。むろん、ハイヤー代は加賀屋持ちでした。くだんのお客は、いたく感激してくれました。お客さんには、一人ずつもれなくあいさつをしないと気分が落ち着かないというタイプでしたから、引退後も車イスに乗り、のれんの陰から頭を下げ続けていました。半面、父はそろばんを片時も離さない人でした。母とは結局理想的なコンビだったのです。私は性格的に、母から多くをもらいました」。

　禎彦の回想は続く「父と母はコストをめぐってよく議論していた。料理でいうと、1食ごとに原価と利益を計算した父に比べ、母は時に父を無視して採算度外視のぜいたくな料理を出すよう指示した。料理のよさが口コミで伝われば、お客が増えて利益も上がるという考え方だった。父は母に『アメに砂糖をつけて出してどうするんだ』と叱るが母は動じない。いま思えば、私の経営はそろばん勘定に強い父より、赤字覚悟で先行投資する母のスタイルに近いようだ」。

　三代目の女将の真弓が先代の孝によってサーバント・リーダーとして教育されたのに対し、部屋係も真弓を手本（ロールモデル）として真似ることでサー

バント・フォロワーとなった。例えば、珠緒は能登客殿の班長として大勢の若手客室係を率いている。「今、珠緒は自分が受けた本当の心を次の世代に伝える立場になった。彼女にはリップサービスや美辞麗句を並べて若手を励ますつもりは毛頭ないが、珠緒は継娘や妹、部下など若い世代に、真弓がいつも言っていたことを話した。「幸せになるために働くんだよ。あなたが幸せでなければ、お客様の前に笑顔は現れません」と。

　彼女は毎年、誕生日になると小田孝信社長から電話をもらう。「おめでとうございます」と。珠緒が自分の誕生日であることを忘れていて、「えっ？」と答えると、社長から「今日は珠緒さんの誕生日です」と嬉しい声が返ってきた。「そうですか、ここは私の家で、私たちは家族なんですね」。玉緒はさりげない経営陣の言葉に励まされ、慰められるたびにこう思う。「どんな仕事をしても、どこに住んでも、つらいことはたくさんある。でも、この旅館でなら乗り越えられる」と。

　どんなに優しく励まされても、忙しさに耐えられずに辞めていく人は多い。玉緒をはじめ、一流の客室係と言われた人たちと辞めていった人たちの決定的な違いは、お客様へのサービス提供のプロになるための厳しい仕事に強く耐える気骨の違いに関係している（細井 , 2010, pp. 156-158）。

　細井（2010, p.158）は概ね次のように結論づける。加賀屋が従業員に優しいだけのソフトな旅館であるならば、「もてなし」を心情とする加賀屋は世の中に存在しないだろう。加賀屋がどこにも負けない遺伝子のような顧客志向のマインドを持つ旅館であるのは、従業員にハードルすら課す経営トップがいるだけでなく、自らもそのハードルを共有し、経営トップと従業員との間に他の人には破ることのできない一体感があるからである。


## 女将と他の経営幹部とのリーダーシップの共有

　世間一般には、女将は旅館経営のすべての仕事を取り仕切っているというイメージがある。しかし、そうではない。以下、この点を加賀屋のケースで確認していく。

　社長と女将の役割分担は次のようになっている。社長の禎彦はおもてなしのビジョンと、おもてなし施設の設置や人事制度のためのソフトとハードの両面

の経営戦略をビジネスモデルとして企画立案し、それを実行していく。例えば、禎彦が従業員不足解消のために導入を決断した食器自動搬送システムやカンガルーハウスの設置、震災後の休業中に従業員の雇用を守りながら、おもてなしのレベルをあげるための研修を受ける施策などがその例である。そして女将はおもてなしの最前線で率先垂範している。

　それでは、禎彦と弟の孝信の関係はどうなっているのだろうか。細井（2006, pp. 223-225）は次のように説明している。政府から観光カリスマに認定されている小田禎彦会長は、石川県の地元だけでなく、中央でもさまざまな要職に就いており、多忙を極める日々を送っている。その留守を預かるのが、女将である妻の真弓をはじめ経営に携わる幹部たちであり、加賀屋の No. 2 としてさまざまな場面で経営判断を下すのが孝信社長である。

　孝信と禎彦とは 3 歳違いである。兄が社長を務めていた時も、弟が常務取締役として社長を補佐し、兄が会長を務めていた時も、社長として経営の一翼を担い続けている。現在の加賀屋の経営基盤が、創業家直系の小田兄弟によって、揺るぎない信頼とパートナーシップのもとに受け継がれていることは誰の目にも明らかである。孝信は大学卒業後、大手旅行会社に 1 年半勤めた後、兄の後を追うように加賀屋に入社し、ひたすら仕事に打ち込んだ。

　この頃から兄弟の役割がはっきりしてきた。主に外の青年会議所で活躍していた兄が広く全国に知人を広げ、様々な情報を持ってくるのに対し、弟は一つ一つ情報を確かめ、加賀屋にとって有益な情報であれば、それを着実に具現化していった。能登なぎさ亭の建設においても、兄弟がこのプロジェクトを指揮した建築家と出会ったのは、禎彦の個人的な外部者との人脈によるものだった。当時、孝信は専務であり、建築家と何度も何度も細部の検討を繰り返し、巨額の投資を考えながら着工に奔走した。彼の貢献は大きかったと言われている。

　おもてなしの構造は、時代とともにハードとソフトの両面から進化していかなければならない。加賀屋の場合、「客室係の指示がお客様の声」という思想が浸透しているという。そして、社長はハードとソフトの仕組みを実現させ、それらをベースに女将が現場のリーダーとして活躍している。そこには、女将を中心として、心からの温かい結束としての「加賀屋ファミリー」が存在する。

## 4　加賀屋のサーバント・リーダーシップの構造

　すでに考察したように、加賀屋では禎彦の理想的なビジョンに基づき、それを孝信が現場での手堅い実行によって、そのビジョンの実現を図っていった。そして現場では、女将の真弓のリーダーシップを中心として客室係や厨房等のスタッフが、そのビジョンに基づき、おもてなしの水準を不断に高めていくといったチームワークが「加賀屋ファミリーとしての一体感」のもとで醸成されていた。ここでのリーダーシップは典型的なサーバント・リーダーシップであると考えられる（佐藤, 2009）。経営トップたちはおもてなしの中心を占める客室係が生きがいを持って安心して働ける環境を、料理自動配送システムやカンガルーハウスへの先行投資をベースにして実現していった。また、加賀屋代々の女将は従業員のウェルビーイングを高めることを目的に、従業員を技術面、精神面で育成することを女将の役割と考えていた。

　加賀屋ではサーバント・リーダーシップを分業体制で実行している。経営トップはサーバント・リーダーシップを戦略面で実行し、女将たちはそれを現場レベルで実行していたと考えられる。Coetzer, Bussin, and Geldenhuya（2017）はサーバント・リーダーシップをリーダーの職能分野によって「戦略的サーバント・リーダーシップ」と「現場でのサーバント・リーダーシップ」の2層構造として説明している。

　戦略的サーバント・リーダーの役割は2つある。1つは、「より高い次元のパーパス・ビジョンを構想し、翻訳し、実行する」役割である。具体的な目標は、「より高いパーパス・ビジョンを設定する」⇒「ビジョンをミッション、戦略、目標へと翻訳する」⇒「他者に奉仕することによってビジョンを実行する」⇒「正しいことのために立ち上がる」である。そのためにリーダーに求められる資質は「勇気」と「利他主義」である。また、リーダーとして必要な能力は「魅力的なビジョン」の構想力である。

　戦略的サーバント・リーダーのもう1つの役割は、「ロールモデルとアンバサダーになる」ことである。ロールモデルとはフォロワーの手本になることである。また、アンバサダーとは「魅力的なビジョン」を分かりやすく、具体的にフォロワーに不断に語りかけることである。そのためには、リーダーは「自己認識、自己管理、自己改善、自己開示、規則を守る」といった目標を追求す

る必要がある。また、戦略的サーバント・リーダーに求められる性格としては、「オーセンティシティ、謙虚さ、インテグリティ」である。オーセンティシティの意味は、「精神的な根底部分で自分らしさ」を発揮することであり、インテグリティとは「真摯的で、長期的ビジョンの下で判断し、言行一致」を意味する。また、戦略的サーバント・リーダーに必要とされる能力は「自己能力」を不断に向上させることである。

　戦略的サーバント・リーダーシップは主として、禎彦と弟の孝信が分業しながら担当してきた。兄の孝信が加賀屋のビジョンやパーパスを構想し、それを具体的な計画や数値に落とし込むのが孝信の役割であった。

　次に、現場でのサーバント・リーダーシップについて説明する。現場でのサーバント・リーダーの役割は戦略的サーバント・リーダーと同じく2つである。1つは「人材を揃え、ケアし、成長させる」ことである。これは従来のリーダーシップ論でサーバント・リーダーの最も重要な特徴として取り上げられていた点である。そのための目標として、「フォロワーとの良好な関係構築、フォロワーを大切にし、守る、フォロワーを育てる」が設定されている。そのため現場でのサーバント・リーダーシップに必要な資質は、「傾聴と思いやり」である。また、必要とされる能力は「人間関係構築力と権限の委譲力」である。現場でのサーバント・リーダーのもう1つの役割は、「継続的なモニタリングと改善」である。これはすべてのタイプのリーダーに必要とされる役割である。そのためのリーダーの具体的な目標は、「優れた管理能力の発揮」、「業績の把握」、「システム、方針、プロセス、製品、サービスの改善」である。このサーバント・リーダーに求められるのは「説明責任」を真面目に果たす性格である。そして、必要とされる能力は「管理者としての能力」である。

　現場でのサーバント・リーダーの役割や目標、性格、能力を概観すれば、それらは孝や真弓に典型的に当てはまることが理解できる。また、客室係のサーバント・リーダーシップにもこれらの特徴は孝や真弓からサーバント・フォロワーとして引き継がれている。ここでも女将と客室係との間で役割分担の分業が展開されている。

Coetzer, Bussin, and Geldenhuya（2017）はまた、2つの三角形モデルを用いて戦略的サーバント・リーダーシップと現場でのサーバント・リーダーシッ

プの関係性を示している。まず、戦略的サーバント・リーダーシップでは、リーダーは第１に「より高い次元のパーパス・ビジョンを構想し、翻訳し、実行する」ことが必要とされる。第２に、リーダーは具体的な「ミッション、戦略、目標」を設定し、それを従業員（や地域コミュニティ）に十分に理解してもらうために、ロールモデルやアンバサダーとしての活動を行う。その際に、リーダーは「顧客やコミュニティ」のウェルビーイングと現場レベルでのパーパス・ビジョンの実行も考慮する必要がある。現場でのサーバント・リーダーシップは逆三角形構造である。現場でのサーバント・リーダーシップの特徴は「人材を雇用し、ケアし、育成させる」プロセスである。他方で、リーダーには「ミッションや戦略、目標」が現場レベルでどの程度まで実現できているのかを継続的にチェックし、不断に改善してゆくことが必要とされる。

　加賀屋の場合には、戦略的サーバント・リーダーシップの三角形は禎彦と孝信が分業しながら展開してきた。一方で、現場でのサーバント・リーダーシップは女将の真弓と客室係のベテランが分業しながら展開している。ここで重要なポイントは、リーダーたちの「信頼性」が決定的に重要になるという点である。以下で敷衍する。

　Cross, Edmondson, and Murphy（2020, p.3）は、「高貴なパーパスのみでは会社は変容することはない」というタイトルの論文で、従業員が効果的、効率的に協力して業務に邁進するためには、３つのステップが必要であることを説明している。彼らは、そのための最初の基盤は「信頼関係の構築である」と説明する。また彼らは、信頼関係を基盤にして、第２ステップとして、さらに「高貴なパーパス」が全社的に共有されることが必要であると説明する。そして彼らは、パーパスが共有された場合、第３ステップとして、組織はそのパーパスの実現に情熱を持って取り組み、組織全体としては考えられないほどのエネルギーが生み出されると説明する。

　彼らは第１ステップでは、３種類の信頼関係が不可欠であると主張している。第１は「善意に基づく信頼（Benevolence-based trust）」である。それは心理的な安全性と、リーダーや同僚が自分の利益だけでなく全員の利益を考えて行動してくれるという基本的な信念から生まれる。第２は「誠実さに基づく信頼（Integrity-based trust）」である。それはリーダーや同僚が言動（word and deed）に一貫性を持っているという信念から生まれる。最後は「能力に基づく信頼（Competence-based trust）」であり、これは他者が主張するような専門知識を持っていると信じることから生まれる。

　加賀屋のケースを振り返れば、例えば、2007年の能登半島地震から10日後、全体集会での禎彦と真弓の言葉がけに、全員が涙、涙となり、従業員の結束が強まった。このケースはまさに以上の３つのステップが満たされた状態であったと考えられる。経営陣と全従業員が一体感を持って、震災からの復興に成功できたのは、これら３つのステップが実現できたからであると考えられる。

## 第3節　おもてなしとホスピタリティ

### 1　三越とノードストロームの比較から

　第4章第1節において、三越とノードストロームの比較を行い、表面的には互いに似通っているが深層で異なることがわかった。以下に整理しておく。

　第1に、ノードストロームが熾烈なサバイバル競争のなか「個人」として仕事をしているのに対して、三越では全員が「自分は三越の人間である」という自意識で客に接している。

　第2に、ノードストロームでは、従業員一人一人が「自分の客」という意識が強いのに対し、三越では「三越の客」という意識が強い。

　第3に、ノードストロームでは、接客は販売員各人の売上につながるものとして捉えられているが、三越のおもてなし接客は売上というよりも三越という「場」の価値向上に寄与している。さらにそれが従業員のコミットメント、顧客のコミットメントにつながっている。

　第4に、三越のおもてなし接客はスキルよりもむしろ人間性としてとらえられ、研修においても人間としての成長が重視されている。精神性に通じるものとして考えられているともいえるだろう。

　この4点は、おもてなしとホスピタリティの違いの一端を示すものであろう。

　本節では、上記を踏まえて、三越とノードストローム、さらにおもてなしの代表格である加賀屋と一流のホスピタリティとして世界に知られるリッツ・カールトンを加えて、おもてなしとホスピタリティの重層的比較の切り口を提供したい。（紙幅の関係で要点の指摘にとどまることをおことわりしておく。）

### 2　三越と加賀屋の比較

　三越百貨店と加賀屋の接客における共通点を考えると、以下の点が挙げられる。

　第1に、「空気を読む」点である。顧客に何が欲しいかを尋ねるのでなく、惻隠の情をもって観察し、顧客の心のひだに寄り添い、言葉にしない求めに応えようとする。

　第2に、各人が（上司の判断を待つのでなく）自主的に判断し、顧客のため

に行動する。さらにそれをよしとする点である。

第3に、自分の力でなく組織の力が顧客満足を引き出す要因であると考えている点である。「私は加賀屋という組織の中だから力を発揮できるんです」（細井, 2006, p.48）という言葉に象徴されている。

第4に、接客には人間性が重要であると考えている点である。接客研修を「人間教育の場」（細井, 2010, p.114）としてとらえ、必要なスキルを身につけるというよりも、自分を磨こうと努力することが期待されている。

第5に、従業員と会社のつながりに特徴がある。会社に対して「自分を育ててくれた」と感じている点である。加賀屋の場合はとくにそれが「恩」という言葉で表現されている。

一方、相違点であるが、加賀屋においては従業員と加賀屋の関係がより緊密で、文字通り「ファミリー」を構成している（細井, 2006, p.202）。「女将」が母親のような存在で従業員に接していること、従業員に子育て中の母親が少なくないため、「ここ以外に働く場所がない」と感じていることも理由であろう。加賀屋はそうした女性従業員にとって安心できる「実家」となっている（細井, 2006, p.116）。さらに同旅館は「従業員が安心して働ける職場にするために」と保育所カンガルーハウスを設置している。まさに二代にわたって加賀屋に世話になっているという感覚を持つのは不思議でない。「カンガルーハウスの子は加賀屋で働く私たちみんなの子どもなんです。まっすぐに育った子を見ると、つい嬉しくなってしまいます」と客室係の女性は述べている。背負う環境は異なっても、子育て中の母親どうし助け合う意識が強いという（細井, 2010, p.158）。

上記のことにも関連して、加賀屋では従業員が会社に対して「恩」を感じていることは重要なポイントである。「この宿への尽きぬご恩返しのため」「生涯、加賀屋のために働きたい」と客室係のプロは語っている（細井, 2006, p.84）。離婚して幼い子どもを二人抱えて途方に暮れていたとき、人づてに加賀屋を紹介され採用された女性は、その後も病気や子どもの事故などに見舞われたが、その都度女将の配慮や後押しで活路を見出してきた。「私たちは家族全員が加賀屋のお世話になって生きてきました。今度は自分がご恩を返す番です」（細井, 2010, p.161）という。

## 3　加賀屋とリッツ・カールトンの比較

　加賀屋とリッツ・カールトンの共通点は多い。旅館とホテルの違いはあれ、顧客が何を必要としているのか意思表示する前に、先を読んで提供することで顧客の感動を呼び、リピートを増やしているという点は同じである。実際に現場で行われているサービスの内容そのものはほぼ近似しているといえるだろう。

　第 2 の共通点は、そのような高度な顧客サービスがマニュアルの徹底によるのでなく、従業員各人の自主性によるという点である。両者とも、従業員が自主判断で顧客のために行動することが奨励あるいは承認されている。リッツ・カールトンでは「エンパワーメント」（従業員の権限を認めること。具体的には、一日 2000 ドルの決裁権が与えられている）が「感動のサービス」の維持において重要であるとしている。加賀屋でも広義でのエンパワーメントが実施されている。ただし、加賀屋の場合は「一人一人の社員が背負う責任がほかのどの旅館よりも重い。ささいな不手際があっても、誰の不手際であっても、すべては担当の自分のせい」と、古くからの付き合いがある旅行代理店経営者は指摘している（細井 , 2010, p.97）。

　では、加賀屋とリッツ・カールトンの相違点はどうであろうか。欧米型ホスピタリティと日本のおもてなしの比較分析を行った Sato and Al-alsheikh（2014）によると、表面的にみられるサービスの内容は相似していても、欧米型ホテルにおけるホスピタリティは外的要因があるのに対して日本旅館においてはそれが存在しない。これはチップ制度を前提とする欧米ホテルとそうでない日本旅館の違いにも通じる。つまり、欧米のホテルではより優れたサービスを提供すれば自分に経済的報酬として返ってくるが、日本ではそこに経済的やりとりは存在しないのである。

　さらに言うならば、リッツ・カールトンの場合は高額のチップを得るために、「よりわかりやすい」サービスが生まれやすい。たとえば、同ホテルでの新人研修の参加観察を行った論考に「（客に呼ばれた際には）これでもかといわんばかりに、テーブルに（いろいろな）物を載せて…」というくだりがある。客に「見えなければ」意味がないというのである。他方、加賀屋ではそのようなわかりやすい演出をする必要がない。おそらく加賀屋であったら、「テーブル

に（いろいろな）物を載せていく」のでなく、こっそり準備し、客の様子をみながらさりげなく提供していくことであろう。

　第2の相違点は、前項でも述べたが、会社と従業員の関係性である。加賀屋は「恩」によって結びついている。「職場へのご恩はお客様への心づくしで返したい」（細井，2010，p.82）いう客室係の女性の言葉は、日本的「恩」の心情がおもてなしのモチベーションにつながっていることを示唆している。他方、リッツ・カールトンではあくまで会社と従業員という関係を超えていないと考えられる。リッツ・カールトンは「サービスの質は従業員の献身度に比例する」という考え方を持ち、それは加賀屋とおそらく同じであるが、リッツ・カールトンの場合は「一体感をもたらすシンボルやセレモニー」でそれを高めている。

　第3の相違点は、根底にある従業員の役割意識に関係している。加賀屋の客室係は、担当する宿泊客と接しながら要望にこたえる責任をもつほか、ホテルのベルマン、ポーター、ルームサービスといった役割も担っている。極端にいえば「客のために何でもこなす」のが客室係であり、一人が何役もこなすことへの抵抗感はない。これは加賀屋が特異であるというのでなく、日本人にはなじみの考え方であると思われる。他方、欧米では根底にある文化が異なる。従業員は自分の職分が明確に決められており、定められたタスクを行うことで給料を得るという感覚である。林（1994）はこれをO型組織（organic＝各自の役割の境界線が曖昧であり、どこにもあてはまらない仕事は互いに補完しあう＝日本の組織がこれにあたる）、M型組織（mechanic＝各自の役割が明確に分けられており、自分の仕事だけを遂行すれば目的が達せられる＝欧米の多くの国がこれにあたる）という概念で説明している。リッツ・カールトンでは従業員が自分に与えられたタスク以外のことも進んで行うことになっているが、根底にはこうした文化を有している。そのため、新人研修時に人事担当マネジャーが「余分な仕事をしたからといって損をすることはありません」と約束している（ヘンプ，p.119）。リッツ・カールトンはホスピタリティに適性のある資質をもつ人物を採用することを重視しており、入社時には接客の意識が高いと思われるが、それでも「余分な仕事をしても損はしない」という確認がなければやりたくないという心理が垣間見えるのではないだろうか。

## 4　リッツ・カールトンとノードストロームの比較

　リッツ・カールトンとノードストロームは、共通点が多い。まず外的要因が大きいという点が共通している。リッツ・カールトンは提供したサービスがチップという形で返ってくる。ノードストロームでは、そもそも際立ったサービスをして売上を上げなければ生存競争に勝てない。

　また、どちらもローコンテクスト文化であり、顧客に対して「わかりやすい」サービスを行う傾向がある。

　他方、従業員教育の取り組みを見てみると、両者の違いが明らかになる。リッツ・カールトンは「クレド」や「リッツ・カールトン・ベーシック」をはじめとするガイドラインを定め、朝礼等の機会を設けて従業員教育（「リッツ化」教育）を徹底している。定期的なトレーニングを実施、パフォーマンス評価制度も確立している。人材育成かつ教育によるクオリティの維持に重点を置くリッツ・カールトンに比べ、ノードストリームは一定のプログラムにのっとったトレーニングを敷くよりも各自の自主的な判断に任せようとする。「決定するのは販売員の皆さん自身です」という言葉にあるように、ノードストロームの販売員は自分で決定し、独自のアイデアを膨らませて実行に移すことを期待されている。

## 5　三越とリッツ・カールトンの比較

　三越とリッツ・カールトンの共通点は以下のとおりである。

　第1に、顧客の求めを読み取り、言われなくても予想して対応すること。第2に、臨機応変に対応すること。第3に、組織のブランドに対する意識の高さ。および、そこで働くことにプライドを持っていることがある。

　他方、相違点は以下のとおりである。第1に、顧客サービスが「わかりやすい」かどうかである。三越のサービスはあくまでさりげなく、顧客が積極的に読み取らなければ気づかれないかもしれない。リッツ・カールトンの顧客サービスは誰が受けてもすぐにわかることが求められる。

　第2に、各自に課せられた「役割」についての意識についてである。三越では、組織全体のタスクを起点として、そのなかで自分の役割について自発的に考え、実行しようとする。他方、リッツ・カールトンでは各自が自分のタスク、

義務を果たしていく。一人一人の仕事の集合体がホテル全体の仕事に相当する、と考えられる。（三越においては、組織全体の仕事＝提供する価値＝は、各人の仕事＝提供する価値＝の総和を超えている。）

　第3に、サービスが人間性につながるという感覚についてである。先の章で、茶道が人間性を高める修養としての意味を持っていることを述べたが、三越の場合はこうした考え方が反映されている。つまり、お客様サービスが自分の人間的成長につながると理解されている。一方で、リッツ・カールトンでは、そのような修養的な意味合いは薄く、より効果的にタスクを果たすことが求められる。

　以上、三越、ノードストローム、加賀屋、リッツ・カールトンの比較を試みた。いずれも、表面に現れる行為は限りなく近似している。相違点を考える際の基盤は「ハイコンテクスト文化／ローコンテクスト文化」というフレームワークであった。

　ここで、ハイコンテクスト文化とローコンテクスト文化の中間、あるいは両要素をあわせもつホテルについて考えてみたい。つまり、ローコンテクスト文化とみられるホテルにおいてハイコンテクスト文化のおもてなしを提供するということである。それはどのようなものだろうか。

## 6　ローコンテクストとハイコンテクストの狭間——帝国ホテル
### （1）　帝国ホテルについて

　ローコンテクストの場においてハイコンテクストのおもてなしを提供しているホテルとして、ここで帝国ホテルを取り上げたい。なぜ帝国ホテルなのか。それは帝国ホテル創立の経緯を探ることで明らかになる。

　帝国ホテルは1890年、欧化政策のシンボルとして創立された。日本政府が「欧米化」の旗を振って推進する当時、日本人が欧米人と肩を並べるだけの文化レベルを持つことを列強に示す必要があった。帝国ホテルは外国人の宿泊用に「世界のグランドホテルと比肩しうる日本のホテル」としての役割を課せられていたのである。日本初の本格的な西洋式ホテルとして、徹底した欧米的サービスを提供することが求められた。

　創立当初、宿泊客が欧米からの要人であったことは同ホテルの特質を表して

いる。すなわち、ローコンテクストのホテルとしての性格を持たされていたということである。日本人の客となったのは華族とくに実業等で権力を得た新華族であるが、彼らにしても新政権の意向を受け、欧風を行動規範としていた。サービスを提供する側は日本人である。初期には、一時的に欧米人が支配人であった時代があったが、のちに日本人による経営に切り替えられた。

　現在、帝国ホテルは「和のおもてなし」を打ち出している。実際に、「和のおもてなしの心」をアピールした接客は海外要人の支持が高く、帝国ホテルの和のおもてなしに感動したというエピソードも多い。

　徹底したローコンテクストの文化を移植することでスタートした帝国ホテルにおいて、高度なハイコンテクストの接客が提供されていることになる。


## （2）　歴史について

　鹿鳴館、井上馨の条約改正への努力、近代化に国家をあげて取り組んだ時代精神から、帝国ホテルは誕生した。国が迎える外国貴賓の接遇・宿泊のために一流の西洋式ホテルが必要となり、帝国ホテルの設立となった。発起人は井上馨の意を受けた渋沢栄一、大倉喜八郎、浅野総一郎、岩崎弥之助、安田善次郎など 11 名であった。出資者はその 11 名に宮内庁が加わって筆頭株主となり、さらに家族、実業家らが名を連ねた。当初支配人は横浜のグランドホテルから迎えたアメリカ人Ｃ.Ｓ.アーサーであった。当初はなかなか経営が安定しなかったが、従業員教育は創業時から厳しかったという。業績が悪化したことで、1909 年、大倉喜八郎が取締役会長となり、外国人支配人をはじめ、料理長、客室係など外国人従業員 6 名を解雇した。以降は外国人による管理をやめ、日本人を支配人として登用することになる。

　1909 年、関西の古美術商である山中商会（ニューヨーク支店）の林愛作が帝国ホテル支配人に着任した。日本の浮世絵版画はじめ美術品の紹介と取引で、ロックフェラーその他世界の富豪やコレクターから絶大な信用を得ていた。林は日本固有の美や伝統の価値に通じ、さらに欧米人の感覚、心理をも理解していた。サービス向上、福利厚生といった林の改善策により、帝国ホテルは外国客でにぎわうようになった。

　その後、戦争や敗戦を経て、帝国ホテルは国策に寄り添う形で経営方針や役

割を変えていった。ＧＨＱの意向を強く受けたことは、いちはやく米国的思想の影響下にあったという点で特筆すべきであろう。

　2010年、創立120周年を迎えて「伝統は、次をひらめく」というスローガンを掲げ、さまざまな記念事業を行った。帝国ホテルの「おもてなし」に関する展示もその１つである。総支配人・定保英弥はインタビューの中で記念事業について聞かれ「帝国ホテルらしさ…伝統・歴史・文化、帝国ホテルのおもてなしの心をきちんと打ち出すことができた」と答え、さらに「メイド・イン・ジャパンのホテルであること」を強調している。

## （3）　帝国ホテルのおもてなし接客──リッツ・カールトンとの比較から

　帝国ホテルのおもてなし接客の特徴として、とくにリッツ・カールトンと比較した場合に指摘できるのは「一見わかりにくい部分の完璧さを重視する」という点である。帝国ホテルのおもてなしを「基本」「真心」「信頼」「細心」「記憶」「教育」の６つの点から明らかにした川名（2006）がまず冒頭で述べているのがまさにこの点で、「一見しただけでは違いがあまりわからないこと」に手を抜かない、と強調している。小池（2013）は客室係の仕事についてこう語る。「客室課は、お客様がご滞在中、お部屋で快適に過ごしていただけるよう、心を配るのが仕事です。たとえば予約時にそばがらの枕や加湿器を希望されているお客様のお部屋にちゃんとそれがセットされているかを確認したり、あるいはテーブルのお花をアレンジすることもありますし、ときにはお部屋での会食のお給仕をする──その仕事内容は多岐にわたります。とはいっても、客室課の仕事の原点は客室の清掃ですから、私もゲストアテンダントもお客様をお迎えする前には、客室がきちんと清掃されているかをチェックすることが基本で、それがおもてなしの大前提となります」（小池，2013, p.18）。伝説の客室係として国内外にファンの多い小池自身、新人時代はトイレ掃除から出発したという。それは新人の下積みという意味以上に、「掃除がおもてなしの基本である」ことの理解を深める狙いであったと考えられる。

　「一見しただけでは違いがわからないこと」としては、ほかに「音」「空気」などが挙げられているが、重要なのは「黒衣に徹する」という点である。小池は客室係として手本にしていた竹谷の仕事ぶりについて次のように書いてい

る。「できるだけ目立たぬよう、黙々と自分の仕事に集中していました。『自分はこうしていま、あなたのために仕事をしています』なんてそぶりは一切見せないし、派手なパフォーマンスなんてみじんもありません。ひたすらさりげなく、奥ゆかしい仕事ぶりでした。…この姿勢を私も受け継いでいるつもりです。①決して恩着せがましくあってはならない。②派手なパフォーマンスは全く必要がない。③いつもお客様の立場を第一に考えて、温かい心で接する。④お客様がホテルで過ごしやすいようさりげなく気遣う。これが竹谷から引き継いだおもてなしの心です」（小池 , 2013, p.119）。

帝国ホテルにおいて「さりげなさ」はさらに積極的な価値を持つ。「サービスは声高にするものではない。控えめでさりげないサービスを徹底すると上品になる」（川名 , 2006, p.84）という言葉は象徴的にそのことを示している。

犬丸（2012）は経営者側の立場から、ホテル・パーソンに求める条件をこのように述べている。「やりたいことを持つが、それをじっと我慢する。聞きたいことをあえて聞かない。…基本にあるのは、相手に対する慎みです」（犬丸 , 2013, p.61）。

おもてなしエピソードを集めた『帝国ホテル　おもてなしの心』にも、同ホテルのおもてなしが実は目立たない、小さい部分への心配りの積み重ねであることが記されている。「気づかれなくても、無駄に終わることがあっても」よい——むしろ、気づかれないような心配りこそをよしとする——という一歩引いた発想は、茶の湯の精神に通じる。客が意識的に気づくことでおもてなしが成立するということである。さらに、小池はこうした「さりげないおもてなし」が「日本的」であるとも指摘している（小池 , 2013, p.119）。本人はそのような言葉を用いていないが、ハイコンテクスト文化におけるおもてなしの本質をついているともいえるだろう。

## （4）　帝国ホテルのおもてなし接客を支えるもの——加賀屋との比較

帝国ホテルのおもてなしについて加賀屋との比較で考えていきたい。加賀屋はハイコンテクストのしくみ（建物、組織）においてハイコンテクストのおもてなしを提供している。一方、帝国ホテルの場合、ハイコンテクストのおもてなしを提供しているが、しくみ（建物、組織）は完全なローコンテクストである。

自分の役割に限界を設けず、客のために自分ができることをきちんとする、という姿勢は加賀屋と共通する。先を読み、客の気持ちをおもんばかって控え目に行動する点も同じである。客室係同士が助け合う文化も似ている。では、相違点はどこにあるのだろうか。

　大きな相違点は、経営者と従業員の関係にある。加賀屋では、前述のとおり、経営者（とくに女将）と従業員が家族にも似た強い絆で結ばれており、経営者（女将）は従業員やその子どもに対して母親・祖母のように接し、従業員は経営者（女将）に「恩」を感じている。

　帝国ホテルはまったく異なる。たしかに「会社は恩人」という従業員もいるが、帝国ホテルの労使関係には、歴史的に緊張感がある。帝国ホテルに労働組合が設立したのは戦後間もない 1946 年、ＧＨＱの影響を受けてのことである。この背景には、帝国ホテルの従業員がもともと男性に限られていたことも関係があるかもしれない。当時のマネジャー（外国人）がすぐ従業員を解雇することから、それに対する防衛として組合が発足したのである。

　以降、帝国ホテルの労働組合は、経営側に対し、賃金改定（チップに頼らない賃金制度を作ったのもその１つ）、職場環境の改善、技術習得機会の改善などの交渉を行い、時にはスト権を行使して闘ってきた。おもてなしという表面に現れるサービスはきわめて日本的で、ハイコンテクスト文化といえるが、それを支える組織はいささかアメリカ的で、ローコンテクスト的性質を帯びている。

　もう一つの相違点は、これも組織に関することである。加賀屋の従業員が「加賀屋の人間」という意識で働いているのに対して、帝国ホテルでは従業員がまず「ひとりのホテル・パーソン」であるという自意識を持っている。「ほかのホテルの方々は、会社では働いている意識が強い。ホテル・パーソンじゃなくて会社員意識を感じます。帝国ホテルでは間違いなく『ホテル・パーソン意識が強い』です」（奥井, p.70）。自負を持ったひとりのホテル・パーソンとして帝国ホテルで働いている、という考え方である。『帝国ホテルに働くということ』第一章はフロントから裏方まで、従業員の仕事に対する思いをインタビューで引き出しているが、ここでは「ホテル・パーソンとしてのプライド」「これがホテル・パーソンの仕事といった言葉が頻出する。具体的にその定義が明記さ

れているわけではないが、挙げられている言葉から総合的に考えると、「帝国ホテルという看板に甘えず、プロとしての意識を持つ」「自分の仕事を追求し、向上の努力を惜しまない」という気概をもったプロフェッショナルであるといえるだろう。立場にかかわらず、彼らは自分の仕事に対して理想が高く、より完璧をめざして、関連する様々な資格を取得したりセミナーに参加したりしている。また、帝国ホテルが直面するテーマについて、従業員一人一人が主体的に考え、意見を述べ、議論する場も積極的に設けられているという。

　ここで疑問が浮上する。一人一人がホテル・パーソン意識を持つということは、個人主義的になる傾向を示唆する。それにもかかわらず、なぜ帝国ホテルでは全員で顧客のために、完璧なまでに居心地の良い空間を作るべく力を尽くすのだろうか。しかもそれぞれは目立たない、匿名性の高い仕事であるにもかかわらずである。この問いに対する答えは、Gouldner（1957, 1958）が専門性と組織への帰属意識をベースに論じた Cosmopolitan と Local という二つの概念で説明できる。彼は組織における役割とアイデンティティの視点から、コスモポリタンとローカルを次のように区別した。コスモポリタンとは専門職としての自意識を持ち、専門家からなる組織（学会等）に対するコミットメントは高いが、いま自分が身を置く組織に対する従属意識は低い。他方、ローカルとは自分が所属する組織に対するロイヤリティが高く、専門家としての意識は低い。加賀屋の場合は明らかにローカルの集団である。まさに家族的な感覚で組織に属し、組織の中で自分の役割を果たしていこうとする。サービススキルを磨く場合でも、たとえば一人の自立した「客室係として」というよりは、加賀屋の一員として、加賀屋全体に貢献するためという意識を持っている。他方、帝国ホテルの従業員は先述したように「ホテル・パーソンとして」と繰り返していることからも、帝国ホテルという組織に対する帰属意識というよりもコスモポリタンとしての意識が強い。奥井（2016）では、従業員が「もっと勉強したい」「もっと世界を広げて、ホテルを伝える仕事をやっていきたい…パーフェクトをめざす」など、スキル向上に対する意欲を繰り返し語っている。おのおのが専門家としてのスキル向上に取り組むその姿勢は、あたかも「道」を究めるそれに似ている。専門的知識・技術が高くプロ意識の強いコスモポリタンは組織に定着しづらいという課題があるが、帝国ホテルの場合、彼らが重視する

スキルアップの機会取得（自分でセミナーに行く、資格を取る等）に対して肯定的で、応援する空気がある（奥井, 2016）。こうしたことがコスモポリタンである彼らにとって居心地のよい環境を作っている。「ホテル・パーソンとしてより高いレベルの仕事をするため」、組織文化の質を上げることにも意識を向ける者もいた（奥井, 2016, p.37）この場合、個人的なスキルアップのための勉強が、結果的に組織全体のパフォーマンス向上につながっている。

## 7　結び

　加賀屋、リッツ・カールトン、帝国ホテルについて、Schein の三層構造を元にした佐藤・Al-alaheikh・平岩（2014）の氷山モデルを用いて図に表わすと、次のようになるだろう。

**加賀屋、帝国ホテル、リッツ・カールトンの顧客サービス比較**

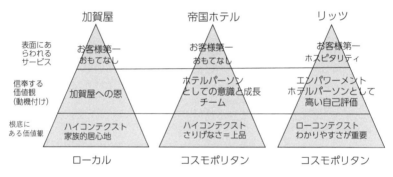

　加賀屋と帝国ホテル、リッツ・カールトンでは、表面的にみられるサービスの行為そのものはかぎりなく似通っている。しかしながらその行為を支える価値観は異なる。加賀屋では経営者（女将）への恩が根底にあり、それがお客様に対するおもてなしの質向上につながっている。リッツ・カールトンでは、プロのホテル・パーソンとしての自己意識に基づき、チップとエンパワーメント制度により個々の従業員のモチベーションおよび質の高いサービスが引き出されている。帝国ホテルも、ホテル・パーソンとしての主体性をもちつつ、帝国ホテルで働くというプライドと満足が共有されている点は似通っている。大きく異なるのは、気づかれないかもしれない細部へのこだわりであり、客がコンテクストを読み解くことでより高い満足を得られる点である。

# 第5章

## ポストコロナ時代の茶の湯の
## グローバリゼーション

# 第1節　オンライン茶の湯における
## 価値共創のイノベーション

## 1　はじめに

　新型コロナウイルスの感染拡大は茶道、華道はじめ日本の伝統文化を揺るがした。とくに、狭い空間で行われ茶碗を回し飲みする茶の湯の場合、その影響は甚大であり、2020年3月以降、大規模な茶会が軒並み中止あるいは延期となった。市井の茶道教室は一回の稽古に参加する人数を減らす、入室時の手指消毒を徹底する、回し飲みを禁止し濃茶を一椀ずつ点てる、茶碗は各自持参する、（水洗いで連続使用する）茶巾でなく使い捨てのペーパータオルで代用するといった工夫を試みた。しかし、茶の湯人口の中心を占める茶道教室の教師および生徒に高齢者が多いこと、また菓子店が閉店したため稽古に使用する菓子が調達不可能となったこともあり、稽古をやめる教室が相次いだ。家元からは稽古、茶会、研修会、会合等、事実上の活動自粛を求める協力要請が示された。（2021年3月現在、茶道の稽古や茶事は十分な対策を講じたうえで実施されている。）

　コロナ以前から茶道人口は年々減少していた。茶道学習支援アプリMatchaNote（2020）の調査によると、かつて400万人超だった茶道人口は、2018年時点では10年前に比べて約半分の約220万人である[1]。文化庁文化財部（2016, p.7）には、「（茶道）人口の減少により、流派の継承が困難」[2]との記述もある。こうした状況にコロナ禍が重なり、茶道、茶の湯はまさに存亡の危機に瀕していたといっても過言ではない。

　実際のところ、茶の湯はコロナを機に新たな局面を迎えた。その1つがオンラインの活用である。五感を重視する茶の湯はオンラインになじまないという懸念もあったが、2020年3月下旬から若手茶道家らがZoomを活用して茶会や稽古を再開した。2020年11月および12月に本書の著者の一人である相島が参加したオンライン茶会では、亭主（主催者）がリアル茶会では用いないスライドを用意し、掛け軸や菓子について説明を行った。オンラインでは物理的空間の共有は叶わないものの、亭主と客の距離感はむしろ近く、お点前や掛け軸も

---

（1）MatchaNote（2020），「茶道市場の動向と将来2020」，8月10日、 https://note.com/
　　matchanotejp/n/n5e3d47e61804、 2021年3月29日に確認.

（2）文化庁文化財部（2016），『平成27年度伝統的生活文化実態調査事業報告書』

カメラワーク次第でよく見える。若手茶道家らはオンラインでしか繋がれないという状況を逆手に取り、茶の湯にイノベーションを持ち込もうとしているのである。

本節では参与観察とインタビューにより、オンライン茶の湯で一座建立が成立するメカニズムを分析する。コロナ時代の茶の湯における一座建立の価値共創メカニズムを探ることは、コロナ後のおもてなしに新たな活路を見出すきっかけになるのではないだろうか。

## 2　茶道・茶の湯をめぐる先行研究、研究方法および問題の背景
### （1）先行研究

茶の湯・茶道研究においては、近現代日本社会における茶の湯・茶道の役割や変遷がテーマとして取り上げられている。とくに加藤（2004）は茶道稽古者らに対するインタビューをベースに「茶道が女性のものになった」経過を明らかにし、Surak（2013）は茶道を近代日本における「日本らしさ」との関連で論じた。Aishima（2019）は茶の湯を日本のおもてなしにおける価値共創の視点から論じている。

本節では、オンラインで茶の湯を提供する仕組みを分析するために、資源制約の下で新規事業を展開し目的を達成する方法としてのブリコラージュ（bricolage）概念を適用する。ブリコラージュは、資源制約の中でも目標を達成するという不屈の精神、手持ち資源で目標を達成するという気構え、友人・知人のつての活用、手持ち資源やつてをベースにして目標達成に有用な資源を生成させるインプロビゼーション（improvisation）の 4 つの構成要素からなる（Witell, et al., 2017）。近年ではブリコラージュとエフェクチュエーション（effectuation）、コーゼーション（causation）の 3 者間の関係も研究されている（Fisher, 2012; Servantie and Rispal, 2018; Nelson and Lima, 2020）。エフェクチュエーションを提唱した Sarasvathy（2001, 2008）によれば、成功したシリアル・アントレプレナーは、市場調査に頼るのでなく、自分が何に意義を感じるのか、何がしたいのか、誰と知り合いなのか（援助してもらえるか）、どこまでの損失に耐えうるかをベースに起業する。そして、起業後の市場の反応に対して試行錯誤を繰り返しながら安定したビジネスモデルを構築していく。

Sarasvathy（2001, 2008）によれば、エフェクチュエーションの反対はコトラーのＳＴＰマーケティングの発想、コーゼーションである。因果関係を意味するコーゼーションは、目標を達成するため、資源と時間をかけてマーケティング戦略を立案・実践するという考え方である。しかし環境変化が頻繁かつ急速である状況下では、コーゼーションは有効な戦略とはなりにくく、臨機応変に戦略を試行錯誤しながら変化させて定番の戦略を発見していくエフェクチュエーションが有効である。

## （2）研究方法

　本研究はインタビューおよび参与観察に基づく質的研究である。コロナ禍の中でオンライン茶道教室を始めた木元宗洋（仮名、裏千家）のオンラインレッスンの参与観察（2021 年 1 月 8、12、20、26、2 月 9、16、24 日、いずれも10 時〜 11 時）およびインタビュー（2021 年 3 月 11 日 14 時〜 15 時、オンライン）を行った。同じくオンラインで茶の湯の会を主宰する岡田宗凱（表千家）の茶の湯ワークショップ（2020 年 11 月 8、12 月 13、1 月 24、2 月 14 日いずれも 9 時〜 10 時 30 分）に参与観察、茶の湯研究会（2020 年 11 月 19、12 月17、2021 年 1 月 21、2 月 18、3 月 18 日 20 時〜 22 時）に参加し、岡田と意見交換する機会を得た。

## （3）問題の背景

　これまで茶道は何度も深刻な危機に瀕してきた。第 1 に直面した危機は日本社会の近代化である。社会全体が西洋的なものを尊重するようになり、茶道は前時代の象徴とされた。裏千家は茶道を女性のたしなみ、教養として強調することでこの危機を乗り越えた。学校茶道も整備され、新たな顧客の開拓につながった。

　第 2 の危機は第二次世界大戦後である。茶道を習う余裕などない時代であったが、茶道は女性が生きていくための職業として再生した。海外に使節を派遣したり支部を設立したりするなど、茶道の国際化も進んだ。今日では、茶の湯は「ピースフルネス」「マインドフルネス」として再定義され、禅や瞑想とともに海外の経営者らに普及している。

他方、作法やたしなみとしての茶道人気は停滞しているといわざるをえない。茶道に関心を持ったとしても、「畳の上で動くのはなじみがない」「入門時（「束脩」）にはじまり何かとお金がかかりそう」「しきたりが難しそう」などの理由から、茶道は始めるハードルが比較的高い。

コロナ禍によってリアルの茶道稽古や茶会ができなくなり、茶の湯と茶道はかつてない苦境に直面することになった。しかし茶道界もただ手をこまねいていたわけではない。2020年秋からは裏千家で研究会の代替としてオンライン講義の配信が始まった。本来、茶道、茶の湯においては動画も静止画の撮影も認められていなかったことを考えれば、コロナは茶道の時計の針を一気に進めたことになる。

## 3　オンライン茶道とリアル茶道
### （1）オンライン茶道稽古をめぐる状況

オンライン茶道教室・茶会について、様々な茶道家がブログで試行錯誤や手ごたえを記している。たとえば前嶋康太郎（表千家）[3] は当初「茶の湯はオンラインにそぐわないのでは」と懸念していたが、4月にオンライン茶道教室を実施した。ブログでは「カメラをこっちで動かせるので、どこを見るべきか、ということを的確に伝えやすい」「多くのことがチャット機能でフォローアップできる」など、メリットを具体的に述べている。

しかしながら、こうした取り組みを行う茶道家は決して多数派ではなく、今回お話をうかがった多くの（オンラインを活用している）茶道家が「古参の先生方から批判的な目で見られる」経験があることを明らかにしていた。

まずはオンライン茶道とリアル茶道を比較することで、オンライン茶道が乗り越えるべき問題点（デメリット）を整理したい。

---

（3）　前嶋康太郎（2020），「オンライン茶道って意外と楽しい！」　https://note.com/tarouan/n/n43ac01513315, 2020年11月8日確認

## オンライン茶道とリアル茶道のメリットとデメリット

| | オンライン茶道 | リアル茶道 |
|---|---|---|
| 地理的障壁（不便さ） | 便利（どこでも受講可能） | 不便（遠隔地は通いづらい） |
| 学びやすさ | 学びやすい（スライド、動画、カメラワーク。メモ可。復習容易） | その場で覚える（メモ不可） |
| 開始の障壁 | 気軽に開始できる（オンラインで申込、クレジットカード決済） | 敷居が高い。作法が厳しい、という印象あり。進度等がわかりにくい |
| 準備 | 自分で工夫 | 茶室にすべて揃っている |
| 五感 | 限定される（視覚聴覚のみ） | 最大限に生かされる（茶室に入ると自然に五感が働くようになっている） |

　オンラインのレッスンは便利な面もあるが、そこには多くの障壁がある。表にあるように、オンラインでは嗅覚、聴覚、味覚、触覚を伝えることが難しく、視覚も制限される。実は、共著者の相島の経験からいえば、湯気の様子や柄杓の音、空気の動きといった感覚については、高性能の機材を使用することでかなりの程度で解決が可能である。ただし、生徒側・参加者側でリアルの場合よりも意欲的積極的に空気を感じ取ろうとする姿勢が必要となり、感覚が共有できるかどうかは参加者個人に委ねられる。

　しかしながら、機材をもってしても解決できない点がある。空間に関する問題である。茶の湯は茶室だけでなく、水屋、露地（茶の湯のための庭）の3つの空間から構成される。

　水屋は一服のお茶を点てるための準備をすべて整え、後片付けを行う場所である。裏千家13代圓能斎宗匠は水屋を「茶室の道場」と述べ、その重要性を強調した。しかし一般に水屋の「作法」はお点前のようにきっちりと決められているわけではなく、稽古場によって微妙に異なる。リアルな茶道稽古の場合は、実際に生徒自身が水屋に立ち、先生や先輩の動きを見て作法を学ぶことができるが、オンラインの場合はその機会が得にくい。

　おもに物理的な準備を行う水屋に対して、精神的な準備を行うのが露地である。表千家では露地を「茶の湯の空間を世俗から断ち、聖化するための道」としている。オンラインの場合、当然のことながら露地を（そのまま）経験することはできないため、この点をどのように解決するかがポイントになる。

　では、茶の湯における価値共創の根底にある概念、一座建立はオンラインで

どのように実現しうるのだろうか。オンラインの茶の湯では、参加者がみな同一画面上に配置されるため、客どうし（茶道稽古であれば生徒どうし）のコミュニケーションが取りにくいという欠点がある。リアルな茶の湯・茶道であれば、つねに亭主（先生）ほかの客（同席している他の生徒）の様子を感じることができる。客どうし、生徒どうしが空気を読み合い、自然に自分の役割を果たしていける。一方で、オンラインの場合はそれが難しい。茶道にせよ、茶会にせよ、基本的に先生（亭主）とのマンツーマン的対応になり、先生（亭主）の表情の動きはわかる一方、同席者の様子や空間の空気は感じ取りにくい。オンラインではこの部分を考える必要がある。

　参加者を集めてオンラインで茶会を開くだけでは「リアルの劣化版」にすぎないと前島は述べる。オンライン茶会の場合、亭主は客の感覚に制限がかかっていることをよく認識し、時空間を共有できるように機材や進行について準備を徹底する必要がある。前嶋はオンラインで開催した茶会の失敗例（「見事で壮大な大失敗」）を振り返ったブログで、「リハーサルを遅くとも２日前までに行う」「カメラの動きと被写体の動き、映り込みはかなりの精度で決めておかないと必ず失敗する」「オンラインについて、血の匂いがするほどまで考える」などのポイントを記している。

## （2）木元宗洋のオンライン茶道稽古

　東京都某市で茶道教室を主宰する木元宗洋は、2020 年 9 月に Zoom を用いてオンラインレッスンを開始した。オンライン化に着手したのはコロナ禍よりも早かったという。「社会のあらゆる事柄がオンライン化されるなかで、茶道のお稽古もそうなるだろうと予想していました。将来的に海外に茶道を広めたいという気持もあったため、オンラインでのレッスンは自然な方向性だったのです。乗り越えるべき問題はありますが、オンラインで行うことを前提とし、どのようにすれば満足いくお稽古ができるか考えてきました」と述べる。木元は、早期に専門機材を購入し、動画撮影の技術を得るとともに、音楽教室などの他分野のオンラインレッスンのやり方をリサーチして準備を進めてきた。

　木元の稽古は生徒各自の目的を重視し、それにあわせてプログラムを組むのが特徴である。「生徒さんが欲しいものを得られるように、希望や目的にあわ

せて反応を見ながらレッスンの内容や進度を変えます。茶道はこれをこの順番で習わなければいけない、と思う人が多いのですが、私は生徒さんが興味を持ったこと、やりたいなと思ったことはチャレンジできるようにサポートしたい」という。オンライン茶道レッスンは、一回60分で、完全なマンツーマンで行われる。3分割画面が用いられ、生徒は先生の全身、手元や道具などを見ることができる。こみいった所作の場合はカメラの位置・角度が工夫され、実際のところリアルでの指導よりも見やすい。

冒頭に「本日のしつらい」として茶室の掛物と茶花が示される。掛物だけ、茶花だけを個別に見るのでなく、360度カメラを用いて空間全体を動き（茶室に入るところから掛物、茶花を見るところまでの一連の動き）とともに示すことで、生徒もその場にいるような感覚を得ることができる。この点について「オンラインでは何より臨場感に気を配っています」と木元は述べる。

使用する茶道具は生徒自身が用意するが、茶筅以外は茶道本来の道具にこだわらない。たとえば盆略点前（どこでも薄茶を楽しめるように考案された裏千家の点前）の場合は、標準的な盆や茶碗のかわりに西欧風のプレートやカフェオレボウルなどを代用するというように、身の回りにあるものを上手に使うコツを積極的に教える。「生徒さんがいま自分の置かれた環境で日常的にお茶を楽しめるように」という考えからであるという。

稽古でとくに心がけているのは、時間の共有という感覚である。木元は「空間を共有することはできませんが、ともにお茶を点て、一緒にお茶を楽しむ時間を共有することを大事にしています」と述べる。先生と生徒それぞれが用意した和菓子を互いに見せあうのも、一椀のお茶を楽しむための工夫の1つである。

稽古の締めくくりに、「今日のレッスンでわかりにくかったことはありませんか」と尋ね、質問や不明点があれば、よりわかりやすく教える。次回の予告があり終了となる。レッスン後はメールで質問に応じ、必要に応じて動画で説明を補足する。

## （3）岡田宗凱のオンライン茶道ワークショップ

岡田宗凱は東京都品川区で茶室を構え、表千家茶道を教えるほか、茶道未経

験者対象の体験ワークショップをオンライン（午前）とリアル（午後）の両方で開催している。ワークショップという名称であるが、茶をともに楽しむ場という点で茶会の趣向に近い。ワークショップでは、申込むとお菓子と抹茶のセットが送付される。参加者は 1 回あたり 7 名～ 10 名ほどで、東京、関西以外にも、九州、ブラジル、フランスからも参加者がある。（海外の場合はお菓子と抹茶の送付はない。） 3 割程度はリピーターである。

　ワークショップは半東（茶事の進行をスムーズにするため亭主のサポートをする役目）が参加者めいめいに声がけするところから始まる。その後、少しの待ち時間を経て、岡田が画面上に登場する。Zoom での一般的な注意事項が共有され、本ワークショップについて趣旨等の説明があり、いよいよ開会となる。前半は岡田から「本日の趣向」について季節ごとのお茶の点て方や楽しみ方など画像をふんだんに盛り込んだスライドを用いて講義がなされる。

　3 分ほど休憩があり、後半は岡田がお茶を点てる様子を全員で見る。茶室はやや薄暗いが、カメラワークの工夫で茶室全体が見渡せ、臨場感を持つことができるようになっている。また釜の白い湯気や音にフォーカスがあてられ、目と耳をひきつける。「客」役の弟子がお茶をいただくところでは、岡田が客としての所作を講義する。そのあとで、参加者が岡田のガイダンスに従い、お茶を点て、飲む。最後に感想を共有する。

　岡田が初めてリモート茶会を催したのは 2020 年 3 月である。コロナ感染拡大防止のための自粛期間中で百貨店が閉まっていたため、参加者にはそれぞれ好きな菓子を用意してもらい、「抹茶を家に常備していない人は紅茶でもよい」ことにした。何をどう飲むかでなく、「大事なのは心の交流であり、オンラインであってもお茶を一服差し上げたいという想念は届くのでは」（岡田 ,2020b）という。岡田は「これまでもＳＮＳ上で茶人が日々を発信したり、茶道具が売買されたり、茶道文化のオンライン化は進んできた」（岡田 ,2020b）状況を鑑み、コロナ禍にあっても「お稽古やお茶会をただ中止するのでなく、いましかできないことをすべきだと思った」と語る。以来、ハイブリッド形式による茶会や懐石茶事を定期的に開催してきた。「むしろこのような状況だからこそ、お茶を求める人も多い。お茶を知らなかった人に、お茶の精神を広めていきたい」と述べる。

## （４）オンライン茶の湯におけるブリコラージュ：木元と岡田のケース比較

　オンライン茶の湯には乗り越えがたい不利な条件がある。しかし、この不利な条件のもと、限られた手持ち資源を寄せ集め、組み換え、試行錯誤しながら、木元と岡田はオンラインの弱みを強みに変えてイノベーションを起こすブリコラージュを実践している。本節では、両者のオンライン茶の湯の実践について、ブリコラージュの視点からケースを比較分析していく。

　まず、時系列でそれぞれを整理すると、岡田の体験ワークショップは、［オンラインで参加申込み⇒カードで支払い⇒お茶とお菓子が送付される⇒当日は、開始前に半東による声がけ⇒しばらくの間があり、開始。前半はスライドを多用した講義⇒先生のお点前・客の作法⇒全員で点てる⇒感想をシェアする］という流れとなっている。木元のオンライン茶道は（受講者によって異なるが、最もベーシックな内容としては）、［オンラインで参加申込み⇒カードで支払い⇒当日までに、メールで受講の目的を聞かれる⇒当日は、掛軸、茶花の説明からスタートする⇒割稽古⇒点前の稽古、先生と生徒が用意した菓子を見せ合う⇒質疑応答⇒場合によっては補足で動画資料が送付される］となっている。

　両オンライン講座の出発点と目指す目標はどうであろうか。木元にはもともと「茶道を知らない人にも広く茶道を知ってほしい」という思いがあった。以前メキシコに住んでいたこともあり、木元は将来的に海外に茶道を広めたいと考えていた。そのため海外の人にも取り入れやすい形でわかりやすく伝えること（盆のかわりにプレートを用いる、道具を置く位置を具体的な数字で示す等）に力点を置いていると考えられる。各人の目標を明確にするという点も、海外むけの配慮の表われであろう。

　岡田の場合も「茶道を広めたい」という思いは同じであるが、木元がお茶の点て方を知り、お茶に親しむところから茶道の普及に取り組むのに対して、岡田は「今日の社会において茶の湯は人と人をつなぐ重要な役割を持つのではないか」と考え、茶の湯の精神を現代に伝え、とくに茶の湯を通じた交流の実現を目指す。

　新型コロナの感染拡大により、両者はリアルからオンライン茶の湯への切り替えを余儀なくされた。すでに説明したように、木元はオンライン対応について事前に準備を行っていた。目的を設定し、そこから逆算して何をするかを考

えるという点で、木元のやり方はまさにコーゼーション的である。

　これに対して、岡田は、よりブリコラージュに近い。コロナ禍に直面して岡田が行ったのは、手持ちの資源を活用してリアル茶の湯をオンライン化することであった。岡田は「リアル茶の湯における一座建立をオンラインで実現しよう、参加者に一座建立を経験してもらおう」としたのである。

　物理的に距離があり、五感が共鳴するように働かせることができないオンラインにおいて、一座建立の到達には困難な課題が多い。そこで、岡田は申込者にあらかじめ抹茶や和菓子と当日の趣旨や説明書を送付し、当日は画像を多く盛り込んだスライドで説明を行う。抹茶や和菓子、スライドは主催者と参加者、参加者どうしを結びつける共通の関心事、すなわち境界物象（boundary object）としての働きをしていると考えられる（Star and Griesemer, 1989）。また、岡田は会の最後に参加者に感想を求め、各自の感想に対応するプロセスで参加者どうしをつないでいく。ある参加者について「最近こんなお仕事をなさった方です」等と皆に紹介することもある。このように、岡田はさまざまな境界物象の助けを借りながら参加者どうしの交流を促し、皆が「このメンバーでこの茶の会に出てよかった」と一期一会にも近い満足感を醸成しようと努めている。この努力は、手元資源を即興的に組み合わせることにより目的を達成しようとするブリコラージュにおける実施段階、インプロビそのものである。

　もう 1 つ、岡田が一座建立の経験を提供するなかで重視しているのが、本物を見せ、感じさせるということである。薄暗い茶室の様子や湯気の音、気配はカメラワークで画面越しにも伝わる。本物を見せる、感じさせるという点で特徴的なのは、岡田が空間の問題をどう解決しているかである。一座建立を支える要素である空間はオンラインでは乗り越えがたい障壁である。とくに露地を歩く経験はオンラインでは不可能に近い。露地を歩けない状況をいかに手持ち資源で解決するかという点について、岡田は次のように語る。「そもそも露地の目的は席入りする前に心の塵を払い、清めること。心を一新しリセットすることができれば、露地で飛び石を伝って茶室に至るプロセスが再現されていると考えられるのでは」と。実際に岡田のワークショップでは、開始前にアシスタントである半東が出席を取った後に「では皆様、開始までお待ち下さい」と声をかけ、数分間、薄暗い画面を観ながら待つ時間が設けられている。これは

リアル茶の湯で露地を歩き気持を整えるための時間になぞらえることができる。これも典型的なインプロビである。

　しかし、これらの試みには欠点もある。会の終わりに共有される感想には、「スライドがわかりやすかった」という境界物象に関するコメントが目立つ。共通の話題となって参加者をつなぐ役割である境界物象が、逆に感覚を共有する妨げになりかねないという障壁になっている。参加者によって経験する価値にばらつきが生じることも問題である。たとえば参加者が顔出しをしない場合、顔出しをしていても服装がカジュアルな場合は、気持がそがれるかもしれない。露地を歩く感覚についても、各人の経験によって差が出るだろう。

　他方、コーゼーション的にオンラインレッスンを開始した木元であるが、茶道未経験者に対して提供するプログラムはブリコラージュ（とそこでのインプロビ）に基づいている。まず、受講者一人一人の目的、希望に合わせることである。木元はレッスンの申込時に受講者に「何をしたいのか」を聞き、それに合わせて内容を組み立てていく。開講後も受講者がリクエストすれば、インプロビで内容を変更したり、撮影した動画を見せたりする。

　木元は、受講者が各自の環境で茶道を楽しめるように、茶碗のかわりにカフェオレボウルを用いる、掛軸でなく色紙を飾るというようなインプロビ的アドバイスで受講者の創意工夫、つまり受講者の側でのブリコラージュを促していく。また、受講者と準備した茶菓子を見せ合って、そこで会話をインプロビ的に弾ませるといった境界物象をうまく活用している。さらにリアルな臨場感と徹底した解説にも力を入れ、高性能カメラを駆使し、お点前や作法を様々な角度から見せるとともに、説明の仕方にも工夫を凝らす。木元は「リアルの場合は言葉での説明というより目で見て身につけてもらうようにしていますが、オンラインでは画面越しでも理解しやすいように具体的な数字を入れて説明しています」と述べる。その結果、受講者はレッスン時間以外にも自発的にお茶を点てて楽しみたいという気になる。ただし、受講者の希望やニーズに合わせてプログラムを組むため、受講者が「目的がかなった」と感じると、そこで辞めてしまう可能性がある。

　要約すると、岡田はブリコラージュによりリアル茶の湯をオンライン化して参加者に一座建立の体験を提供している。岡田が掲げるパーパス・ビジョンで

ある現代社会における茶の湯の可能性を示そうとしているのである。木元は、コーゼーションをベースにして準備を進めてきたが、茶道具がなくても日常的に茶道を楽しんでほしいという目的のため、受講者自身がブリコラージュ（とその中核要素であるインプロビ）可能な環境を提供している。たとえば受講者が手元にある道具で代用したり、自分で菓子を選択したりすること、受講者の希望にあわせてプログラムを組み立てる。この点で、木元のコーゼーション的しつらいと客（受講者）の側でのブリコラージュの可能性を高める方法は、さらにイノベイティブであると考えられる。受講者との価値共創次元を上昇させているのである。

　ここまでの議論をコンセプトマップにまとめたものが以下の図である。

## 岡田のケースにおけるブリコラージュ

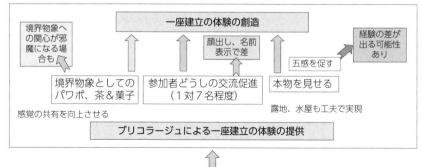

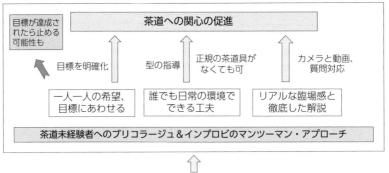

## 木元のケースにおけるブリコラージュ

パーパス・ビジョン：現代生活にふさわしい茶の湯のコミュニティ化をめざす

目標が達成されたら止める可能性も

**茶道への関心の促進**

目標を明確化　型の指導　正規の茶道具がなくても可　カメラと動画、質問対応

一人一人の希望、目標にあわせる　｜　誰でも日常の環境でできる工夫　｜　リアルな臨場感と徹底した解説

茶道未経験者へのブリコラージュ＆インプロビのマンツーマン・アプローチ

新型コロナによるリアル　⇒　オンラインへの転換

オンラインを視野に準備＝コーゼーション
（360度カメラ等の機材購入と使用方法の試行錯誤＆オンライン講座をリサーチ）

出発点＝茶道を広めたい（海外にも、茶室のない人にも）

## 4　オンライン茶道・茶の湯のもう１つの展開

　オンラインの導入は、若手茶道家による新たなブランド・コミュニティの発生を後押しした。たとえば真ＭＬ茶の湯コミュニティは、若手茶道家の呉裕一が1997年に開設した超流派的なオンラインのコミュニティである。同コミュニティの案内文には、「一椀の茶を通じて、日常生活に安らぎ、楽しみ、喜びを見出す　同じ興味を持つ人どうしがつながり楽しみ、喜びをさらに深めるコミュニティ」と説明されている。

　真ＭＬ茶の湯コミュニティのサイトには、テーマ別に茶道具、お店、教室、地域別イベント情報等のページが設けられ、メンバーは自由に閲覧・投稿することができる。稽古や茶会の工夫やベテラン茶人による知恵の共有、テレビ番組のお知らせや感想、美術館情報、茶花の入れ方、全国のいろいろな流派の紹介等、扱う情報は多岐にわたる。

　入会時に簡単な審査があるが、参加費は無料で入会のハードルは低い。現在会員数は2580名を超える。従来は、茶の湯・茶道の情報は流派ごとであるこ

とが大半で、また茶歴が浅い人はコミュニティに参加しづらいことも多かった。茶会を開く場合も、情報提供する場が限られていた。同コミュニティは流派を超え、茶歴不問であることが大きな特徴である。

真ＭＬ茶の湯コミュニティのメンバーとしての茶の湯経験を著書にまとめた松村（2000）は冒頭部分で、同コミュニティのやりとりから人の輪が広がった喜びを記している。松村は、ある日サンフランシスコで開催された茶会の誘いに応じて渡米したメンバーの報告を見、刺激を受ける。サンフランシスコでの茶会で皆が目をきらきら輝かせてお茶を楽しんでいる様子を撮影した画像を見ながら、松村は述懐する。「もう何度、こんな体験をしたことだろう。遠い場所の、まだ会ったこともない人々と、まるで一緒にお茶をのんでいるような気分…このＭＬに入ってからなんだか少し人が変わった。他者への経緯が芽生え、眠っていた向学心まで揺り起こされつつある」（松村 , 2000, p.9）。

真ＭＬ茶の湯コミュニティに参加していることの意味を松村は次のように語る。「私たちはそれぞれが属している自らの流儀には誇りを持っている。たぶん、だからこそ他の流儀にも同等の敬意を払うことができるのではないかと思う…一方で、細かな違いはあっても、結局のところその精神は一緒だと思えることもある」（松村 , 2000, p.10）。松村は、自分と違う流派の人たちと混じって語らうことの価値を繰り返し強調している。「大仰な言い方かもしれないけれど、いまのところ茶道の世界にあって、これほど自由な、流派の枠を超えた交流というものはほかに存在していないようだ」と（松村 , 2000, p.10）。

先に紹介した岡田宗凱は、茶の湯本来の「場」を楽しむこと、利休の精神を意識しつつ新時代の茶の湯を追求することを掲げ、2022 年 7 月、有料の会員制コミュニティ Sogai's Gate を開設した。メンバーは建築家、大学教授、エンジニア、経営者、クリエイティブデザイナー等 30 名弱で、リアルで交流がある人を中心に岡田自ら声がけした。コミュニティには茶の湯本来の楽しみ、茶の湯の精神への憧れを共有する人たちが集まった。メンバーは程度の差こそあれ岡田のビジョンや方向性に共感しており、進んで実践しようとするマインドを共有している。

オンラインでの月 1 回の講演会をはじめ、随時交流会がある。高い趣味を持つ教養人の交流の場づくりをめざし、集い、お互いに思いを寄せながら一期一

会の場を楽しむという利休時代の茶の湯の価値を現代に実現しようとする試みである。今後、通常は入れない場所での茶会や道具作家の講演等、メンバーを満足させる企画を実施する。

　真ML茶の湯コミュニティおよびSogai's Gateにおけるそれぞれの価値共創のプロセスを示したものが以下の2枚の図である。

## 真ML茶の湯コミュニティの価値共創マップ

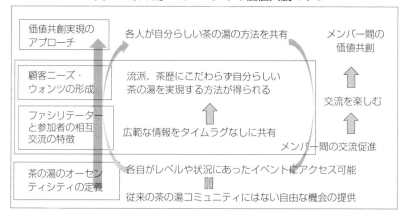

## Sogai's Gate の価値共創マップ

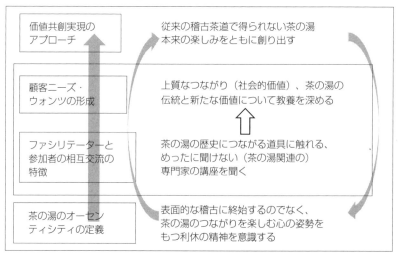

## 5　結び

　茶の湯・茶道の世界では、いまだオンラインの導入に躊躇するむきもある。その一方で、とくに若手の間で、コロナが完全に収束したとしてもオンライン化、リアルとオンラインの連動（ハイブリッド）の傾向は進むと考える茶道家は多い。木元はオンラインレッスンで得た気づきをリアルの稽古に生かしている。「オンラインの生徒さんは自分で試行錯誤しながらお茶を点てますから、そこでの悩みや気づきを聴かせていただくことで私も気づきがあり、リアルな稽古でも、自分で点てるときのアドバイスをするようになりました」と述べている。オンラインでの指導経験がリアルでの指導にもよい影響を与えているのである。

　オンラインのレッスンで茶道を始めた人が関心を深め、リアルの稽古に入るケースもありうる。では、オンラインから始めた経験者がリアル茶会に参加する場合と、リアル茶会の体験の蓄積者が初めてオンライン体験した場合で、創造される価値は異なるだろうか。まず、リアル茶会や稽古の経験者が初めてオンライン体験する場合を考える。岡田のオンラインワークショップには、リアルな稽古の生徒や岡田の知己である茶道関係者（教室主宰者）も参加している。リアル経験があり初めてオンラインに参加した人の感想としては、「（スライドを用いない普段の稽古に比べ）わかりやすく、腑に落ちる」「手元が見やすい」等があった。一般に茶道を体験的に身につけてきた人が知識として茶道を再確認するのにとくに適しているといえるだろう。

　では、オンラインで茶の湯を経験した人がはじめてリアルを経験する場合はどうであろうか。木元はオンラインのレッスンでもリアル茶会等の所作について細かく指導を行っている。オンラインの受講者も所作そのものや全体の流れは頭に入っているわけだが、初めてリアルの茶室に入り、扇子を扱ってお辞儀をする瞬間、オンラインとはまったく異なる空気を感じることだろう。自分が「学んできた」所作が実際にどのような意味を持つのかを認識することになる。このように、茶道・茶の湯の場合、リアルとオンラインとは相互補完関係にあり、さらにシナジー効果も発揮される。今後メタバースなどの技術によって、茶道・茶の湯経験はさらなる次元へと展開する可能性を秘めている。

# 第2節　茶の湯・茶道のグローバリゼーションと
## オーセンティシティの変化

## 1　はじめに

　茶の湯をはじめ精神性を重んじる日本の伝統文化産業は長らく国際化を進め
てきたが、コロナによってそれは大きく変化した。茶の湯のグローバル化の経
緯を振り返れば、裏千家では 1870 年代に外国人対応として立礼を考案した。

　1950 年代から茶の湯普及を目的に鵬雲斎若宗匠が渡米し、海外支部の設立を
進めた。その後、今日に至るまで、茶の湯は日本文化の代表、象徴としての位
置を打ち出してきた。昨今では瞑想やマインドフルネスとの関連から海外の企
業家の支持を獲得している。ここまでの茶の湯の国際化は、実践重視であり、
茶の湯という完成したパッケージをいかに海外に伝えるかが中心であったとい
える。ここ数年は個人茶道家による観光客むけの小規模な体験事業がさかんと
なった。

　コロナ禍によってこうした体験プログラムは衰退したが、一方で、若手茶道
家らはオンラインを用いてグローバルな茶の湯体験の取り組みを進めている。
オンライン茶会では外国からの参加も可能であり、空間の共有は難しくとも、
機材の活用や進行の工夫で座に集うことの意味、利休のおもてなしの精神を追
求している。注目すべきは、彼らがこれまでの茶道という既成の枠を超え、グ
ローバルな視点を取り入れてダイナミックに茶の湯の価値を再構築し、将来を
見据えて茶の湯の可能性を発展させようとしている点である。ここに、茶の湯
のグローバル化における質的変化の萌芽を認めることができる。

　今日、グローバリゼーションの進展およびコロナ禍によって、茶の湯の世界
も大きな揺らぎの渦中にある。しかし、このような揺らぎを分析することによっ
て、逆に茶の湯のオーセンティシティ（とその次元）が改めて明確化されるの
ではないか。このような問題意識から、以下のリサーチ・クエスチョン（ＲＱ）
を設定した。

　第1に、コロナ禍・グルーバル化の進展とともに、茶道のオーセンティシティ
はどのように議論されているのか。第2に、その議論では、これまで暗黙に了
解されてきた茶道のオーセンティシティの次元はどのようになっているのか。

第3に、茶道稽古の経験が目で見ることのできる表面的な（点前中心の）次元から、目に見えない教え（言語化されたもの）などの中間層、文化や価値観といった基底の三層に分化されると仮に考えるとすれば、これら三層を越境する際に何がハードルになるのか。本節は、これらのRQについて、インタビュー、参与観察を中心とした質的研究を行った結果を紹介する。茶の湯のグローバリゼーションという課題に茶人として実際に取り組んでいる3名の若手茶道家を紹介したのち、とくに対照的な2名の茶道家の比較分析を行い、茶の湯のグローバリゼーションと茶の湯のオーセンティシティの次元について論じる。

## 2 先行研究、研究方法および問題の背景

### （1）先行研究

　茶の湯の国際化をめぐっては、海外に茶の湯を広めた裏千家15代家元鵬雲斎汎叟宗室が『私の履歴書』（日本経済新聞社）でそのきっかけや苦労のエピソード等を回想している。詳細は海外に同行した森明子による『世界でお茶を』に記されている。他方、海外展開についてコロナ禍の影響を考慮に入れて検証した研究はまだ少ない。岡本浩一（2014）は宗教として茶道が世界に受け入れられる可能性を示唆している。

　Lehman, O'Connor, Kovács, and Newman（2019）は、社会科学の分野におけるオーセンティシティ研究を文献調査し、オーセンティシティには3つの異なる研究が存在することを見出した。第1は、自己概念、特にトゥルー・セルフ（true self）に関連した研究である。この点では、茶の湯の精神面についての研究が関連すると考えられる。第2は、社会的規範との一致の程度を問題にする研究である。この点では、茶の湯の型やふるまい、もてなしの態度などが研究テーマになる。第3は、特定の人物や場所、時間に結びつけられた対象を研究する視点である。これらは茶の湯の流派や茶器の価値にかかわる。

　また、Södergren（2021）は1994年から2019年までの25年間に英語のピアレビュー・ジャーナルに掲載されたブランドのオーセンティシティ（オーセンティック・ブランディング）に関連する73論文のレビューから、ブランド・オーセンティシティには3つの研究の流れが存在することを発見している。第1は、ブランドの「本物」と「偽物」を区別する研究である。第2は、社会構成主義

をベースにしたオーセンティシィの正当化に関する研究である。第3は、実存主義的な観点からトゥルー・セルフとブランドとの関係を考察する流れである。Lehman et. al.（2019）と Södergren（2021）が発見した（ブランド）オーセンティシティにかんする3つの研究の流れは、見事に一致している。

## （2）研究方法

　RQを明らかにするための研究方法として、インタビューおよび参与観察を行った。相島は、リアルおよびオンラインでの茶の湯の会を主宰する岡田宗凱の茶の湯ワークショップ（2020年11月8、12月13、2021年1月24、2月14日いずれも9時〜10時30分）を参与観察した。また、岡田の茶の湯研究会（2020年11月19、12月17、2021年1月21、2月18、3月18日、2022年2月17日、20時〜22時）にも参加し、岡田と意見交換する機会を得た。相島は2022年3月14日、ニューヨークで茶道教室および茶事を定期開催している長野佳嗣にオンラインでインタビューを行った。2022年3月21日には、相島はフランスで茶道稽古を行っているタケミ・フロメジャにオンラインでインタビューを行った。さらに、京都で茶道体験プログラムを提供している倉中梨恵から2016年7月25日以降、リアルおよびメッセンジャーを通じて継続的に話を聞いた。倉中は裏千家の講師資格者であるが、京都においてインバウンドにターゲットを設定して茶道体験プログラムの企画・ビジネス化に成功した先駆けである。観光客を対象とするビジネスで起業をめざす人むけコンサルタントとしても活動している。

## （3）問題の背景

　裏千家は1870年代から国際化に取り組んでいた。1872年、11代家元である玄々斎精中は京都博覧会に際し外国人対応として立礼式の茶礼を考案した。1905年、13代家元圓能斎鉄中はアメリカ人女性に茶道の稽古をつけている。国際化を一気に加速させたのは15代家元鵬雲斎汎叟宗室である。1951年、彼は若宗匠となってまもなく、茶道使節としてアメリカを訪問した。「茶道の紹介と普及とはいっても、単身の私は父が書いた一行『和敬清寂』と茶道具一そろいしか持っていない。足りない道具はその場で作ったり、あるものを代用し

たり、工夫のお茶でもあった。その地に畳がなければ、シーツを敷き、その上に黒いテープを張り、畳の大きさを示してお点前をしてみせた」（千，1987，p.124）。1951年のハワイ支部を皮切りに、ロサンゼルス、サンフランシスコ、ニューヨークに支部が誕生した。あわせて海外で茶道を広めるメソッド（盆略点前と茶箱、立礼）が考案された。1954年、宗室はブラジル・サンパウロ四百年祭政府行事に日本茶道使節として参加、ペルー、シカゴ、ボストンに支部を設立した。以降、何度も海外「布教」活動を行うほか、外国人茶人の育成にも取り組んでいる。

2000年代後半になると、「マインドフルネス」というワードに注目が集まり、とくにアメリカにおいて茶道が「瞑想＝禅＝茶の湯」の関連から取り上げられるようになった。2010年代ころから、一般の茶道教師（有資格者）らによる海外からの観光客向け茶道体験プログラムが続々と登場する。しかし、新型コロナの感染拡大により、こうした海外観光客対象の茶道体験プログラムは事業として成り立たなくなり、軒並み停止・閉鎖となった。

他方、若手茶道家の間で、オンラインを用いた茶の湯、茶道稽古の取り組みが始まり、「リモート茶会」は茶会に参加する1つの方法として定着しつつある。以下の図はここまでの流れを示している。

### 茶の湯におけるグローバリゼーションの動き

| | |
|---|---|
| 1870s〜 | 裏千家、外国人対応として新たな点前を導入 |
| 1950s〜 | 裏千家、海外発展（支部設立） |
| 1970s〜 | 裏千家、外国人向け正規コース設置 　　　　　点前重視 |

日本の文化の象徴としての茶道（わびさび）

| | |
|---|---|
| 2000s〜 | マインドフルネス、禅　　海外の企業家からの支持を得る |
| 2010s〜 | 海外からの観光客向け体験プログラム（一般資格者による） |

1570s〜　2020s〜　オンライン茶の湯

誰でもどこからでも参加可能？

おもてなしの意味を再発見
茶の湯の価値を再構築する試み

### 3　茶の湯のグローバリゼーション

#### （1）　岡田宗凱のケース

　東京都品川区の茶室で表千家茶道を教える岡田宗凱は、グローバルな茶の湯を掲げて「世界茶会」と銘打ち、世界10ヵ国11都市で茶会を開催している。また初心者向けの「ワークショップ」と名付けた茶会を月に一度、オンラインで開催している。ワークショップは13年間で開催回数は151回、東京、関西以外にも九州、ブラジル、フランスから申し込みがあり、参加者はのべ4500名以上に上る。

　岡田はVR技術を用いたオンライン茶会にも積極的に取り組む。2020年7月には、VRゴーグルOculusを茶会に導入、2022年2月には分身ロボットOriHimeを活用した茶会を開催するなど、遠隔でいかに「集う感覚」を味わえるか工夫を凝らしている。

#### （2）　長野佳嗣のケース

　長野佳嗣は武家茶道上田宗箇流の茶道家である。2019年6月、単身ニューヨークに渡り、現地の人たちに毎週茶道の稽古を行っている。生徒の35％は在米日本人あるいは日本にルーツをもつが、それ以外は日本と全く関係がない。もともと禅に関心があったという人がいる一方、「何か東洋的な経験がしたいという気軽な気持ちで来る」人も多いという。

　茶会では三分の一の時間を質疑応答に充てている。日本では質問といえば点前や道具についてのものが多い（そもそも質問が出ない）が、アメリカでは精神的な問や禅との関係など突っ込んだ質問をされるという。「日本人の場合は体験重視、あとに知識を得て腑に落ちるというパターンが多い。アメリカ人は理屈で考える傾向がある」と述べる。

　長野はニューヨークに渡った動機を次のように語る。「日本だけで考えていたら、茶道はもう先がない。しかし、茶道には根源的価値がある。残していこうとするのであれば、日本以外に第2、第3の拠点を創るべきだと考えた」。長野は、茶の世界において日本が今後も永久に優位にあるかどうかは不明であり、またそのこと自体は問題ではない、と主張する。「茶道が発祥したのは日本であっても、発祥した国がその後も支配し続ける保証はない。日本独自のも

のとして抱え込むのでなく、世界の主要都市に茶を根付かせることが大切」だという。さらに、「飲み物として抹茶があること、東洋的なもの、禅の精神に憧れをもつ国であること、共通する美意識を持つ人がいること」などの条件を満たしたことで、ニューヨークを活動の拠点に選んだ。

ニューヨークで茶道を教え始めたころは茶会の参加者が1、2名という月もあった。しかし現在では、毎回20名の定員が満席になる。稽古や茶会において長野の基本的な姿勢は変わらない一方、3年間で変化・修正した点もある。たとえば、はじめは和菓子を調達して出していたが、参加者が和菓子に興味を持たないことを知ると、出すのをやめ、そのかわりに七草粥など日本人が節目節目で実際に食べているものを出すようにした。

ニューヨーカーに茶道を教えることについて、長野は「人種も様々であり、一括りでカテゴライズできない。日本人対アメリカ人という二元論では考えられない」と前置きしたうえで、「日本人に教えるのとは全く違う」と述べる。毎回、稽古の冒頭部分で禅を行うのもその1つである。また、月謝は（日本では現金、新札で、休んだ回数があっても月々定額で支払うのが一般的であるが）通った回数分の料金をPayPalで支払う。お中元やお歳暮等のしきたりはやめ、海外のスタンダードを導入し、しくみの明快化を図っている（そのかわり、1回分の料金は高めに設定している）。

長野は「茶の湯は日本の誇るべき文化であるが、ずっと日本だけのものにする必要はない」と述べる。おおもとに日本の茶の湯があるが、ニューヨークにはニューヨークの茶の湯があり、パリにはパリの茶の湯があり、そのいずれもが繁栄しているのが理想であるというのである。

## （3） タケミ・フロメジャのケース

タケミ・フロメジャ（Takemi Fromaigeat）は外資系航空会社勤務を経て、2002年からパリで生活している。もともと日本で表千家茶道を習っており、一時中断していたが、パリの友人に誘われて茶道教室に参加したのがきっかけで、2016年から現地の人たちに月3回茶道を教えるようになった。パリの人たちは一般に柔道や空手、漫画など日本文化への関心が高く、弟子は日本人よりもフランス人のほうが多い。初心者対象に定期開催している体験茶会は毎回満席と

なる。茶を飲む習慣はパリに定着しており、受け入れる環境も整っているようである。「パリに住んでいて、お茶人口は増えている感覚があります」という。

　フロメジャは茶道を教える際に「まず日本文化を伝えたい、好きになってほしい」という思いを持っている。フランス人には歴史を尊び、伝統や文化を大切にする気質があり、その点で日本人と共有できる部分も多い、と実感を語る。

　一方で、フロメジャは、「フランスの人は、頭で理解しようとする。日本人（アジア人）は、まず見て真似したり、とりあえず言われた通りやってみようとしたりしますが、こちらの人は理屈で考えます」とも述べる。点前の指導では、あえて数字を用いるなどハッキリ理解してもらうようにしている。

　月謝についても日本式でなく、通った回数を支払うしくみである。「こちらの人たちは、ほかの普通のレッスンを受ける感覚で茶道を習いに来ています。『稽古』という感覚ではないですね。私も日本のやり方を強制することはしません。習いに来てくれてありがとう、という気持です」とフロメジャは語る。彼女は「稽古」を、師匠のもとで一生続くもの、自分を磨くもの、（したがって、通えない週があっても月謝は支払う）という感覚と定義する。お歳暮、お中元のしきたりも無縁だが、「自分から言ったわけではないのに、お誕生日に皆でお金を出し合ってプレゼントをくれました」と振り返った。

## （4）　茶の湯のグローバリゼーションと「わかりやすさ」

　裏千家が牽引してきた1870年代から2010年代に至る茶の湯の国際化は「点前を海外の人に経験してもらう」「日本文化として海外の人に理解してもらう」ことが中心であったといえる。たとえば、海外の観光客が気軽に茶道を経験できるプログラムを京都で提供している倉中梨恵は「まず、シンプルに楽しんでもらうことを心がけている」という。冒頭でイントロダクションとして茶道の歴史や「和敬清寂」等の概念について説明するが、重点は自分で作法通りに茶筅を振って茶を点て、飲んでみることに置かれている。

　この結果、2010年代までの茶の湯の国際化においては、「入りやすい・わかりやすい茶の湯」を探る方向に行きがちであった。テーブルでできる点前はその1つである。同時に、海外の人に興味を持ってもらい、理解してもらうために、「茶の湯の精神」をシンプルかつ単層的語彙（英語）で説明する必要があっ

た。たとえば「茶道の本質は harmony である」「茶道は peacefulness の体現である」などである。伝統的にみれば、茶道／茶の湯は 1 つの言葉で説明することを避けようとするむきがあったが、このようにシンプルに表現することで海外の人にも茶道が受け入れやすくなったことは確かであろう。

　倉中は「シンプルな表現で茶道を説明することで、参加者の興味関心が大きく変わる」と述べる。さらに「茶の湯の本質は国籍に関係ないものである」と主張する茶道家もいる。中根実恵は留学生に茶道を教えている経験から「国籍は問題ない。海外から来て、はじめて茶道を経験した人でも、『清め』の感覚が得られていれば、茶道を理解できる」と実感を語る。同じくフロメジャも「清め」という言葉を使い、「パリの人にも伝わっている」と述べる。フロメジャはさらに「清め、整える。自分の心を整え、場を整える、という感覚です。ごちゃごちゃしたものをまさに整えることは、心を落ち着かせることにもなり、パリの人たちに受け入れられていると思います」と説明する。裏千家教授として京都を拠点に活動するカナダ出身のランディ・チャネル宗榮も「日本人、外国人を区別したくない」と述べる。

　他方で、長野佳嗣は「入りやすさ・わかりやすさ」を完全には肯定しない。「現地の人にはこうしたほうがわかりやすいだろう、と歩み寄りすぎると、結局、彼らは深いレベルまで興味をもってくれない。茶道具であれ、何であれ、日本で用いられているような本物を見せなければ茶の湯は彼らの心に刺さらない」と断言する。19 世紀から 20 世紀前半にかけて、裏千家が国際化を進めた時点では、海外では日本文化も茶の湯の概念もほとんど知られていなかった。このため、茶の湯の存在を知らせる取り組みには大いに意味があった。長野は、茶の湯の認知度が一定水準に達している今日、グローバリゼーションの取り組みは次の段階に進むべきであると述べる。

　次頁図は、これまでの茶の湯の国際化⇒グローバリゼーションがどのように進展＝深化していったかを示している。

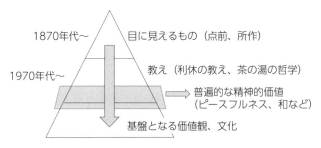

茶の湯におけるグローバリゼーションと価値受容の深化

1870年代〜　目に見えるもの（点前、所作）

1970年代〜　教え（利休の教え、茶の湯の哲学）

普遍的な精神的価値
（ピースフルネス、和など）

基盤となる価値観、文化

　教育学者ペスタロッチは知的、道徳的、身体的な３つの素質（頭＝Head、心＝Heart、手＝Hand）を発達に則してバランスよく成長させるべきと主張した。体だけできても、頭だけ理解しても、十分ではない。この３Ｈの思想を当てはめると、点前はHandであり、三角形の表層部分にあたる。飲茶や道具の取り合わせも含め、「目に見えるもの」といえる。

　「教え」は言語化され、理屈で学ぶことが可能である。３ＨのHeadにあたる。たとえば「和敬清寂」という言葉を学ぶことはでき、茶の湯の精神を知ることはできる。フロメジャは「和敬清寂」を教えても、パリの人は頭で理解しようとする傾向がある、と指摘する。「日本文学や文化に詳しく日本人の考え方をよく知っていると思われる人でも、自分で考え、わかることにこだわる」という。

　図の２層目の部分は、言語化をわかりやすくシンプル化したことで茶の湯が普遍化したことを示す。この層でとどまると、茶の湯は人間であれば誰でも共有、理解、享受できるユニバーサルなものだと理解される。

　基盤となる価値観は文化そのものを核心とする。３ＨのHeartにあたる。たとえば長野は「日本人は初めて茶室に入ったとき、空気を壊さないようにと心がけるだろう。周りの人のふるまいを見て、真似しようとする。基本的に『型』を受け入れる文化である。しかしニューヨーカーは違う。他人のふるまいを見て真似しようとしない。自分がこうしたい、と思えば躊躇せずにそうする。『型』をネガティブに捉える傾向がある」という。長野は、こうした文化における茶道の稽古は「想像が全く通じない世界だった」と回想する。

　茶事に参加する場合、日本であれば特別な気持で準備することが期待される。ニューヨークでは「お金を払っているのだから、自分は客」という意識が強い

という。長野は「文化ネイティブ」という表現を用いたが、「深い知識の有無にかかわらず、対象に対してなんとなく大切なものとして捉える姿勢の有無」は茶道を教える／習ううえで大きな差を生むという。フロメジャは「モノや理屈は伝わりやすいが、精神の面は時間がかかるし努力がいります」と述べる。

難しい問題もある。茶道では流派によって男性と女性の袱紗の色が違ったり、点前が違ったりということもある。この点をグローバルスタンダードにあてはめたほうがよいのか。「文化」として残すべきか、という問いも発生する。この問いは、「日本でも遠くない将来直面する可能性があるかもしれない」と長野は推測する。

## 4　グローバリゼーションと茶の湯のオーセンティシティ

茶の湯のグローバリゼーションの変化によって、茶の湯の価値はどのように変わったであろうか。概略的にいうならば、「点前の体験重視」から「茶の湯の基盤となる価値観の共有」へと変化している。岡田は前述のオンラインワークショップとは別に茶の湯研究会も主催しているが、その研究会では、「茶の湯はこういうものである」という言い方はしない。「外からどう見られているかを意識することは、茶の湯の再構築に必要」と岡田は述べる。これは、日本文化を「外の目」で見直すという姿勢につながる。

オンライン茶の湯研究会においては「リアルで集うことの意味」がディスカッションのテーマに上ることもしばしばである。ＶＲ技術や分身ロボットを活用する岡田は「リモートでできること、できないことがわかってきた。テクノロジーは素晴らしいが、それをもってしてもできないことこそ、茶の湯の本質かもしれない」と述べる。岡田はそれを「自分の身体で経験すること」である、と仮説的に述べている。

岡田と長野の姿勢を茶の湯のオーセンティシティという視点から考えてみよう。岡田も長野も、日本文化である茶の湯のグローバリゼーションが重要であるという点では同じ立場である。しかし、前掲の図でみれば、岡田は茶の湯を超えた普遍的な価値を重視していると考えられる。茶の湯の価値について、茶の湯を知らない人と意見を進んで交わし、その議論から茶の湯の本質を（ゼロベースで）考えようとしている。また、リアルな身体性を不可欠な要素として

捉えている。オンラインを経験したことでリアリティの重要性を実感したともいえるだろう。長野は伝統的な日本文化をまずそのまま「これがわれわれの文化だ、と薄めずに」伝えることを重視する。自分からわかりやすい説明はせず、経験を重ねるなかで感じ取ってもらいたい、という。両者の立場をもとに比較したのが以下の図である。

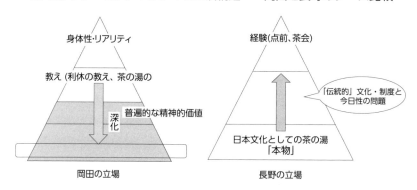

ここでもう1つの問題が浮上する。茶道の顧客も同じく3層に分化するのか、表層から基底層までどのように深化するのか、という問いである。今日の日本人の場合であれば、「点前への興味」「茶室や道具への興味」などの表層部分から、点前などの経験で中間層に向かうが、「（日本人の場合、）茶道の教えや概念は、教わるより前にうっすら知っていることが多い」（長野、倉中、中根）という。点前を経験して、曖昧な既知の言葉の意味が腑に落ちる。そこでこれまでバラバラに認識してきた日本文化を深いレベルで実感するのである。基底部分に移行するハードルは低いといえるのではないか。

　茶道誌『なごみ』2020年7月号「海外の人に聞きました　茶の湯アンケート」によれば、外国人は「日本文化（禅、様式美、文学等）が好き」という回答がある一方で、多くの場合は、テレビや映画で見た、武士道に興味を持った、抹茶が好きだった、ということから茶道を知り、点前を経験する。長野によれば、言語化された概念は理解されやすい、という。そこから（日本文化の枠を超えた）普遍的な価値の理解に深化することは比較的容易であろうが、茶の湯の文

化が拠って立つ文化そのものの理解には一定の年月がかかるかもしれない。「日本語がわからないから、本質的なところが理解しづらいというストレスがある」という声もある。一般には、「リフレッシュできる、安らぎ効果を感じる、歴史を感じる、芸術的アイデアを得る」といったレベルで茶の湯を経験する、いわば「体験プラスアルファ」のレベルでとどまる人も少なくない。

フロメジャは「茶道など『道』への関心は高い」というが、文化を（理屈や概念でなく）深いレベルで理解するには時間がかかる、と実感を語る。彼女は、フランス人が茶道を始めてまだ年月が浅いうちは、茶道を習うことで「癒される」感覚をもつ場合が多いという。

## 5　結び

これまで、茶道界は「茶道を知らない人に、茶道を伝える」ことを課題としてきた。裏千家の長年にわたる海外発展の取り組みもあり、今日、茶道について海外で一定の認知はされているといえる。裏千家はゼロから海外の市場を広げたという点で非常に意味があった、と長野は評価する一方で、「これから同じことを繰り返していくわけにもいかない」という。裏千家は現地在住の日本人（企業勤務者の家族など）から稽古者人数を拡大していったが、そうしたサークルは外国人にとっては入りにくい。いまは、海外の人たちに直接茶の湯を伝えていくべきだ、それも流派の垣根を超えて、茶道界全体が一丸となって取り組むべきだ、と長野は述べている。さらに長野は「茶の湯が生き残るためには、海外に拠点を移して活動することが必要。日本にいたままで『グローバル化』を考えても限界がある」と力をこめる。

Facebook におけるコミュニティ「茶の湯交流会」において、2022 年 1 月に、フランスで茶道をしているという人から、「現地の人むけに茶道の様子を撮影してもらうことになったが、畳がない、和の花がない、道具が十分でないという問題をどうすればよいか」という趣旨の問いが投稿された。これに対して、コミュニティのメンバーが「茶の湯の価値観を共有するのが第一であって、何を使うかは二の次だと思う」「お客様にあわせたしつらいが大事」といった意見を出し合っていた。家元の考えや方向性に従うのが前提であるとしても、一般の茶道愛好家が自分事としてグローバリゼーションをとらえ、問題解決に加

わろうとしているといえるだろう。

　本節の理論的・実践的貢献は、茶の湯のグローバリゼーションの進展・コロナ禍での展開から、茶の湯のオーセンティシティの次元として、茶の湯の価値の３層構造と、茶の湯の実践におけるその深化のプロセスを明らかにしたことである。日本人客、海外の客にとっての茶の湯の３層構造についても分析を行った。このことは、今後茶道が海外に広まるうえで重要なヒントとなりうる。

　しかし、茶道が海外に広まるためには、抹茶農家や畳、和菓子といった関連業界の連携も不可欠である。政府、茶農家を含め、業界全体としての取り組みをもっと進めるべきであるという意見もある。長野は次のように言う。「海外に茶道を広めよう、としても、今後ブームが起こるなどしてニーズが５倍、10 倍になった場合、原料となる抹茶が確保できるのか。業界全体として、連携が取れているとは言えない」と。ここではこの点について掘り下げることができなかった。今後の課題としたい。

## 第３節　パインとギルモアの２つのモデルの適用

　マーケティング論の世界では、Vargo and Lusch（2004）の「マーケティングの新たなドミナント・ロジックへの進化」という論文の登場以来、サービス・ドミナント・ロジック（ＳＤＬ）の考え方が支配的になっている。ＳＤＬとは、製品でマーケティングの世界を考える（プロダクト・ドミナント・ロジック：ＰＤＬ）よりも、サービスを中心にその世界を解釈した方がより整合的に説明できるという考え方である。

　例えば、消費者は洗濯機が欲しくてそれを購入するのではなく、洗濯機が提供するベネフィット（衣料品を洗濯してくれるコト）を求めてそれを購入するのである。そう考えると、クリーニング・サービスと洗濯機も「衣料品をきれいにしてくれる」というベネフィットでは統一的に説明することができる。洗濯機という製品（モノ）もクリーニング・サービス（コト）を同一次元で説明することが可能になるのである。洗濯機という製品はベネフィットを消費者に提供するためのプラットフォームということになる。

　従来、サービス・マーケティングは製品マーケティングの例外という形で取り扱われてきた。製品は在庫が可能だが、サービスは在庫が不可能である。また、サービスの生産にはサービス提供者と消費者のリアルタイムでの相互行為が必要とされる。機械生産される製品の品質は一定であるが、サービス品質はサービス提供者の能力と消費者の協力関係、またサービスが生産される環境によっても大きく左右される。何よりも、製品は目に見える（ビジブル）のに、サービスは目に見えない（インビジブル）。ＳＤＬの登場によって、このような例外を意識する必要は低下するのである。といっても、製品とサービスのこのような違いが存在すること自体は重要である。

　ＳＤＬが登場した背景には、実体経済に占めるサービスの比重、具体的にはＧＤＰや就業者数に占める割合が急速に高まっている実態が存在する。また、製造企業のサービス業化（servitization）という収益構造の変化という実態も存在する。メーカーは製品を消費者に販売するだけではなく、製品を消費者との継続的関係を維持するためのプラットフォームとして活用し、メンテナンスサービスや製品をより自由に楽しむためのサービスを提供することで、より多

くの収益を獲得しているという変化も存在するのである。

　マーケティングの実務の世界ではすでに「モノからコトへの変化」が声高に叫ばれてきた。そのことを端的に示したのが、パインとギルモアの「経験経済」への進化プロセスのフレームワークである。

　Pine and Gilmore（2014, p.27）は横軸を「価格設定」、縦軸を「競争的なポジション」とする図で「経済的価値の進化」の最終版を示している。当初、Pine and Gilmore（1998, p.98, 1999, p.22）では、「コモディティ」段階から「経験」段階までしか示されていなかった。ところが、Pine and Gilmore（2014）では、それが「変容（Transfomations）」段階まで延長されたのである。

　Pine and Gilmore（2013, p.27）は経済価値の進化を、5段階に分けて論じている。コモディティ段階とは、大地からモノ（植物や鉱物など）を抽出する経済段階である。彼らは「コモディティは、製品を構成する材料にすぎない」と説明している（Pine and Gilmore 2014, p.24）。同じ種類のコモディティは同質的、つまり非差別的であり、市場の需給関係によって価格も決定される。次の段階は「財（goods）」である。彼らは「財とは、それが提供するサービスを物理的に具現化したものにすぎない」と説明している。財がカスタマイズされると「サービス」になる。彼らは、「サービスはそれが生み出す経験のための一時的な活動にすぎない」と説明している。サービスがカスタマイズされると「経験」になる。彼らは「経験とはそれが可能にする変容のためにのみ記憶に残る出来事である」と説明している。経験がカスタマイズされると「変容」なるが、彼らは「変容とは神によっていつか植えつけられる完全性のための地上の可能性にすぎない」と説明している。

　経験を価値あるものにするのは舞台である。彼らは経験経済の下では、記憶に残る経験の提供者はステージャー（演出家）でなければならないとする。Pine and Gilmore（2014, p.27）はそれを次のように説明する。「商品、財貨、サービスはすべて買手個人の外部に存在するが、経験は買手の内部で起こるものである。経験演出家は、それぞれのゲストを魅了し、思い出を創り出すために、感覚、印象、パフォーマンスを一緒に演出することで、効果的に顧客の内側に到達する。これが、経験演出においてカスタム化が非常に重要な理由である。企業が個人に合わせてカスタム化することで、その人のためだけに作り出され

る提供物の創造にその人が参加することになり、記憶に残るイベントになりやすい。一人一人の体験の中心に個人がいる以上、カスタム化は非常に重要であり、一方でマス・カスタマイゼーション（効率的に顧客に独自のサービスを提供すること）はエンゲージメントのコストを下げる」。

　経験がカスタム化されると、それは「変容」になる。彼らは「変容とは、経験を取り込み、それを顧客の人生に統合することで、その顧客を、その程度だけでなく、種類においても、価値ある形で変化させることである」（Pine and Gilmore, 2011, p.33）と説明している。

　Pine and Gilmore（1999）は、「第 2 章　舞台の設定」において有名な 4 Eモデルを提示している。1 つの円を四分割した図によって左上の領域の Education（教育）、右上領域の Entertainment（娯楽）、左下領域の Esthetic（美的）、右下領域の Escape（日常逃避的）という 4 つのタイプの経験が示されている。横軸は「顧客が経験に受動的に参加するのか、それとも積極的に参加するのか」の軸である。縦軸は顧客が経験に没頭する（absorb）するのか、それとも参加者と環境とに一体化する（immerse）のかどうかの軸である。理解しにくいのは「没頭」と「一体化」である。没頭とはその経験に没入することである。チクセントミハイのフロー体験、アスリートのゾーン体験、あるいはマズローのピーク体験がそれに当たる。他方で、「一体化」とは文字通り、その環境が提供する状況に「浸り切る」ことである。

　ワイナリー・ツーリズムの分野では、この 4 Eフレームワークが用いられる場合が多い（Quadri-Felitti and Fiore, 2012, Thanh and Kirova, 2018, Duan, Arcodia, Maa, and Hsiao, 2018）。例えば、Quadri-Felitti and Fiore（2012）は、ワイン・ツーリズムが観光客に提供する 4 つの経験を分析した既存研究をレビューし、4 Eフレームワークを用いてまとめている。彼らは各象限の経験を 4 つずつ列挙しているが、Thanh and Kirova（2018, p.32）は経験要素を追加し、次のようにまとめている。「教育的」の象限とは、例えばワイン・テイスティングやセミナーのように「観光客は知識や技術を高める」である。「娯楽」の象限は、例えばワイン博物館や遺産見学、ワインセラーでのコンサートなど「観光客は催し物に夢中になる」である。「日常逃避的」の象限は、馬車によるブドウ園ツアーやブドウ摘み機に乗ったブドウ収穫体験など「観光客は、異なる

時間や場所に参加することで深く魅了される」である。「美学的」象限は、典型的なレストラン、バー、カフェを楽しんだり、ブドウ畑が並ぶ田舎道をドライブしたりして、「観光客は感覚的な環境によって精神的に豊かになる」である。

このモデルの中心点は「スウィート・スポット」と表記されている。Pine and Gilmore（1998, p.102）では、それは次のように説明されている。「一般的に、ディズニー・ワールドに行ったり、ラスベガスのカジノでギャンブルをしたりするような最も豊かな体験は、4つの領域すべての側面を包含しており、スペクトルが交わる辺りに『スウィート・スポット』を形成していることがわかる。しかし、それでも可能な体験の宇宙は広大である。結局のところ、経営者が自問自答できる最も重要な質問は、『わが社は具体的にどのような体験を提供するのか』ということである。その体験がビジネスを定義するようになるのである。」

スウィート・スポットの観点から考えるとワイン・ツーリズムの4つのEの項目は多いし、しかも4体験ごとのバランスもとれている。この意味で、このワイン・ツーリズムが提供する潜在的な経験価値は高いと判断できる。

日本の伝統文化である茶の湯を4Eフレームワークの観点から考察すると、以下の図のようになる。

## 茶の湯体験の4Eフレームワーク

アブソープション

**娯楽**
*五感を用いて場を楽しむ*
・茶釜の湯が沸く音
茶をたてる動作
・一連の型の流れ
・毎回の茶会の統一テーマの発見
・生け花、掛け軸
・菓子、懐石料理

**教育的**
*日本文化の教養*
・毎回の茶会の統一テーマの発見
・しつらいの季節感の解釈
・茶道具や茶器の歴史的解釈
・菓子、懐石料理

受動的
参加

積極的
参加

**美学的**
*日本的な会場、しつらい、*
*道具の取り合わせ*
・季節感の演出（生け花、掛け軸など）
・茶器を愛でる
・点前を楽しむ
・茶室のしつらい
・茶室を取り巻く庭園
・菓子、懐石料理

**現実逃避的**
*場に集うことの喜び*
・和敬清寂の境地
・一期一会
・賓主互換
・精神統一
・一座建立

イマージョン

　最後に、経済価値の進化モデルの最終段階の「変容」について考察する。すでに説明したように、Pine and Gilmore（2011, p.33）は、「変容とは、経験を取り込み、それを顧客の人生に統合することで、その顧客を、その程度だけでなく、種類においても、価値ある形で変化させることである」と説明している。実は、観光研究においては、ここ数年、Pine and Gilmore（2011）が経済価値の進化モデルの最終段階であるとする「変容」を中心テーマとしたいくつかの論考が出現している。以下で敷衍する。

　例えば、Zhao and Agyeiwaah（2023）は、2021 年 12 月までにこの分野で出版された査読付きジャーナル論文を検索し、67 本の論文を発見した。それらの論文は、マス・ツーリズムに代替するという意味でオールタナティブ・ツーリズム（alternative tourism）という名前で一括されている（Zhao and Agyeiwaah, 2023, p.192, Pung, Gnoth, and Chiappa, 2020, p.2）。分野別では、ボランティア・ツーリズムが 12 論文と最も多く、次いで教育的ツーリズムが 8 本、エコツーリズムが 4 本というような分布になっていた。

　旅行者が価値観の変容を引き起こすきっかけは、ジャック・メジロー（Mezirow, 1997）の変容的学習理論のフレームワークが参照される場合が多いことも発見されている。メジローは、変容的学習モデルを価値観変容のきっかけから新しい価値観の十全の受容に至るまでの 10 段階のプロセスと措定している。彼は第 1 段階の「きっかけ」を、生活環境の劇的な変化によって、これまでの価値観に当惑するような違和感が発生する場合と特定化している。

　Sheldon（2020）は、観光客の価値観の変容プロセスを次のようにまとめている。観光客が旅行で価値観の変容を経験するケースであるが、それには 4 つのタイプとそれらの組み合わせが存在する。4 タイプとは、「旅行者間や現地の人々との深い人間的なつながり」、「深い環境との結びつき」、「自己探求」、「旅行先の地域での熱心な社会貢献活動への従事」である。4 つのタイプ間での結合が多いほど、価値観の変容は容易になる。

その結合から、2つの変化が発生する。1つは「変容の瞬間と変容経験」である。それらには、畏敬の念やワンダー体験、ピーク体験、強烈な感情の生起、強烈な感覚刺激体験、これまでの価値観を揺さぶるようなディレンマや挑戦、フロー状態、マインドフルネス、緩やかで単純でオーセンティックな経験が挙げられている。

　もう1つは「変容した意識の属性」である。これはきっかけ体験から直接的に価値観の変容が発生する場合である。それらは変容した意識の属性として、変容した価値観、より大きな善への焦点、小さなセルフの超越、高次元の意識、より高次のパワーとの結びつき、この瞬間に生きるという意識、一体感、静かで穏やかな心理的状況や喜び、内なる自由である。そうでない場合には、「変容経験」が統合されて「価値観の変容」が発生する。

　もう1つのモデルを紹介する。Pung, Gnoth, and Chiappa（2020）のモデルがそうである。このモデルもジャック・メジローの10段階変容モデルを踏襲している。良くできた変容的旅行体験の概念的フレームワークである（Pung, Gnoth, and Chiappa, 2020, pp. 7-9）。旅行に出かけることによって、観光客はリミナリティ（日常生活と非日常の境界領域）、カルチャー・ショックや課題に直面する。これらは旅行中に文脈的刺激となる。これらの刺激が、ピーク・エピソード、現在の価値観／視点が揺さぶられるディレンマ（disorienting dilemmas、メジローの10段階プロセスの第1段階）になる。なお、Pung, Gnoth, and Chiappa（2020, p.4）は「ピーク・エピソードは突然の啓示をもたらし、実存的変容の引き金となる。それは、旅行の終盤に起こるセレンディピティな瞬間（他の人々とのつながり、山の頂上への到達、地元の印象的なパフォーマンスの目撃など）を描写している」と説明し、ピーク体験と互換的に使用している。身体的なパフォーマンスも日常生活との質的な違いの感覚（例えば、瞑想体験）をもたらす。それらは旅行者が、周囲の物理的、心理的、社会学的な差異に関連して、目的地と自宅での在り方や行動の間に不一致を感じ、突然気づき動揺する状態を示している。それをPung, Gnoth, and Chiappa（2020, p.4）は「突然の気づきと断片化」をもたらすと表現している。

　それらはリフレクション（内省）をもたらすことになり、現在の体験と過去の記憶とを関連づけたり、世界における自分の位置に関する新しい解釈を行う

ことになる。リフレクションが自分自身に向けられた場合、価値観の再統合が
発生し、異なった人生観や自分らしさの感覚を確立する。他方で、リフレクショ
ンが外界に向けられた場合、知識の再統合が起こなわれ、新しいスキルや、異
文化間の新しい気づき、サステナビリティへの深い気づきが発生することにな
る。そして、新しく得た知識や価値観は、観光客の態度を変え、一時的な習慣
が形成される。それらは帰宅後の行動の変化につながるのである。

# 第4節　コロナ禍における茶の湯のイノベーションの発生：ケース・スタディ

本節では、本章の第1節以下で紹介したコロナ禍での茶の湯の在り方（ビジョン）を構築し、それを実践している若手茶道家たちのケースを分析する。そのなかから、彼らがコロナ禍を契機としてどのようにして茶の湯のイノベーションを発生させたのかを明らかにする。

## 1　ブリコラージュからの出発

まず、本章第1節で紹介した1951年に千宗室の茶道使節としてのアメリカ訪問を振り返る。彼は次のように回顧している。「茶道の紹介と普及とはいっても、単身の私は父が書いた一行『和敬清寂』と茶道具一揃いしか持っていない。足りない道具はその場で作ったり、あるものを代用したり、工夫のお茶でもあった。その地に畳がなければ、シーツを敷き、その上に黒いテープを張り、畳の大きさを示してお点前をしてみせた」と。これは、まさにブリコラージュ的茶道である。

ブリコラージュとは、Levi-Strauss（1966）の造語である。手持ちの資源を臨機応変に転用することによって急場をしのぐという方法を意味する言葉である。Witell et al.（2017, pp. 291-292）はそれを次のように説明している。「（ブリコラージュは元々）Levi-Strauss（1966）によって紹介されたもので、彼は基本的にエンジニアとブリコルール（ブリコラージュを行う人－筆者）を対比している。エンジニアが特定の手順に従って仕事をするのに対して、ブリコルールは『手近にあるものなら何でも』使う人であり、この資源のレパートリーは奇妙で異質なものである可能性がある」。

また、岡田宗凱のオンライン茶会のケースもそうである。「スタート当時はコロナ感染拡大防止のための自粛期間中で百貨店が閉まっていたため、参加者にはそれぞれ好きな菓子を用意してもらい、『抹茶を家に常備していない人は紅茶でもよい』ことにした。何をどう飲むかでなく、『大事なのは心の交流であり、オンラインであってもお茶を一服差し上げたいという想念は届くのでは』」と当時を回想している。

それぞれが好きなお菓子を自分で用意する。抹茶がない人は紅茶でも良い。この 2 つは典型的なブリコラージュである。また、岡田が「何をどう飲むかでなく、『大事なのは心の交流であり、オンラインであってもお茶を一服差し上げたいという想念は届くのでは』」と発言していることは、エフェクチュエーションの「飛行機のパイロット」の原則である。自分が達成したい理念やビジョン・パーパスを自分がコントロールできる活動によって実現するという原則である。エフェクチュエーション全体を貫く行動原理（＝世界観）である（Sarasvathy 2009）。

経済社会システムが安定しているときには予測をベースにしたコーゼーションが効果を発揮する。しかし、予測が困難な不確実性の時代には、自分がコントロールできる活動によって好ましいビジョンを切り開いてゆくという方法が有効である。岡田の VR の活用も Orihime の活用も飛行機のパイロットの原則に基づいた手中の鳥の原則（Who I am, What I know）の発揮である。Who I am は「お茶を知らなかった人に、お茶の精神を広めていきたい」「一般には、お茶はハードルが高いと思われがちだ。そのハードルをどんどん下げていきたい」という茶道家としてのコロナ禍のなかでの岡田の茶の湯のビジョンの現われである。岡田は、VR や Orihime の存在を知っており、それらを茶道に生かすべき勉強をして、試行錯誤している。この部分は、手中の鳥の原則（What I know）とエフェクチュエーションの第 2 の原則である「許容可能な損失の原則」である。この段階になると、岡田の戦略はブリコラージュの域を脱して、完全にエフェクチュエーション・モードに切り替わっている。

Witell, Gebauer, Jaakkola, Hammedi, Patricio, and Perks（2017）は、ブリコラージュによるサービス・イノベーションの発生プロセスを次のようにモデル化している。ブリコラージュは手持資源が稀少な場合の緊急事態（ピンチとチャンスへの対応の両方が含まれる）への対応方法である。このモデルではサービス業が事例であるが、その様な緊急事態が発生した場合（例えば、コロナ禍で茶の湯をどのように運営して行けば良いのかという課題が発生した場合）、緊急事態には、手持ち資源での対応、手持ち資源の即興的な再結合、外部のパートナーに助けを求めるといった方法で対応がなされる。この 3 つの対応策のうちで、具体的にどのような対応策の組み合わせが選択されるのかは、緊急事態

発生時の組織の3つの与件である「サービスのタイプ」、「資源の希少性の状態」、「新サービス開発の進展状況」によって決定されることになる。資源の希少性という状況下での緊急事態への3つの対応の結果、サービス・イノベーションが発生する。

Witell et al.（2017）のブリコラージュによるサービス・イノベーション発生モデルは、本章で紹介した若手茶道家たちのコロナ禍での茶道の適用プロセスを見事に説明することができる。

## 2　ブリコラージュ、エフェクチュエーション、コーゼーションの関係

改めて、ブリコラージュ、エフェクチュエーション、コーゼーションの関係について考察してみる。Servantie and Rispal（2018）は、この3者間関係を見事に説明している。以下で敷衍する。

ブリコラージュの意味はすでに説明した通りであるが、彼らはブリコラージュの特徴を「インプロビゼーション（即興）、革新的な資源の再利用／他の用途（物理的、労働、スキル）、未来をコントロールしようとはしない」と説明している。エフェクチュエーションの特徴は、「起業家のwho I am、what I know、whom I knowという手持ち資源（『手中の鳥の原則』）を活用して、予測不可能な未来をコントロールすることであるが、その際には『許容可能な損失』の原則を適用する」ことが不可欠となる。

ブリコラージュとエフェクチュエーションには共通の要素が多くある。Servantie and Rispal（2018）は、両者間の共通要素として「実験化、解決するために手持ち資源を結合、社会的に構想された資源環境／ステークホルダーの関与が新しい手段をもたらすこと、柔軟性、そして規則と標準をベースにした作業」を挙げている。

エフェクチュエーションに対するブリコラージュの特徴は、「未来をコントロールしようとはしない」ことにある。ブリコラージュは、急場しのぎであるので、手持ち資源の転用も含めて、とにかくその場のチャンスをモノにしたり、ピンチを凌ぐことが中心になる。それがまた新しい道を切り開くことにつながってゆく。他方で、エフェクチュエーションは時間的な余裕がある場合の実現したいビジョンの実現方法である。したがって、その実現に必要な資源を「ク

レージーキルトの原則」を活用して獲得したり、組織内で蓄積したりすること
ができる。岡田の場合の Orihime や VR についての知識の獲得や機器の取得が
それにあたる。

　これら 2 つの戦略の原理とコーゼーションとは共通点は少ない。エフェク
チュエーション概念の創始者である Sarasvathy（2001, 2008）は、エフェクチュ
エーション概念の反対はコーゼーションであると明言している。さらに、彼女
はコーゼーションの代表例は Kotler の STP マーケティングであると言う（2001,
p.246; Read et al., 2009）。Sarasvathy（2001, p.246）では、STP プロセスを具
体的に以下のように説明している。以下では、当該箇所を直接に引用する。

　「Kotler は市場を次のように定義している。『市場は特定のニーズやウォン
トを共有するすべての潜在的な顧客から構成される。その顧客はそのニーズや
ウォントを満足させるために交換に従事する意志と能力を有するはずである。』
製品やサービスが与えられると，Kotler はその製品やサービスを市場に持ち込
むための以下の手続きを示唆している（Kotler が市場の存在を前提にしている
ことに注目せよ）。

　1.　市場の長期の機会を分析する
　2.　ターゲット市場を調査し、それを選択する
　　・セグメンテーション変数を確定し，市場をセグメント化する
　　・結果として出現した各セグメントのプロフィールを発展させる
　　・各セグメントの魅力を評価する
　　・ターゲット・セグメントを選択する
　　・各ターゲット・セグメントに対する考えられるポジショニング・コン
　　　セプトを確定する
　　・選択されたポジショニング・コンセプトを選択し、展開し、そしてコ
　　　ミュニケートする
　3.　マーケティング戦略をデザインする
　4.　マーケティング・プログラムを計画する
　5.　マーケティング・エフォートを組織化し，実施し，そして統制する

　まさに、STP マーケティングとは、セグメンテーション⇒ターゲティング⇒
ポジショニングというマーケティング戦略の一連のプロセスである。市場調査

を行い（セグメンテーション）、自社に相応しい顧客セグメントを選択し（ターゲティング）、そしてその顧客のニーズをさらに精査し、彼らが必要とする製品・サービスを開発し、彼らが納得する価格を設定し、彼らが購入しやすい販路を構築し、そして彼らに素晴らしい製品・サービスがお得な価格で、どこどこで購入することができると販売促進する（これらの一連の行為がポジショニング、Product、Price、Place、Promotion、つまり４つのＰを決定し、実行することなので４Psとも、あるいはマーケティング・ミックスの決定、実行との表現される）を意味する。売上や利益目標を設定し、それらを実現するための原因（コーズ）となるSTPマーケティングを実行するという意味でコーゼーション（因果法則）なのである。

　エフェクチュエーションとコーゼーションとの共通項は事前のコミットメント（ビジョンの設定 vs. 数字としての目標）である。ブリコラージュとコーゼーションの共通項はビジョン（急場しのぎの後に現れるビジョン vs. 数字目標としてのビジョン）だけである。

## 3　茶の湯のオーセンティシティの外国人との共有

　既に紹介したように、ニューヨークで茶道の講師をしている長野は、「お茶会では三分の一の時間を質疑応答に充てている。日本では質問といえば点前や道具についてのものが多い（そもそも質問が出ない）が、アメリカでは精神的な問いや禅との関係など突っ込んだ質問をされる」という。「日本人の場合は体験重視、あとに知識を得て腑に落ちるというパターンが多い。アメリカ人は理屈で考える傾向がある」と述べている。

　さらに、長野は次のようにも語っている。「日本人は初めて茶室に入ったとき、空気を壊さないようにと心がけるだろう。周りの人のふるまいを見て、真似しようとする。基本的に『型』を受け入れる文化である。しかしニューヨーカーは違う。他人のふるまいを見て真似しようとしない。自分がこうしたい、と思えば躊躇せずにそうする。『型』をネガティブに捉える傾向がある」という。長野は、こうした文化における茶道の稽古は「想像が全く通じない世界だった」と回想する。

　同様に、フランスで茶道を教えているフロメジャは、「フランスの人は、頭

で理解しようとする。日本人（アジア人）は、まず見て真似したり、とりあえ
ず言われた通りやってみようとしたりしますが、こちらの人は理屈で考えます」
と述べる。彼女は、点前の指導では、あえて（日本ではしないような）数字を
用いるなどハッキリ理解してもらうようにしている。

　日本は集団主義の文化であり、米国は個人主義の文化であると良く言われる
が、長野の「想像が全く通じない世界だった」という体験はこのことを如実に
示している。集団主義と個人主義文化以外に、もう 1 つ有名な文化比較のフレー
ムワークが存在する。それは文化人類学者の Edward T. Hall が 1959 年に出版
した *The Silent Language* という書物の中で展開したフレームワークである。
ハイ・コンテクスト文化（high-context culture）とロー・コンテクスト文化と
の対比である。以下で説明する（Sato and Parry 2013）。

　ハイ・コンテクスト文化圏の人々は、コミュニケーションの場の文脈に必要
とされる情報が多く含まれているので、コミュニケーションに際して言葉で直
接に伝えない場合が多い。Hall は、日本人が最もハイ・コンテクストのコミュ
ニケーションを行うと位置づけている。つまり、日本人は「空気」を読みなが
らコミュニケーションを行うのである。逆に、ロー・コンテクスト文化におい
ては、コミュニケーションの場の文脈にほとんど情報が含まれていないので、
言葉によって直接的にコミュニケーションを行う。ドイツ語が最もロー・コン
テクストで、次いで英語がそうであると Hall は位置づけている。フランス語は
ハイ・コンテクストとロー・コンテクストの中間なので、フランスで茶道を教
えているフロメジャが、それでも茶道の場合には日本とはまったくことなった
思考・行動様式をとることにカルチャー・ショックを受けたと語っていること
は興味深い。

　次頁の図を見てほしい。表層はブリコラージュ的に対応が可能な領域である。
中間層の理解については、まさにエフェクチュエーションの手中の鳥の原則が
支配している世界である。そのなかでも、特に What I am と What I know が
大きな影響を発揮する領域である。

　日本人は集団の中で身体的な型を通じて、茶の湯の哲学を体感的に理解して
ゆく。他方で、長野やフロメジャは、米国やフランスでは「理屈で考える傾向」
や「型を嫌う傾向」が存在すると把握している。それでも、中間層の理解は浸

透させることは困難ではあるが、何とか理解してもらうことは可能であろう。最大の問題は茶の湯の第3層の深層部分、いわば茶の湯のオーセンティックな思想や哲学にかかわる部分の理解の共有である。項を変えて説明する。

## 茶の湯におけるグローバリゼーションと価値受容の深化

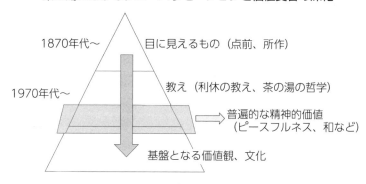

## 4　茶の湯のオーセンティシティの浸透（続）

　本書の著者たちは、シャインの組織文化の三層構造モデルをヒントにして「茶の湯の三層構造モデル」を提示している。以下の図である。

## 茶の湯文化の三層構造モデル

（出所：Schein 2010, p.24, 邦訳, p.28, の内容に基づき、筆者が作成）

　茶の湯の場合もシャインのモデルと同じように考えられる。海外の人々にとって、第三層の基層部分の十全な理解が困難な理由は、それがアサンプション（assumption）の受容にかかわっているからである。アサンプションは通常は「仮説」と翻訳されるが、Schein（2010）では、普段から意識されず、当然のこととして抱かれている組織についての信条や価値観のこと（＝「大前提」）を意味するとしている。この基層が中層や表層を律しているのである。組織内部の人間にとってはいわば「暗黙知となっている」価値観等である（組織文化のケース・スタディについては、井村・佐藤, 2022、を参照されたい）。

　その意味で、組織内部からこの基層の価値観や世界観を変革することは困難である。個人の場合も同様である。そのためには外部からの何らかの働きかけが必要とされる。学術研究の場合には、それは「スレッショルド・コンセプト（threshold concept）の受容プロセス・モデル」として研究されている（相島・佐藤, 2020; 佐藤, 2022, pp. 140-143）。

　スレッショルド・コンセプトの名付け親である Meyer and Land（2003, p.1）は、どんな学問分野にも、「何かについての新しい、以前にはアクセスできなかった考え方を開く、ポータルのようなもの」であるスレッショルド・コンセプトが存在すると提唱している。それは、学習者を新しい知識の領域へと導き、何かを理解したり解釈したりする方法の変革を意味し、思考と実践を結びつける対象への個人的・職業的見解に重要な転換をもたらす可能性を秘めているのである。エフェクチュエーション理論の登場がまさにそうである。

　Meyer and Land（2003, pp. 5-6）は，スレッショルド・コンセプトの特徴として「馴染みのない（unfamiliar）」、「直感に反する厄介な知識」、「関心のある分野で新しいパターンを発見することにつながる統合的効果（integrative effects）」、「より単純な理解への後退が不可能となる不可逆性（irreversibility）」、「行動パターンの変革を可能にさせる（transformation）」、特定の知識領域の境界を確立する（establishing the boundaries boundaries）」の 5 点を挙げている。エフェクチュエーション理論はこの 5 つの特徴を有していると考えられる。

　もう 1 つ、個人の価値観の変容を研究している分野として、変容的消費者研究（transformative consumer research：ＴＣＲ）、変容的サービス研究（transformative service research：ＴＳＲ）、あるいは変容的ホスピタリティ研究（transformative hospitality research：ＴＨＲ）が存在する。これらの研

究でのトランスフォーマティブの意味であるが、ＴＣＲの場合には消費者満足だけではなく、地域コミュニティや社会全体のウェルビーイングを向上させるのに必要となる個人的・集合的価値観の変容を研究対象にしている。同様に、ＴＳＲの場合には、サービス産業での価値観の変容に研究の焦点を合わせている。ＴＨＲの場合には、サービス産業のなかでも特にホスピタリティ業界に焦点を合わせている。

　さらに、観光分野では同様の研究視点から、トランスフォーマティブ・ツーリズム研究が展開されている。例えば、Zhao and Agyeiwaah（2023）は、2021年12月までにこの分野で出版された査読付きジャーナル論文を検索し、67本の論文を発見した。それらの論文は、マス・ツーリズムに代替するという意味でオールタナティブ・ツーリズム（alternative tourism）という名前で一括されている（Zhao and Agyeiwaah, 2023, p.192; Pung, Gnoth, and Chiappa, 2020, p.2）。分野別では、ボランティア・ツーリズムが12論文と最も多く、次いで教育的ツーリズムが8本、エコツーリズムが4本というような分布になっていた。旅行者が価値観の変容を引き起こすきっかけは、ジャック・メジロー（Mezirow,1997）の変容型学習理論のフレームワークが参照される場合が多いことも発見されている。メジローは、変容的学習モデルを価値観変容のきっかけから新しい価値観の十全の受容に至るまでの10段階のプロセスと措定している。彼は第1段階の「きっかけ」を、生活環境の劇的な変化によって、これまでの価値観に当惑するような違和感が発生する場合と特定化している。

　Sheldon（2020）は、観光客の価値観の変容プロセスを分かりやすくまとめている。観光客が旅行で価値観の変容を経験するケースであるが、それには4つのタイプとそれらの組み合わせが存在する。4タイプとは、「旅行者間や現地の人々との深い人間的なつながり」、「深い環境との結びつき」、「自己探求」、「旅行先の地域での熱心な社会貢献活動への従事」である。4つのタイプ間での結合が多いほど、価値観の変容は容易になる。

　そのなかから、2つの変化が発生する。1つは、旅行体験による価値観や世界観の「変容」が引き起こされる瞬間とその体験である。それらには、畏敬の念やワンダー経験、ピーク経験、強烈な感情の生起、強烈な感覚刺激体験、これまでの価値観を揺さぶるようなディレンマや挑戦、フロー状態、マインドフ

ルネス、緩やかで単純でオーセンティックな経験が挙げられている。しかし、これらの体験は一過性のものである可能性が高い。旅行体験を通じて恒常的な価値観や世界観の変化のカテゴリーへとつながる。恒常的な変化状態へは、最初の旅行の4タイプやその組み合わせによっても引き起こされる場合がある。

　恒常的な価値観の変化カテゴリーには、「文字通りの変容した価値観、より大きな善への焦点、小さなセルフの超越、高次元の意識、より高次のパワーとの結びつき、この瞬間に生きるという意識、一体感、静かで穏やかな心理的状況や喜び、内なる自由」のカテゴリーが存在する。

　もう1つのモデルを紹介する。Pung, Gnoth, and Chiappa（2020）モデルがそうである。このモデルもジャック・メジローの10段階変容モデルを踏襲している。彼らは、旅行に出かけることによって、観光客はリミナリティ（日常生活と非日常の境界領域）、カルチャー・ショックや課題に直面する。これらは旅行中の文脈的刺激となる。これらの刺激が、ピーク・エピソード、現在の価値観／視点が揺さぶられるディレンマ（disorienting dilemmas、メジローの10段階プロセスの第1段階）を引き起こす。なお、Pung, Gnoth, and Chiappa（2020, p.4）は「ピーク・エピソードは突然の啓示をもたらし、実存的変容の引き金となる。それは、旅行の終盤に起こるセレンディピティな瞬間（他の人々とのつながり、山の頂上への到達、地元の印象的なパフォーマンスの目撃など）を描写している」と説明し、ピーク体験と互換的に使用している。身体的なパフォーマンスも非常生活との質的な違いの感覚（例えば、瞑想体験）をもたらす。それらは旅行者が、周囲の物理的、心理的、社会学的な差異に関連して、目的地と自宅での在り方や行動の間に不一致を感じ、突然気づき動揺する状態を示している。彼らはそれを「突然の気づきと断片化」をもたらすと表現している。

　それらはリフレクション（内省）をもたらすことになり、現在の体験と過去の記憶とを関連づけたり、世界における自分の位置に関する新しい解釈を行うことになる。リフレクションが自分自身に向けられた場合には、価値観の再統合が発生し、異なった人生観や自分らしさの感覚を確立する。他方で、リフレクションが外界に向けられた場合、知識の再統合が起こなわれ、新しいスキルや、異文化間の新しい気づき、サステナビリティへの深い気づきが発生することになる。そして、新しく得た知識や価値観は、観光客の態度を変え、一時的

な習慣が形成される。それらは帰宅後の行動の変化につながるのである。

## 5　日本でのリアルで茶の湯体験による価値変容体験の提供

　すでに概観したように、現在、新しいタイプの茶の湯のブランド・コミュニティがいくつか存在している。そのなかでも、岡田が目指しているのは、「点前の体験重視」から「茶の湯の基盤となる価値観の共有」への移行である。岡田は、海外の人々との茶の湯文化の基底の共有を重視しているのである。岡田はオンラインワークショップとは別に茶の湯研究会も主催しているが、その研究会では、「茶の湯はこういうものである」という言い方はしない。岡田は「外からどう見られているかを意識することは、茶の湯の再構築に必要」と述べる。これは、岡田にとっての「大前提」としての日本文化を「外の目」で見直すという姿勢につながる。つまり、岡田は茶の湯のアサンプションそのものの再検討を目指しているのである。

　岡田は「リモートでできること、できないことがわかってきた。テクノロジーは素晴らしいが、それをもってしてもできないことこそ、茶の湯の本質かもしれない」と述べる。岡田はそれを「自分の身体で経験すること」であると仮説的に述べている。その意味で、リモート茶会によって「頭から理解」し、茶の湯文化の中間層までたどり着いた海外の人々に、日本で茶の湯のリアル体験をしてもらうことは、まさにトランスフォーマティブ・ツーリズムである。

　Sheldon（2020）や Pung, Gnoth, and Chiappa（2020）のモデルが示しているように、茶の湯の体験だけではなく、価値観の変容を引き起こす他の要因、例えば茶会が行われている会場でボランティア活動を行う、あるいは茶会も行っているお寺で禅の修行に参加するなどの旅行体験をすることは、価値観変容の重要なきっかけになると考えられる。許容可能な損失の範囲内で、それぞれの茶道家たちがクレージーキルトを形成し、そのようなツアーを展開することが茶の湯文化の基層を理解するうえでは決定的に重要であると考えられる。

　以上は、海外からの観光客との茶の湯文化の三層構造モデル全体の共有を試みている若手茶道家たちのケースを分析した。それらをコンセプトマップで示すと次頁のようになる。

## 茶の湯文化の三層構造モデルの基底を共有するための
## エフェクチュエーション戦略

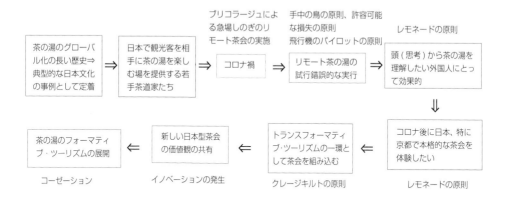

# 第6章 日本型マーケティングの復権は可能か

## 1 顧客変容の仕掛けとしてのおもてなし

　マーケティングの世界では、ここ数年、トランスフォーマティブ・コンシューマー・リサーチ（ＴＣＲ）、トランスフォーマティブ・サービス・リサーチ（ＴＳＲ）などの研究に関心が集まっている。ＴＣＲとは、多様な学際的研究者や実務家との協働を通じて、消費者のウェルビーイングの向上を目指す学術的な動きである（Zeng and Botella-Carrubi, 2023, p.1）。David Mick は、2005 年のＡＣＲ（Association for Consumer Research）会長講演でＴＣＲという言葉を紹介した（Davis and Ozanne, 2019）。その主要な目標は、プラグマティズムと参加型の認識論的基盤によって、関連するステークホルダーが消費者のウェルビーイングを向上させるために利用できる実践的な研究を行うことである。ＴＣＲ研究者の多くは、研究の社会的インパクトを向上させるために、研究プロセスの中で主要なステークホルダーと協力している。

　他方で、ＴＳＲは、特にサービス組織が消費者のウェルビーイングを無視したり害したりしているとの批判への対応として登場してきた。ＴＳＲには、サービスがいかに人間の生活を向上させることができるかを探求することが求められている。ＴＳＲは2010年にAndersonによって初めて概念化された（Anderson and Ostrom, 2015）。ＴＳＲはＴＣＲとサービス研究の交差点に位置づけられている。ＴＳＲは、「個人（消費者や従業員）、コミュニティ、エコシステムといった消費者主体のウェルビーイングの向上的な変化や改善を生み出すことを中心に据えたサービス研究」と定義されている（Anderson and Ostrom, 2015）。Nasr and Fisk（2019）は、ＴＳＲの定義に「苦しみの緩和」という言葉を加え、「ウェルビーイングの向上」以上に拡大することを提案した。その理由は、この「ウェルビーイングの向上」という考え方は基本的ニーズがすでに満たされていることを前提としているが、世界的な難民の状況のように、人々が基本的サービスにアクセスできないケースもあるからである（Ungaro, Pietro, Renzi, Mugion, and Pasca, 2022, p.142）。

　ＴＳＲは、それが調査する成果との関連において、他のサービス研究とは一線を画している。ＴＳＲは、身体的健康、精神的健康、金銭的幸福、差別、識字率、アクセスといったウェルビーイングの増減を示す指標の重要性を強調し

ている（Anderson and Ostrom, 2015）。対照的に、伝統的なサービス研究では、企業の収益性を高める要因を理解するために、顧客満足度やロイヤルティといった指標に焦点を当てている（Ungaro et al., 2022, p.142）。

Ungaro et al.（2022）は、サービスとウェルビーイングとの関係、そして企業がウェルビーイングにどのように貢献しうるのかを明らかにするために、30名の消費者にデプス・インタビューし、そのデータをグラウンデッド・セオリー・アプローチで分析した。彼らの分析からは、トランスフォーマティブ・サービス・リサーチに関する消費者のイメージは以下のようになっている。

　　消費者はサービスとウェルビーイングとの関係を「サービス・サステナ
　ビリティ」（サービスの持続可能性）という大レベルで考えており、その
　下に3種類のカテゴリーをイメージしている。具体的には、「社会的トラ
　ンスフォーメーション」（個人の心理的・身体的安定、経済的安定、毎日
　の生活の単純化から構成される「個人的ウェルビーイング」、将来の世代、
　政治的＆経済的安定から構成される「集団的ウェルビーイング」、そして
　安全性、信頼性、透明性から構成される「制度的枠組み」）、「環境的トラ
　ンスフォーメーション」（生物多様性資源の保全と消費者の協力から構成
　される環境的ウェルビーイング）、そして「経済的トランスフォーメーショ
　ン」（従業員と最終ユーザー、コミュニケーション＆教育、イノベーショ
　ンと技術から構成されるサービス提供者の役割）がそうである（Ungaro
　et al., 2022, p.150）。

以上のように、ＴＣＲやＴＳＲに刺激を受け、マーケティング研究の中心は、消費者満足・顧客満足から消費者・顧客のウェルビーイングの研究へ、そしてそれだけではなく、財やサービスのエコシステムを構成する主体それぞれのウェルビーイングを向上させる研究へと関心領域がマクロ的に拡大していっている。このような研究動向のなかで、「おもてなし研究」はどのような貢献ができるのかが問われなければならない。

茶の湯を集大成した千利休は「和敬清寂」という思想を創出した。この思想は、「誰とでも仲よく、すべてにおいて調和を大事にし、お互いを尊重し合い、何事も心から清らかであること、それによって穏やかで、どんなときにも動じ

ない心にいたる」を意味している。また利休は、一旦、茶室の中に入れば、皆平等であるという思想」を浸透させる努力を行った。例えば、利休は茶室の中ではすべての人が平等ということを示すため、茶室の入り口を低くした。どんなに身分が高い人でも、刀を外し、頭を下げなくては茶室に入ることができなかったのである。

　茶の湯を直接の起源とするおもてなしには、次のようなグローバル・レベルで重視されている価値観や思想が含まれている。ダイバーシティ＆インクルージョンの精神、平和を求める精神、「侘び寂び」に代表されるような歴史や経年劣化の価値としての大切さ、リサイクルに美的価値を見出す「金継ぎ」にはサステナビリティ価値が存在すると考えられる（Taheri, Farrington, Curran, and O' Gorman, 2017）。今後は、ＴＳＲ研究と同様におもてなし研究には実践が重要になる。その際には、Spry, Figueiredo, Gurrieri, Kemper, and Vredenburg（2017）の本業を通じたマーケット・ロジックと社会的ロジックのハイブリッド型市場形成モデルは実践的に参考にされるべきである。

## 2　日本のおもてなしの精神と「共感」

　すでに説明したように、茶の湯を直接の基盤とするおもてなしの精神には、現代社会のキーワードになっている「共感」概念（新井・高橋, 2019）が中心を占めている。海外の共感の研究では、sympathy、empathy、compassion の意味を明確に区別する傾向が強い。

　Sinclair et.al（2017）によると、シンパシー（sympathy）は、「同情に基づく不本意な反応」「自己防衛に基づく、浅はかで表面的な感情」「苦しみに対する、役に立たない誤った反応」と説明される。同じくエンパシー（empathy）は「苦しみに関わること」「その人とつながり理解する」「感情的共鳴、患者の立場に立って考える」ことであり、さらにコンパッション（compassion）は「愛による動機づけ」「対応者の利他的役割行動志向」「小さな親切の自発的行為」と説明される。

　一般に、シンパシーという語は、例えば、隣に苦しんでいる人がいるのを認知しており、その人の苦しみに同情しているが、しかし他人事のレベルな状態にある。エンパシーは、苦しんでいる人を認知しており、かつその苦しみも自

分事として感じているというレベルの状態である。コンパッションは、その人の苦しみを自分事として感じ、そして「どうしましたか。何か私にできることはありませんか」と助力を申し出る感情のレベルである。

コロナ禍の中で看護師が「共感疲労（empathy fatigue）」あるいは「コンパッション疲労」を起こし、仕事ができなくなったり、退職したりするというニュースをよく見聞きした。共感疲労やコンパッション疲労とは、相手の苦しみを自分事として受け取り、自分も苦しんでしまうという状態を意味する言葉である。例えば、Labrague and de los Santos（2021, p.1）は、コンパッション疲労を次のように説明している。「『突然または深刻な喪失に見舞われた個人または集団との介護関係の力学に起因する感情的疲労の状態』と定義されるコンパッション疲労は、患者の苦しみに持続的にさらされること、ストレスの多い職場環境、セルフケアを促進する手段の不十分な活用の結果として生じることが多い」と。

コンパッションの重要性は組織論の研究でも近年になって注目されている。例えば、Dutton, Workman, and Hardin（2014）、Kanov, Powley, and Walshe（2016）、Monica and Dutton（2017）たちの研究は注目に値する（佐藤・林 2021）。日本でも、イムラ封筒（現イムラ）の井村優社長が「思いやりのある会社」であるべきという認識を著書の中で表明されている。以下がそうである（井村, 2022, pp. 78-79）。

井村は、2011 年 3 月 11 日に発生した東日本大震災の時に東京支店にいた。支店の社員は帰宅困難になり、以下の引用は、彼が翌朝まで社内に留まるようにと指示したときのエピソードである。「東京支店には応接室がいくつかあり、そこにあるソファーは女性社員に優先的に使ってもらうようにしました。ところが応接室に行ってみると、外の廊下では段ボールを敷いた床で女性社員が寝ているというのに、部屋の中では古株の男性社員がソファーに長々と寝そべって眠っていたのです。私は驚いてすぐにその男性社員を揺り起こし、ソファーは女性社員に譲ってもらうようお願いしました。すると、その男性社員はいかにも不満げな様子で、一言も口をきかず、どすどすと足音を立てて応接室から出ていったのでした。自分のことしか考えていない社員の姿に私は愕然とし、この夜イムラ封筒は当たり前の常識と思いやりのある会社に生まれ変わるべきだ、と改めて決心したのです。」

Duttonらの組織的コンパッションに関する一連の業績は注目すべきであるが、紙幅の関係で、以下ではSimpson and Farr-Wharton（2017）の研究を紹介する。彼らは、知覚組織支援、組織的コンパッション、組織市民行動、従業員のウェルビーイングの間の関係を実証分析している。彼らのモデルは、組織支援に関する従業員の知覚（「組織は従業員のためにこれだけのことをしてくれている」という従業員の認識）が高くなると、組織的コンパッションのレベルが高まることを示している。組織的コンパッションが高くなると、「苦しんでいる同僚の存在に気づき」、「その苦しさを共有し」、「その同僚が置かれた状況を分析し」、そして「自分がその同僚の苦しみをどのようにして軽減できるのかを考え、それを行動に移す」という個人レベルでの一連のコンパッション意識が高くなることが実証されている。また、組織的コンパッションのレベルが高くなれば、従業員のウェルビーイングのレベルも高くなる。

　従業員による組織支援認識レベルが向上すれば、組織市民行動のレベルも高くなる。ここで組織市民行動（organizational citizenship behavior）とは、従業員が組織をボランティア的に支援する行動を意味する専門用語である。例えば、困っている従業員や顧客を自発的に支援する行動である。これらの自発的な行動は外発的動機づけではなく、内発的動機づけによってもたらされる。同様に、組織的コンパッションのレベルが向上すれば、組織市民行動のレベルも高くなる。組織市民行動のレベルが高くなると、従業員のウェルビーイングも向上する。従業員の組織支援の認識が高くなると、それは直接的に従業員のウェルビーイングのレベルを高める効果がある。この研究では、週当たりの労働時間が長くなると、従業員のウェルビーイングの程度が減少することも実証されている。

　茶の湯を直接の基盤とするおもてなしの型や精神は、例えば、宴としてのカラオケの分析でも明らかにしたように、日本人の色々な団体行動の場面でその適用例を見ることができる。しかし、おもてなしの型や精神が職場で発揮されるケースは、筆者の管見でも、少ないのではないかと考えられる。確かに、社内で茶道部の活動が行われていたり、精神を統一するために茶の湯をたしなむことは行われてはいる。しかし、それらは職場での集団的職務とは別次元の「話」であると理解されてきたのではないだろうか。

茶の湯の型と精神に基づいたおもてなしは、組織的コンパッションと同じ様に職場のなかでの活用も考える必要性があるのではないだろうか。和敬清寂、一座建立、賓主互換などの茶の湯の精神は、これまでの組織的コンパッション介入よりも、日本型組織的コンパッションとして、従業員のウェルビーイングを高めるより有効な効果を発揮すると考えられる。この点は、筆者たちの今後の研究課題でもある。

## 3　日本のおもてなしのグローバル化の可能性

　最後に、日本のおもてなしとグルーバル化との関係を考えて本書を擱筆する。まず、加賀屋の台湾進出について考察してみる。加賀屋が台湾へ進出したのは，2010 年の年末である。竹之内（2020）は、加賀屋が台湾で成功した理由を以下の 3 点にまとめている。

　「第 1 に、加賀屋は、台湾進出にあたって、旅館の建物、室内装飾、設備、お皿、食材などの移転を行っている。数寄屋造りの客室、九谷焼の食器、刺身用の魚などは、その代表であろう。『おもてなしサービス』は、サービスのみで成立するわけではない。それを取り囲むハードウェアと合わさることで、そのサービスは際立つのである。

　第 2 に、加賀屋は、『型』を通じて『おもてなしサービス』の移転を進めた。加賀屋の競争優位の 1 つとも言える『おもてなしサービス』は、その暗黙性や日本文化との結びつきゆえに、海外へ移転することは容易ではない。加賀屋では、正座や所作など、まず『型』の移転を行った。見よう見まねとも言える『型』の移転からスタートしたのである。・・・受け手は、『型』の意味を問うのである。なぜ正座をするのだろうか。なぜお辞儀をするのだろうか。このように疑問を抱けば、そのことを尋ねる。つまり、『型』を通じて『なぜ』を提起することで、コミュニケーションが促進されるのである。そして、そのことが『おもてなしサービス』の根底にある価値観や理念の移転を促進させるのである。

　第 3 に、粘り強く、時間をかけながら、『おもてなしサービス』の移転に取り組んだ。時には座学での研修や日本研修を行うこともあれば、クレドや客室係の技能検定や学習発展パスポートなどの仕組みを構築することを通じて、『おもてなしサービス』の移転を進めた。こうした複数の仕組みの存在は、『おも

てなしサービス』のような暗黙のサービスを移転するには、近道を求めず、時間を掛けながら、じっくり取り組むことが重要である、ことを示唆している」。

　ここで重要な点は、加賀屋が「型」の移転からスタートさせたことである。脳科学者の茂木健一郎は、脳科学の観点から加賀屋の「おもてなし」の極意をおおよそ次のように説く（茂木, 2014, pp. 22-23）。メンタリストやマジシャンの世界では、相手の繊細なしぐさや表情から心を読む人を"シャット・アイ"と呼ぶ。コールドリーディングとは、相手のことを全く知らない状態で、相手の様子を観察したり、他愛のない会話を交わしたりすることで、相手の心を読む話術のことであり、「シャット・アイ」と呼ばれる人は、意識することなくコールドリーディングを行う。

　この「シャット・アイ」を脳科学的に説明すると、「ミラーニューロンの働きによって共感回路が活性化する」ということになる。ミラーニューロンとは、他人の行動を鏡に映した自分に置き換えたときに働く神経細胞である。脳が他者に出会うと、脳は他者の脳のシミュレーション（模倣）を行おうとする。そうすることで相手の心理状態を理解することになるのであるが、これが「心の理論」における「シミュレーション理論」なのである。このとき、ミラーニューロンは活発に働く。

　もともと人間の脳には、回路として相手の立場に立てる仕組みがある。近くにいる人が電話をしながら何かを探していると、「あ、ペンがない」と認識して筆記用具を差し出す。これがミラーニューロンによる共感回路の働きである。

　日頃、加賀屋で仕事をしている人は、シャット・アイが得意なのだろう。

　茂木の説明は続く（茂木, 2014, pp. 129-31）。禅仏教の瞑想が代表的なモデルである。日本では「修行」として、このミラーニューロンの活性化を実践するような文化がしばしばある。私は、「修行」の行動主義こそが日本の伝統だと考えている。つまり、形式化された行動を模倣することで、より本質に近づくことができるという経験則がある。どんな人でも、その方法論を実践するとき、ある程度のレベルまで到達する普遍性を賞賛せずにはいられない。

　茂木が指摘したように、日本には茶道を代表とするような師範の所作の模倣から始める修行が多いが、このように模倣することによって、師範の「おもてなしの心」が弟子に継承する。逆に「おもてなしの心」が養われると、弟子が

手本を深く理解しようとする意欲がますます強くなる。このように手本と「おもてなしの心」の間には良好な循環がある（Sato et al., 2014; Sato and Parry, 2014）。もしミラーニューロンによる異文化間での型の精神的な共有が可能なら、型を学習する際の大きな促進要因になるはずである。海外で茶の湯の師範をしている人たちに是非、実証してもらいたい。

　話を日本旅館の海外進出に戻そう。星野リゾートの星野佳路代表も加賀屋と同じ考えである。彼は次のように考えている（森川, 2022）。「星野リゾートが西洋式のホテルではなく日本の温泉旅館でアメリカへ進出するのであれば、108 年の歴史がある日本の旅館運営会社が、アメリカで温泉旅館の運営を始めたということで、当然のこととして理解されるだろう。また、日本人が日本式のサービスを提供しているのだから、『本物』のサービスが提供されていると彼らは認識し、満足してくれるはずとの読みがあるのだ。

　星野氏は北米に進出する際にも、『水着を着用せずに大浴場に浸かる日本の入浴スタイルは、そのまま踏襲しようと思っている』と言う。果たして日本の温泉文化は欧米ですんなりと受け入れられるのだろうか。星野氏は（次のように説明する－筆者）。『湯治』という言葉があるように日本の温泉文化は、元々、ウェルネスの観点で非常に価値が高い。また、旅館に逗留して天然の温泉に浸かり、ヘルシーな日本食を食べながら、ゆったりとくつろぐスタイルは、海外のリゾートに求められている昨今のトレンドにも合致している。さらに、日本らしい建築、部屋やスタッフの衣装などのデザインを含め、日本旅館は"日本文化のテーマパーク"として、海外の人たちの興味を引くはず…」。

　インバウンドが京都の茶の湯に求めるのも茶の湯のオーセンティシティ感である。特に、彼らは 4 E のオーセンティックな日本型の茶の湯の教育的体験と日常逃避型体験を求めている。今後は日本文化を海外の人々に紹介する場合には、日本文化のオーセンティシティをベースにして、ソフト面とハード面の両面を統合した形で行うことが必要となる。筆者たちに残された課題である。今後の研究課題の概要を次頁に図示する。

## 筆者たちの今後の研究課題

### 新しい研究課題

TCR&TSRウェルビーイングの研究、ミクロ、メソ、マクロのレベルでの学際的、実践的研究の進展

サービス・ドミナント・ロジック以降、価値共創の視点がクローズアップ

インターナル・マーケティングの分野でも「組織的コンパッション」が重要との認識の広まり

### 日本での研究

千利休の茶の湯の世界観（和敬清寂、一期一会、賓主互換、精神統一、一座建立）

茶の湯をベースにした日本型「おもてなし」、宴のルール（万葉集の宴とカラオケの宴のルールとの共通性）

日本型価値共創、日本型インターナル・マーケティング、日本型インタラクティブ・マーケティング

### 国際比較研究

個人主義的文化やローコンテクスト文化の人々の茶の湯のたしなみ

おもな参考文献

相島淑美(2016)「見立てから始まるおもてなしの価値共創」『日本マーケティング学会マーケティングカンファレンス・プロシーディングス』5, pp. 393-403.

相島淑美(2018)「日本の百貨店におけるおもてなし接客の特徴」『日本マーケティング学会カンファレンス・プロシーディングス』7, pp. 395-408.

相島淑美(2022)「おもてなしにおける場の生成」『響創する日本型マーケティング』pp. 51-72.

相島淑美・佐藤善信(2016)「日本のおもてなしの源流——万葉人の宴と連歌会席の比較研究」『日本商業学会第66回全国研究大会報告論集』pp. 140-49.

相島淑美・佐藤善信(2020)「おもてなしの視点による日本型ビジネス・インプロビゼーション」『日本マーケティング学会カンファレンス・プロシーディングス』9, pp. 250-258.

相島淑美・佐藤善信（2020）「日本にエシカル消費は根付くのか——家庭科教育の視点から」『日本商業学会第70回全国研究大会報告論集』pp. 68-77

相島淑美・佐藤善信(2021)「オンライン茶の湯における価値共創のイノベーション」『日本商業学会第71回全国研究大会報告論集』pp. 85-97.

相島淑美・佐藤善信(2021)「いけばなにおける顧客価値提案の進化−池坊と草月流を中心に」『日本マーケティング学会カンファレンス・プロシーディングス』10, pp. 329-336.

相島淑美・佐藤善信・Mark Parry(2022)「ポストコロナ時代における日本の伝統文化産業のグローバル化——茶の湯を中心として」『日本商業学会第72回全国研究大会報告論集』pp. 48-57.

相島淑美・佐藤善信(2022)「新時代におけるブランドコミュニティとしての茶の湯」『日本マーケティング学会カンファレンス・プロシーディングス』11, pp. 36-42.

相島淑美・佐藤善信(2023)「ポストコロナの海外観光客向け茶道体験プログラムの展開」『日本商業学会73回全国研究大会報告論集』pp. 67-77.

青野豊作(1988)『三越小僧読本の知恵』講談社.

青木孝夫(1996)「見立ての美学」『日本の美学』24, pp. 36-62.

秋山虔他(1988)「引用をめぐって」『日本の美学』12, pp. 8-25.

秋山虔編(2000)『王朝語辞典』東京大学出版会.

浅野則子(2005)「集結する歌」『別府大学大学院紀要』pp. 1-7.

足立光、土合朋宏(2020)『世界的優良企業の実例に学ぶ「あなたの知らない」マーケティング大原則』朝日新聞出版.

阿部猛 (1993)『平安貴族の実像』東京堂出版.

尼ケ崎彬(1988)『日本のレトリック』ちくまライブラリー.

新井和宏・高橋博之(2019)『共感資本社会を生きる：共感が「お金」になる時代の新しい生き方』ダイヤモンド社.

安藤治(2003)『心理療法としての仏教──禅・瞑想・仏教への心理学的アプローチ』法蔵館.

池上嘉彦(2006)『英語の感覚・日本語の感覚』NHK 出版.

池上嘉彦(2007)『日本語と日本語論』筑摩書房.

磯上新(1990)『見立ての手法──日本的空間の読解』鹿島出版会.

伊地知鐵男(1967)『連歌の世界』吉川弘文館.

伊藤幹治・渡部欣雄（1975）『宴』弘文堂.

伊藤幹治(1986)「宴の世界」『日本の美学』8, pp. 28-39.

伊藤幹治(2011)『贈答の日本文化』筑摩書房.

犬丸一郎(2013)『帝国ホテルの流儀』集英社新書.

犬丸徹郎(2016)『帝国ホテルの考え方──本物のサービスとは何か』講談社.

今井卓爾他編 (1991)『源氏物語講座』5（特集　時代と習俗）勉誠社.

井村優・佐藤善信(2022)『同族企業の5代目社長が挑む企業風土改革』幻冬舎.

今井文男(1955)「連歌における「寄合」の背景」『金城学院大学論集』5, pp. 27-63.

岩下均(2014)「万葉集における宴席歌の一考察」『目白大学人文学研究』10, pp. 1-21.

上野誠(2014)『万葉びとの宴』講談社現代新書.

上野誠(2000)『万葉びとの生活空間　歌・庭園・くらし』はなわ新書.

上野誠(2013)『万葉集の心を読む』角川文庫.

上野誠(2010)『万葉びとの奈良』新潮社.

上野誠(2020)『万葉集講義』中公新書.

大井真実(2006)「カラオケのルールとコミュニケーション」『文教大学情報学部社会調査ゼミナール研究報告』2 月, pp. 1-25.

大石昌史（2015）「見立ての詩学──擬えと転用の弁証法」『哲學』135, pp. 159-86.

大塚ひかり(2000)『感情を出せない源氏の人びと　日本人の感情表現の歴史』毎日新聞社.

大屋幸恵(1993)「家元制度における構造的特性と技芸の伝授」『年報社会学論集』6, pp. 155-166.

奥井禮喜(2016)『帝国ホテルに働くということ　帝国ホテル労働組合70年史』ミネルヴァ書房.

奥田勲(2017)『連歌史——中世に本をつないだ歌と人びと』勉誠出版.

小田真弓(2015)『加賀屋　笑顔で気働き』日本経済新聞社.

小野健吉(2009)『日本庭園　空間の美の歴史』岩波新書.

笠井哲(1990)「『禅茶録』における茶禅一味について」筑波大学倫理学研究会『倫理学』8, pp. 75-84.

笠井哲(1991)「千利休の修行論」『倫理学』9, pp. 47-56.

笠井哲(1991)「茶の湯における「交わり」について」『哲学・思想論叢』9, pp. 69-81.

梶裕史(1998)「見立て小考——その源流をめぐって」『法政大学教養部紀要』104, pp. 133-155.

梶川信行(2000)『創られた万葉の歌人　額田王』はなわ新書.

梶川信行(2013)『万葉集の読み方　天平の宴席歌』翰林書房.

加藤恵津子(2004)『お茶はなぜ女のものになったか』紀伊国屋書店.

鐘江宏之(2008)『律令国家と万葉びと』小学館.

金谷武洋(2002)『日本語に主語はいらない』講談社メチエ.

金谷武洋(2010)『日本語は敬語があって主語がない』光文社新書.

川勝麻里(2008)『明治から昭和における「源氏物語」の受容』和泉書院.

河竹登志夫・高階秀爾・鈴木博之(1991)「日本文化の空間」『日本の美学』16, pp. 78-97.

川名幸夫(2006)『帝国ホテル　伝統のおもてなし』日本能率協会マネジメントセンター.

北山忍(1998)『自己と感情：文化心理学による問いかけ』共立出版.

北沢毅(2012)『文化としての涙: 感情経験の社会学的探究』勁草書房.

熊倉功夫(1977)『茶の湯　わび茶の心とかたち』教育者歴史新書.

熊倉功夫(1991)「茶室空間の特異性」『日本の美学』16, pp. 50-57.

熊倉功夫(1998)『日本文化のゆくえ　茶の湯から』淡交社.

熊倉功夫他編(1994)『史料による茶の湯の歴史』(上) 主婦の友社.

熊倉功夫他編(1995)『史料による茶の湯の歴史』(下) 主婦の友社.

熊倉功夫(1995)「宴会史序説」『宴会とパーティ　集いの日本文化』pp. 107-133.

熊倉功夫(2009)『茶の湯といけばなの歴史』左右社.

熊倉功夫(2011)「禅と歩んだ日本の茶の湯」『禅のこころ』徳間書店 pp. 16-20.

熊倉功夫(2016)「近代茶道の展開」『熊倉功夫著作集』3, 思文閣出版.pp. 278-361.

熊倉功夫(2016)『熊倉功夫著作集』2, 思文閣出版.

国友隆一(2008)『伊勢丹に学ぶおもてなし』日本実業出版社.

桑田忠親(1987)『茶道の歴史』講談社.

小池幸子(2013)『帝国ホテル流おもてなしの心』朝日文庫.

小泉和子(2005)『室内と家具の歴史』中央公論新社.

小嶋菜温子他(2013)『王朝びとの生活史──『源氏物語』の時代と心性』森話社.

小嶋菜温子(2013)「『源氏物語』と催馬楽」『王朝びとの生活史──『源氏物語』の時代と心性』pp. 197-218.

神代雄一郎(1999)『間・日本建築の意匠』鹿島出版会.

神津朝夫(2009)『茶の湯の歴史』角川書店.

後藤祥子(1986)『源氏物語の史的空間』東京大学出版会.

小林章夫他(1991)『クラブとサロン　なぜ人びとは集うのか』ＮＴＴ出版.

小林潔司・原良憲・山内裕(2014)『日本型クリエイティブ・サービスの時代　おもてなしへの科学的接近』日本評論社.

小林真由美(2001)「『萬葉集』の宴──思ふどちかざしにしてな」『成城文芸』175, pp. 27-42.

今日庵文庫編 (2009)『裏千家今日庵歴代　鵬雲斎汎叟宗室』淡交社.

斎藤充博(1990)「万葉集における庭園と文学」『藝文研究』57, pp. 56-76.

桜井英治(2011)『贈与の歴史学　儀礼と経済のあいだ』.

佐々木信綱(2007)『万葉集の〈われ〉』角川選書.

佐藤知恭 (1999)「顧客がすべて、すべては顧客のために──ノードストロームのすべて」白鷗大学論集,13(2).

佐藤善信(1993)『現代流通の文化基盤』千倉書房.

佐藤善信監修, 髙橋広行・徳山美津恵・吉田満梨(2015)『ケースで学ぶケーススタディ』 同文館出版.

佐藤善信(2009)「リーダーシップのタイプとレベルの体系化：革新企業の急成長における起業家のリーダーシップにかかわって」『ビジネス＆アカウンティング・レビュー』4, pp. 1-18.

佐藤善信(2017)「キャリアウーマンがイメージする 理想のリーダー像」『ビジネス＆アカウンティング・レビュー』20, pp. 37-54.

佐藤善信(2020)「日本型リアル・ブランド・コミュニティの特質について」『ビジ

ネス＆アカウンティング・レビュー』25, pp. 43-63.

佐藤善信(2022)「第 8 章　CSV 経営哲学の実践 ―企業の SDGs への取組み事例：上林憲雄、小松章 編著『SDGs の経営学: 経営問題の解決へ向けて』、千倉書房, pp. 139-157.

佐藤善信・相島淑美(2016)「カラオケの宴としての特徴――万葉集、連歌宴との比較研究」『日本商業学会第 66 回全国研究大会報告論集』pp. 150-59.

佐藤善信・A.Al-alsheikh・平岩英治(2014)「日本型おもてなしの特徴――茶の湯と懐石料理店発展の関係を中心に」『ビジネス＆アカウンティング・レビュー』14, pp. 17-37.

佐藤善信・林さゆり(2021)．「『アルバムセラピー』のセラピーとしての特徴：夢ふぉと創業者、林さゆりの想い」『ビジネス＆アカウンティング・レビュー』28, pp. 61-78.

佐藤善信・本下真次(2018)「日本の営業の特質：米国のマーケティング組織構造面との比較研究」『ビジネス＆アカウンティング・レビュー』21, pp. 21-36.

佐藤善信・本下真次・相島淑美・山本誠一編著(2022)『響創する日本型マーケティング』関西学院大学出版会.

サントリー不易流行研究所編(1995)『宴とパーティ――集いの日本文化』都市出版.

四方啓暉(2010)『リッツカールトン　究極のホスピタリティ』河出書房新社.

島津忠夫(1986)「連歌と宴」『日本の美学』8, pp. 52-61.

神野由紀(1994)『趣味の誕生』勁草書房.

ジンメル、ゲオルグ(1919,1976)『文化の社会学』『ジンメル著作集 7』白水社.

シュー、F.L.K.(1971)『比較文明社会論：クラン・カスト・クラブ・家元』培風館.

鈴木健一(2003)『源氏物語の変奏曲――江戸の調べ』三弥井書店.

鈴木日出男(1986)「王朝の宴」『日本の美学』8, pp. 40-51.

関根秀治(2009)「海外への茶道行脚Ⅱ」『今日庵歴代　鵬雲斎汎叟宗室』pp. 146-157.

千宗室(1987)『お茶をどうぞ　　私の履歴書』日本経済新聞社.

千宗室(2008)『裏千家　今日庵歴代　第 11 巻　玄々斎精中』淡交社.

千宗室(2009)『裏千家　今日庵歴代　第 12 巻　又妙斎直叟』淡交社.

千宗室(2009)『裏千家　今日庵歴代　第 13 巻　圓能斎鉄中』淡交社.

千宗室(2009)『裏千家　今日庵歴代　第 14 巻　無限斎碩叟』淡交社.

千宗室(2009)『裏千家　今日庵歴代　特別巻　鵬雲斎汎叟宗室』淡交社.

高野登(2013)『リッツ・カールトン　至高のホスピタリティ』角川新書.

髙橋亨・久保朝孝編(1995)『新講　源氏物語を学ぶ人のために』世界思想社.

髙橋秀元(1991)「寄合と会所　日本型クラブとサロンをめぐって」『クラブとサ
　　ロン　なぜ人びとは集うのか』pp. 178-195.

竹田育弘(2002)「消費者行動からみたサービスにおける場の理論」『早稲田商
　　学』393, pp. 147-73.

武内孝夫(1997)『帝国ホテル物語』現代書館.

龍居竹之介(1996)『日本の美学』24, pp. 24-33.

田中隆昭(1995)「源氏物語と歴史」『新講　源氏物語を学ぶ人のために』pp. 54-75.

谷端昭夫(1999)『茶の湯の文化史』吉川弘文館.

谷端昭夫(2007)『よくわかる茶道の歴史』淡交社.

田村直樹(2011)「顧客コミュニケーションにおける需要の再組織化」『関西外国
　　語大学研究論集』93, pp. 139-152.

茶の湯文化学会編(2013a)『日本茶の湯全史第1巻　中世』思文閣出版.

茶の湯文化学会編(2013b)『日本茶の湯全史第3巻　近代』思文閣出版.

茶の湯文化学会編(2014)『日本茶の湯全史第2巻　近世』思文閣出版.

筒井紘一(1992)『茶の湯　事始』講談社.

筒井紘一(2015)『利休の茶会』角川書店.

角山榮(2005)『茶ともてなしの文化』ＮＴＴ出版.

帝国ホテル(1995)『帝国ホテルのおもてなしの心』学生社.

寺本直彦(1984)『源氏物語とその受容』右文書院.

土屋晴仁(2016)『ここに日本がある　三越日本橋本店にみるもてなしの文
　　化』ＩＢＣパブリッシング.

トンプソン、マルコム(2007)『日本が教えてくれるホスピタリティの神髄』祥伝
　　社.

中島洋一(1962)「「さび」の本質」『人文論究』13(2), pp. 42-56.

中西進編著(2019)『万葉集の詩性　令和時代の心を読む』角川新書.

中村修也(2006)『茶道・香道・華道と水墨画──室町時代　よくわかる伝統文
　　化の歴史』淡交社.

中根貢(2013)『ザ・ホスピタリティ　「おもてなし」「思いやり」から経営へ』
　　産業能率大学出版部.

錦仁(2022)『歌合を読む』花鳥社.

日本の美学編集委員会編(1986)『日本の美学』8（特集　宴）ぺりかん社.

日本の美学編集委員会編(1988)『日本の美学』12（特集　引用）ぺりかん社.

日本の美学編集委員会編(1989)『日本の美学』13（特集　型）ぺりかん社.

日本の美学編集委員会編(1990)『日本の美学』15（特集　遊び）ぺりかん社.

日本の美学編集委員会編(1991)『日本の美学』16（特集　日本人の空間意識）ぺりかん社.

日本の美学編集委員会編(1996)『日本の美学』24（特集　見立て）ぺりかん社.

人間文化研究機構国文学研究資料館編『図説「見立て」と「やつし」　日本文化の表現技法』八木書店.

橋爪紳也(1989)『倶楽部と日本人――人が集まる空間』学芸出版社.

橋本典子(1991)「空間としての間」『日本の美学』16, pp. 172-186.

林洋海(2013)『三越をつくったサムライ日比翁助』現代書館.

林吉郎(1985)『異文化インターフェイス管理』有斐閣.

速水佐恵子(1964)「十六世紀における堺商人の動向」『東京女子大学史論』12, pp. 48-64.

原研哉(2011)『日本のデザイン』岩波新書.

坂東敏子(1977)「見立て考」、跡見学園女子大学『美学・美術詩学科報』5, pp. 42-61.

日比翁助(1912)『商売繁盛の秘訣』大学館.

廣木一人(2005)「会席の文芸としての連歌――連歌執筆・執筆作法書の発生に言及して」『青山語文』35, pp. 25-37.

廣木一人(2006)『連歌の心と会席』風間書房.

廣木一人(2010)『連歌入門』三弥井書店.

廣木一人(2014)『室町の権力と連歌師宗祇』三弥井書店.

廣田吉崇(2012)『近現代における茶の湯家元の研究』慧文社.

藤田勝也(1999)「歌合空間の実態とその変容――中世「会所」の起源に関する研究」『日本建築学会計画系論文集』519, pp. 263-270.

藤井貞和(2018)「源氏物語のホスピタリティへ」『文化資本研究』pp. 279-88.

フラー、エドウィン(2012)『最高のサービスを実現するリーダーシップ　リッツ・カールトンの流儀』日本経済新聞社.

プルチョウ、ヘルベルト(2002)『グランド・ティー・マスター』淡交社.

ブルデュー、ピエール（1979、1990)『ディスタンクシオン：社会的判断力批判』藤原書店.

古橋信孝(2004)『誤読された万葉集』新潮新書.

文化資本学会(2018)『文化資本研究1　文化資本とホスピタリティ』文化科学高等研究院出版局.

細井勝(2006)『加賀屋の流儀：極上のおもてなしとは』PHP研究所.

細井勝(2010)『加賀屋のこころ』PHP研究所.

本下真次・佐藤善信(2016)「日本における『営業』とMarketing& Salesとの関係」『ビジネス＆アカウンティング・レビュー』17, pp. 33-50.

本郷恵子(2012)『蕩尽する中世』新潮社.

本多良隆(1966)「利休の禅について」『東海大学教養学部紀要』10, pp. 51-67.

本多良隆(1986)「利休の「侘茶」における心と形の諸問題について」『東海大学教養学部紀要』17, pp. 1-17.

増田繁夫(2002)『源氏物語と貴族社会』吉川弘文館.

増田繁夫他編(2000)『源氏物語研究集成』14(源氏物語享受史)風間書房.

松井 健児(1999)「酒宴と権勢」『源氏研究』4, pp. 68-85.

松井健児(2000)『源氏物語の生活世界』翰林書房.

松井健児(2018)「源氏物語の贈与と饗宴——玉鬘十帖の物語機構」『源氏研究源氏物語の文化学』EHESC, pp. 93-110.

松岡心平(2015)『中世芸能講義』講談社.

松村栄子(2000)『ひよっこ茶人の玉手箱　インターネットでお茶を楽しむ』マガジンハウス.

三田村雅子他編(1999)『源氏研究』4, 翰林書房.

三越伊勢丹ヒューマン・ソリューションズ(2017)『誰からも信頼される三越伊勢丹の心づかい』角川書店.

村井康彦(2005)『律令制の虚実』講談社.

村井康彦・松岡心平(1986)「宴と場の文化をめぐって」『日本の美学』8, pp. 11-27.

茂木健一郎(2014)『加賀屋さんに教わったおもてなし脳』ＰＨＰ研究所.

森明子(2008)『世界でお茶を　茶道の国際化　半世紀の軌跡』, 淡交社.

森明子(2009)「海外への茶道行脚Ⅰ」『今日庵歴代　鵬雲斎汎叟宗室』, pp. 142-145.

盛本昌弘 (2008)『贈答と宴会の中世』吉川弘文館.

守屋毅(1980)「家元制度：その形成をめぐって」国立民族学博物館研究報告4(4), pp. 709-737.

守屋毅(1991)「都市と密室——中世の茶室文化——」『クラブとサロン　なぜ人びとは集うのか』pp. 196-209.

守屋三千代（2013）「日本語と日本文化における見立て」『日本語日本文学』23, pp. 1-14.

安田章生(1964)「茶道と定家」『大阪樟蔭女子大学論集』2,pp. 36-50.

安田彰(2012)「もてなし——その系譜と構造——」『ホスピタリティ・マネジメント』,3(1), pp. 23-39.

山岸健（1959）「家元制度に関する基礎的考察——芸術社会学における一つの問題」『哲學』37(12), pp. 27-56.

山口昌男・高階秀爾(2006)「見立てと日本文化」、『日本の美学』24, pp. 4-22.

山下裕(2011)『歴史のなかの源氏物語』思文閣出版.

山本哲夫(2018)「文化資本とホスピタリティと述語的場所」『文化資本研究』, pp. 32- 63.

横尾豊(1976)『平安時代の後宮生活』柏書房.

綿抜豊昭(2006)『連歌とは何か』講談社.

綿抜豊昭(2014)『戦国武将と連歌師　乱世のインテリジェンス』平凡社.

渡部泰明(1996)「中世和歌と見立て」『日本の美学』24, pp. 63-79.

小田禎彦(2015)「お金を生む「おもてなし」のあり方　サービスの本質を時代に応じ見直す」『日経ビジネス』6月1日号, pp. 74-77.

国司田拓児(2015)「北陸新幹線を待つ、老舗旅館『加賀屋』女将、小田真弓氏（旬の人時の人）」『日本経済新聞　朝刊』1月5日, p.2.

『月刊ホテル旅館』2011年6月号、特集「新たな歴史を築く帝国ホテル」, pp. 85-98.

佐々木たくみ「加賀屋、おもてなしと料理、全国へ、オードブル販売、旅館を運営受託」『日本経済新聞　地方経済面　北陸』2021年6月23日, p.8.

竹之内秀行(2020)「加賀屋の台湾進出から考える」2020.09.21, http://www.world-economic-review.jp/impact/article1888.html, 2023年9月30日に最終確認.

『月刊なごみ』2020年7月号, 海外から見た茶の湯特集.

荻島央江「2017年、『プロが選ぶホテル・旅館１００選』36年連続1位から3位に転落。返り咲きを目指し、どんなことに取り組んだか：加賀屋　小田與之彦　社長」『日経トップリーダー』2021年11月号.

三橋英之(1997)「米国百貨店ノードストローム　顧客奉仕きわめた強さ」

『日経ビジネス』1997 年 5 月 5 日号, pp. 36-40.

森川天喜(2022)「星野リゾートが『温泉旅館』で海外進出する真意：『30 年で激
　変』日本文化に対する世界の理解」2022/12/27 7:00,
　https://toyokeizai.net/articles/-/636395, 2023 年 9 月 30 日に最終確認.

Aishima, Toshimi (2019), *The Origin and development of the Japanese concept of
　omotenashi*. (doctoral dissertation of Kwansei Gakuin University)

Aishima, Toshimi and Yoshinobu Sato (2015), "The Origin of Japanese Omotenashi in
　*Man-yo-shu," Business and Accounting Review*, 16(December), pp. 103-122.

Aishima, Toshimi and Yoshinobu Sato (2015), "Characteristics of Omotenashi in *Renga*
　Gatherings in Comparison with banquets in the *Man-yo-shu*," *Kwansei Gakuin
　University Social Sciences Review*, 20, pp. 63-78.

Al-alsheikh, A. and Yoshinobu Sato (2015), "Characteristics of the Hospitality,
　Omotenashi in the Traditional Japanese Inn: A Case Study of Kagaya," *Business &
　Accounting Review*, 16, December, pp. 123-142.

Anderson, L. and A. L. Ostrom (2015), "Transformative service research: advancing our
　knowledge about service and well-being," *Journal of Service Research*, 18(3), pp.
　243-249.

Baker, Melissa and Vincent Magnini (2016), "The Evolution of Services Marketing,
　Hospitality Marketing and Building the Constituency Model for Hospitality
　Marketing," *International Journal of Contemporary Hospitality Management*,
　28(8), pp. 1510-1535.

Barnes, Donald et al. (2016), "Multiple paths to customer delight: the impact of efforts,
　expertise and tangibles on joy and surprise," *Journal of Service Marketing*,
　30/3(2016), pp. 277-289.

Bhattacharjee, D. R., D. Pradhan, and K. Swani (2022), "Brand communities: A literature
　review and future research agendas using TCCM approach," *International Journal of
　Consumer Studies*. 46(1), pp. 3-28.

Bitner, M.J. (1992), "Servicescape: The Impact of Physical Surroundings on Customers
　and Employees," *Journal of Marketing*, 56, pp. 57-71.

Brotherton, Bob (1999), "Towards ad Definitive View of the Nature of Hospitality and Hospitality Management," *International Journal of Contemporary Hospitality Management*,11(4), pp. 165-173.

Coetzer, M. F., M. Bussin, and M. Geldenhuys (2017), "The Functions of a Servant Leader," *Administrative Sciences*, 7: 5, p.18 in 32pp.

Cross, R., A. Edmondson, and W. Murphy (2020), "A noble purpose alone won't transform your company: Leadership behaviors that nurture interpersonal collaboration are the true drivers of change," *MIT Sloan Management Review*, 61 (2), pp. 1-7.

Cuenca, A. (2010), "Care, thoughtfulness, and tact: a conceptual framework for university supervisors," *Teaching Education*,21, 3, pp. 263-78.

Davis, B., J.L.Ozanne (2019), "Measuring the impact of transformative consumer research: the relational engagement approach as a promising avenue." *Journal of Business Research*.100, pp. 311-318.

Drucker, P. F. (1973), *Management: Tasks, Responsibilities, Practices*, Harper Business. 上田惇生訳(2001)『マネジメント［エッセンシャル版］：基本と原則』ダイヤモンド社.

Duan, B, C. Arcodia, E. Maa, and A. Hsiao (2018), "Understanding wine tourism in China using an Integrated product-level and experience economy framework," *Asia Pacific Journal of Tourism Research,* 23(10), pp. 949-960.

Dutton, Jane E., Kristina M.Workman, and E. Hardin Ashley (2014), "Compassion at Work," *Annual Review of Organizational Psychology and Organizational Behavior*, 1, pp. 277-304.

Ericsson, K. Anders (2006), "The Influence of Experience and Deliberate Practice on the Development of Superior Expert Performance," K. Anders Ericsson et.al.eds., *The Cambridge Handbook of Expertise and Expert Performance.*

Fisher, G. (2012), "Effectuation, Causation and Bricolage: A Behavioural Comparison of Emerging Theories in Entrepreneurship Research," *Entrepreneurship Theory and Practice,* 36 (5), pp. 1019-1051.

Goleman, D. (2005), *Emotional Intelligence: Why It Can Matter More Than IQ*, Bantan.

Grandey, A. A. and A. S. Gabriel (2015), "Emotional Labor at a Crossroads: Where Do We Go from Here?" *Annual Review of Organizational Psychology and Organizational Behavior*, January, pp. 323-349.

Grönroos, Christian (1996), "Relationship marketing logic,"*Asia-Australia Marketing Journal*, 4(1), pp. 7-18

Grönroos, Christian (1997), "Value-driven relational marketing: From products to resources and competencies," *Journal of Marketing Management*, July 13, pp. 407-419.

Grönroos, Christian (2008), "Service Logic Revisited: Who Creates Value? And Who Co-Creates?" *European Business Review*,20(4), pp. 298-314.

Grönroos, Christian (2008), *Service Management and Marketing: Managing the Service Profit Logic,* Wiley.

Gronroos, Christian (2008), *In Search of a New Logic for Marketing: Foundations of Contemporary Theory.* 蒲生智哉訳(2015),『サービス・ロジックによる現代マーケティング理論―消費プロセスにおける価値共創へのへのノルディック学派アプローチ』白桃書房.

Guth, Christine (1993), *Art, Tea and Industry: Masuda Takashi and the Mitsui Circle,* Princeton University Press.

Hall, Edward (1976), *Beyond Culture*, Anchor.

Heskett, J. L., T. O. Jones, G. W. Loveman, W. Earl Sasser, and L. A. Schlesinger (1994),"Putting the Service-Profit Chain to Work," *Harvard Business Review*, 72(2), pp. 164-174.

Hemp, Paul (2002), "My Week as a Room-Service Waiter at the Ritz," *Harvard Business Review* online. https://hbr.org/2002/06/my-week-as-a-room-service-waiter-at-the-ritz.

Hinds, J. (1987), "Reader-Writer Responsibility: A New Typology," *Landmark Essays on ESL Writing,* pp. 63-73.

Hofstede, G, et. al. (2010), *Cultures and Organizations,3ed,* McGraw Hill

Hofstede, G. (1994), *Cultures and Organizations: Software of the Mind,* Profile Business.

Holbrook, Morris B, ed. (1999), "Introduction to Customer Value," Holbrook, M. B. ed., *Consumer Value: A Framework for Analysis and Research*, pp. 1-28.

Holbrook, Morris B. ed. (1999), *Consumer Value: A Framework for Analysis and Research,* Routledge.

Inghilleri, Leonad (2011), *Exceptional Service, Exceptional Profit: The Secrets of Building a Five-Star Customer Service*, Amazon Books.

Jarvi, Henna, et.al. (2018), "When Value Co-Creation Fails: Reasons That Lead to Value Co-Destruction," *Scandinavian Journal of Management*, 34, pp. 63-77.

Kanov, J., E. H. Powley, and N. D. Walshe (2016), "Is it ok to care? How compassion falters and is courageously accomplished in the midst of uncertainty," *Human Relations*, 70, pp. 751-777.

Kolb, David A. (1983), *Experiential Learning: Experience as the Source of Learning and Development,* FT Press.

Kondo, Dorinne (1985), "The Way of Tea: A Symbolic Analysis," *Man, New Series*, 20 (2), pp. 287-306.

Kotler, Philip et.al.eds. (2017), *Marketing for Hospitality and Tourism,*7th Pearson.

Labrague, L. J. and J. A. A. de los Santos (2021), "Resilience as a mediator between compassion fatigue, nurses' work outcomes, and quality of care during the COVID-19 pandemic," *Applied Nursing Research,* 61(October), pp. 1-8.

Lashley, Conrad and Alison Morrison, eds. (2000), *In Search of Hospitality: Theoretical Perspectives and Debates,* Routledge.

Lashley, Conrad (2007), "Discovering Hospitality: Observations from Recent Research," *International Journal of Culture, Tourism and Hospitality Research,*1(3), pp. 214-226.

Lehman, D. W., K. O'Connor, B. Kovács, and G. E. Newman (2019), "Authenticity," *Academy of Management Annals,*" 13(1), pp. 1-42.

Levi-Strauss, C. (1966), *The Savage Mind*, University of Chicago Press.

Lusch, Robert, F and Stephen L. Vargo (2014), *Service-Dominant Logic: Premises, Perspectives, Possibilities,* Cambridge University Press.

Markus, Hazel Rose and S.Kitayama (1991), "Culture and the self: Implications for cognition, emotion, and motivation," *Psychological Review,* 98 (2), pp. 224-253.

deMente, Boye Lafayette (2003), *Kata: The Key to Understanding and Dealing with the Japanese,* Tuttle Publishing.

Meyer, J.H.F. and Ray Land (2003) "Threshold concepts and troublesome knowledge: Linkages to ways of thinking and practising within the disciplines," *Higher Education,*49, pp. 373-388.

Mezirow, J. (1997), "Transformative learning: Theory to practice," *New Directions for Adult and Continuing Education*, 1997(74), pp. 5-12.

Michelli, Joseph A. (2008), *The New Gold Standard*, McGraw Hill.

Monica, M. C. and J. E. Dutton (2017), *Awakening Compassion at Work: The Quiet Power that Elevates People and Organizations,* Berrett-Koehler Publishers, Inc.

Morosan, Chrsitian, et.al. (2014), "The Evolution of Marketing Research,"

*International Journal of Contemporary Hospitality Management,*26(5), pp. 706-726.

Morrison, Alison and Kevin O'Gorman (2008), "Hospitality Studies and Hospitality Management: A Symbolic Relationship," *International Journal of Hospitality Management,*27, pp. 214-221.

Muniz, Albert M. Jr and T. C. O'Guinn (2001), "Brand Community." *Journal of Consumer Research,* 27(March), pp. 12-432.

Nasr, L. and R. P. Fisk (2019), "The global refugee crisis: how can transformative service researchers help?" *The Service Industries Journal,* 39(9-10), pp. 684-700.

Nelson, R. and E. Lima (2020), "Effectuations, Social Bricolage and Causation in the Response to a Natural Disaster," *Small Business Economics*, 54, pp. 721-750.

Nilsson, E. and D. Ballantyne (2014), "Reexamining the Place of Servicescape in Marketing: A Service-Dominant Logic Perspective," *Journal of Service Marketing*, 28(5), pp. 374-79

Neff, Kristen (2003), "Self-Compassion: An Alternative Conceptualization of a Healthy Attitude toward Oneself," *Self and Identity.* 2 (2), pp. 85-101.

O'Connor, Daniel (2005), "Towards a New Interpretation of Hospitality," *International Journal of Contemporary Hospitality Management,*17(3), pp. 267-271.

Oh, Haemoon (1999), "Service Quality, Customer Satisfaction, and Customer Value; A Holistic Perspective," *Hospitality Management,*18, pp. 67-82.

Oh, Haemoon and Kawon Kim (2015), "Customer Satisfaction, Service Quality, and Customer Value: Years 2000-2015," *International Journal of Contemporary Hospitality Management,*29(1), pp. 2-29.

Oliver, Richard L, Roland T. Rust and Sajeev Varki (1997), "Customer Delight: Foundations, Findings, and Managerial Insight," *Journal of Retailing* 73(3), pp. 311-336.

Ottenbasher,Michael, et.al.(2011), "Defining the Hospitality Discipline: A Discussion of Pedagogical and Research Implications," Tom Baumed., *Hospitality Management,*1, pp. 17-38.

Patten, Constance (1994), "Understanding Hospitality," *Nursing Management*, 25(3), pp. 80A-80H.

Pine, B.J and J.H. Gilmore (1999), *Experience Economy*, Harvard Business School Press.

Pine, B.J. and J.H. Gilmore, (1998), *Welcome to the Experience Economy,* Harvard Business Review, 76(4), pp. 97-105.

Pine, B. J. and J.H. Gilmore (2013), "The experience economy: past, present and future," Sundbo, J. and Sørensen, F., eds., *Handbook on the Experience Economy*, Edward Elgar Publishing, 2013, pp. 21-44.

Punga, J. M., J. Gnothb, and G. D. Giacomo Del Chiappac (2020), "Tourist transformation: Towards a conceptual model," *Annals of Tourism Research,* 81, pp. 1-12.

Quadri-Felitti, D. L., and A. M. Fiore (2012), "Experience economy constructs as a framework for understanding wine tourism," *Journal of Vacation Marketing*, 18(1), pp. 3-15.

Quadri-Felitti, D. and A. M. Fiore (2012), "Destination loyalty: Effects of wine tourists' experiences, memories, and satisfaction on intentions," *Tourism and Hospitality Research*, 13(1), pp. 3-15.

Read, S., N. Dew, S.D. Sarasvathy, M. Song and R. Wiltbank (2009), "Marketing under uncertainty: The logic of an effectual approach," *Journal of Marketing*, 73(3), pp. 1-18.

Rego, Armenio and Miguel Pina e Cnha (2008), "Workplace Spirituality and Organizational Commitment: An Empirical Study," *Journal of Organizational Change*,21(1), pp. 53-75.

Rosenbam, M. S. and C. Massiah (2011), "An Expanded Servicescape Perspective," *Journal of Service Management,* 22 (4), pp. 471-490.

Russell-Bennett, R., R.P. Fisk, M.S. Mark S. Rosenbaum, and N. Zainuddin (2019), "Commentary: transformative service research and social marketing – converging pathways to social change," Journal of Services Marketing 33(6), pp. 633-642.
島淑美(2021)『英語で学ぶマーケティング』研究社.

Sanders, Betsy (1995), *Fabled Service: Ordinary Acts, Extraordinary Outcomes*, Jossey-Bass Publishers.

Santos, C. R., C. M. K. Cheung, P. S. Coelho, and P. Rita (2022), "Consumer engagement in social media brand communities: A literature review," *International Journal of Information Management*, 63(April), pp. 1-38.

Sarasvathy, S. D. (2001), "Causation and Effectuation: Toward a Theoretical Shift from Economic Inevitability to Entrepreneurial Contingency," *Academy of Management Review*, 26 (2), pp. 243-288.

Sarasvathy, S.D. (2009), *Effectuation: Elements of Entrepreneurial Expertise.* 加護野忠男他訳 (2015)『エフェクチュエーション』碩学舎.

Sasser, W. E., L.A. Schlesinger, and J. L. Heskett (1997), *Service Profit Chain: How Leading Companies Link Profit and Growth to Loyalty, Satisfaction, and Value,* Free Press. 山本昭二、小野譲司訳（2004）『バリュー・プロフィット・チェーン：顧客・従業員満足を「利益」と連鎖させる』日経 BP マーケティング.

Sato, Yoshinobu and Mark Parry (2013), "Three Hurdles Japanese Retailers Face in Internationalization: A Case-Based Research of Uniqlo's Internationalization Process," *Proceedings in the 11th SARD Workshop in Kaoshun*, November 2013, pp. 51-77.

Sato, Yoshinobu and Abdulelah Al-Alsheikh (2014), "Comparative Analysis of the Western Hospitality and the Japanese Omotenashi: Case Research of the Hotel Industry," *Business and Accounting Review,* 14(December), pp. 1-15.

Sato, Yoshinobu and Mark E. Parry (2015), "The Influence of the Japanese Tea Ceremony on Japanese Restaurant Hospitality," *Journal of Consumer Marketing*, 32(7), pp. 521-29.

Sato, Yoshinobu and Toshimi Aishima (2017), "Impression Mechanism for the Contemporary Japanese based on the Tale of Genji," *Kwansei Gakuin University Social Science Review*, 21, pp. 39-51.

Schein, E .H.(2010), *Organizational Culture and Leadership,*4ed.梅津裕良訳（2012）『組織文化とリーダーシップ』白桃書房.

Servantie, V. and M.H. Rispal (2018), "Bricolage, Effectuation, and Causation Shifts over Time in the Context of Social Entrepreneurship," *Entrepreneurship & Regional Development*, 30(3-4), pp. 310-335.

Sheldon, P. J. (2020), "Designing tourism experiences for inner transformation," *Annals of Tourism Research,* July 2020, pp. 1-12.

Simpson, A. V. and B. Farr-Wharton (2017), "The NEAR organizational compassion scale: Validity, reliability and correlations, "*Australian and New Zealand Academy of Management*, Stream 11. Organisational Behaviour Refereed Delivered, pp. 1-19.

Slattery, Paul (2002), "Finding the Hospitality Industry," *Journal of Hospitality, Leisure, Sport and Tourism Education*,1(1), pp. 19-28.

Södergren, J.（2021）, "Brand Authenticity: 25 Years of Research. *International Journal of Consumer Studies*," 45(4), pp. 645-663.

Spector, Robert and P.D.McCarthy (2012), *The Nordstrom Way to Customer Service Excellence,*2ed.

Spector, Robert and P.D.McCarthy (1995), *The Nordstrom Way to Customer Service*

*Excellence: The Inside Story of America's #1 Customer Service Company,* Wiley.

Spector, Robert and P.D.McCarthy (2005), *The Nordstrom Way to Customer Service Excellence: A Handbook for Implementing Great Service in your Organization,* Wiley.

Spector, Robert and P.D.McCarthy (2012), *The Nordstrom Way to Customer Service Excellence: A Handbook for Becoming the Nordstrom of Your Organization, (2nd),* Wiley

Spector, Robert and P.D.McCarthy (2017), *The Nordstrom Way to Customer Service Excellence: Creating a Values- Driven Service Culture, (3rd), Wiley.*

Spry, A., B. Figueiredo, L. Gurrieri, J.A. Kemper, and J. Vredenburg (2021), "Transformative Branding: A Dynamic Capability To Challenge The Dominant Social Paradigm," *Journal of Macromarketing,* 41(4), pp. 531-546.

Star, S. L. and J. R. Griesemer (1989), "Institutional Ecology, `Translations' and Boundary Objects: Amateurs and Professionals in Berkeley's Museum of Vertebrate Zoology, 1907-39," *Social Studies of Science,* 19(August), pp. 387-420.

Surak, Kristin (2013), *Making Tea, Making Japan: Cultural Nationalism in Practice,* Stanford University Press.

Taheri, B., T. Farrington, R. Curran, and K. O'Gorman (2017), "Sustainability and the authentic experience. Harnessing brand heritage – a study from Japan," *Journal of Sustainable Tourism,* 26(1), pp. 49-67.

Telfer, Elizabeth (2000), "The Philosophy of Hospitableness," in Conrad Lashley and Alison Morrison eds. *In Search of Hospitality: Theoretical Perspectives and Debates,* pp. 38-55.

Thanh, T., V. and V. Kirova（2018）, "Wine tourism experience: A netnography study," *Journal of Business Research,* 83 (1), pp. 30–37.

Tynan, C. and S. McKechnie (2009), "Experience Marketing: A review and reassessment," *Journal of Marketing Management,* 25(5-6), pp. 501-517.

Ungaro, V., L.D. Pietro, M.F. Renzi, R.G. Mugion, and M.G. Pasca (2022), "Transformative service research : a conceptual framework based on consumer's perspective, "*International Journal of Retail & Distribution Management,* 50(2), pp. 140-157.

Vargo, S.L and R.F. Lusch (2004), "Evolving to a New Dominant Logic for Marketing," *Journal of Marketing,* 68(1), pp. 1-17.

Vefeas, Mario et.al. (2016), "Antecedents to Value Diminution: A Dyadic Perspective,"

*Marketing Theory*,16(4), pp. 469-491.

Veblen, Thorstein (1899), *The Theory of the Leisure Class: An Economic Study of Institutions*, Macmillan.

Vinciane Servantie and Martine Hlady Rispal (2018), "effectuation, and causation shifts over time in the context of social entrepreneurship," *Entrepreneurship & Regional Development*, 30:3-4, 310-335, DOI: 10.1080/08985626.2017.1413774

Wakefield, Kirk L. and Jeffrey G. Blodgett (1996), "The effect of the servicescape on customers' behavioral intentions in leisure settings," *The Journal of Service Marketing,*10(6), pp. 45-61.

Witell, L, H. Gebauer, E. Jaakkola, W. Hammedi, L. Patricio, and H. Perks (2017), "A Bricolage Perspective on Service Innovation," *Journal of Business Research*, 79 (October), pp. 290-298.

Yeung, Arthur (2006), "Setting People up for Success: How the Ritz-Carlton Hotel Gets the Best from its People," *Human Resource Management*, 45(2), pp. 267-275.

Yoo, Myongjee et.al. (2011), "Hospitality Marketing Research from 2000 to 2009," *International Journal of Contemporary Hospitality Management,*23(4), pp. 517-532.

Zeng, T. and D.Botella-Carrubi (2023), "Improving societal benefit through transformative consumer research A descriptive review," *Technological Forecasting & Social Change*, 190(May), pp. 1-18.

Zhao, Y. and E. Agyeiwaah (2023), "Understanding tourists' transformative experience: A systematic literature review, " *Journal of Hospitality and Tourism Management* 54, pp. 188-199.

Zhang, J. W., et al. (2019), "A Compassionate Self Is a True Self? Self-Compassion Promotes Subjective Authenticity." *Personality and Social Psychology Bulletin*, 45 (9), pp. 1323-1337.

## あとがき

　私が相島さんと初めて出会ったのは、確か 2012 年の 6 月頃であった思う。その時彼女は、関学専門職大学院提供の私の「マーケティング講座」を受講していたのであった。グループで食会に行き、彼女と話してみて、相島さんが凄い経歴の持ち主であることが分かった。

　高偏差値大学の外国語学部で英語を専攻し、卒業後には日本経済新聞社で初の女性記者に採用された。しかし、英語の翻訳者になりたくて、新聞記者を 5 年で辞めた。その後、高偏差値大学の文学研究科修士課程と博士後期課程に進学し、その後、女子大の専任講師を務めることになった。しかし、何を思ったのか、大学の職を辞し、英語の翻訳家として独立したのである。

　その後、彼女は英書の翻訳教室を経営することになり、経営学を勉強する必要性を強く認識するようになった。そこで彼女は、私の講座を受講するに至ったのである。彼女は 2013 年 4 月に関学の専門職大学院の正規生になった。私のマーケティング・マネジメント、マーケティング戦略、課題研究基礎を履修された。彼女は 2014 年 9 月から、私の課題研究を受講し、私の指導のもとでブランド・ストーリに関連した内容の課題研究論文をまとめられた。

　相島さんは博士後期課程への進学を希望されていたが、入学試験対策として、彼女は英語で博士論文を執筆するコースを選択した。日本語コースでは二科目ある筆記試験と英語の翻訳がハードルになっていたと、彼女は英語コースを選択した理由を語ってくれた。当時、日本語コースの英語問題は全訳のページ数が驚くほど長く、時間との闘いであった。彼女は日本人で初めての英語コースでの後期課程入学者になった。研究テーマを相談しているときに、1 年先輩のサウジアラビアからの留学生（Al-alsheikh さん）が日本の伝統的な旅館や割烹のおもてなしの現状を研究していたので、相島さんに日本のおもてなしの歴史や源流を研究しませんかと提案した。彼女は満面の笑みを讃えながら「嬉しいです」と、即座に返答された。

マーケティングよりも、源氏物語や万葉集の内容に高い知識と関心を有していた彼女には、このテーマは願ったり叶ったりであったと思う。研究演習では、私のマーケティングと彼女の日本の古典の知識と知恵とが「化学反応」を起こし、共同研究が一気に進展していった。この化学反応の成果である本書が、皆様のお役に立てますことを今は切に願っています。

自宅の書斎にて

佐藤　善信

【著者略歴】

相島　淑美（あいしま　としみ）

1985 年　上智大学外国語学部英語学科卒業

1995 年　慶應義塾大学大学院文学研究科後期博士課程単位取得退学

　　　　　清泉女子大学文学部英文学科講師

2018 年　関西学院大学経営戦略研究科博士課程後期課程単位取得退学

2019 年　博士（先端マネジメント）（関西学院大学）

2020 年　神戸学院大学経営学部准教授

【主要著書】

『英語で読むマーケティング』（研究社出版・2021 年）

『響創する日本型マーケティング　理論と実践』（関西学院大学出版会・2022 年）共編著

『パーパス経営がよくわかる本』（秀和システム出版・2023 年）


佐藤　善信（さとう　よしのぶ）

1976 年　関西大学経済学部経済学科卒業

1980 年　岡山商科大学商学部助手

1981 年　神戸商科大学大学院経営学研究科博士後期課程単位取得退学

1988 年　流通科学大学商学部流通学科助教授

2005 年　関西学院大学専門職大学院経営戦略研究科教授

2018 年　博士（経営学）兵庫県立大学。

2022 年　関西学院大学名誉教授

2022 年　芸術文化観光専門職大学芸術文化・観光学部教授

【主要著書】

『現代流通の文化基盤』（千倉書房・1992 年）

『企業家精神のダイナミクス』（関西学院大学出版会・2017 年）

『同族企業の 5 代目社長が挑む企業風土改革』（幻冬舎・2022 年）監修・解説

# おもてなし研究の新次元
日本型マーケティングの源流

発行日　**2024年3月15日**
著　者　**相島淑美**ⓒ**、佐藤善信**ⓒ
装　丁　**二宮　光**ⓒ
発行人　**中村　恵**
発　行　**神戸学院大学出版会**

印刷所　**モリモト印刷株式会社**
**発　売　株式会社エピック**

651-0093　神戸市中央区二宮町1 - 3 - 2
電話 078（241）7561　　FAX 078（241）1918
https://epic.jp　　E-mail: info@epic.jp